講座 近代日本と漢学

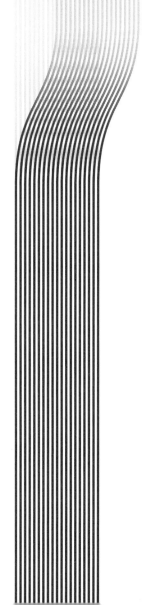

第3巻

漢学と医学

町 泉寿郎 編

戎光祥出版

「講座　近代日本と漢学」刊行にあたって

ここでいう「漢学」という言葉は、「国学」や「洋学（蘭学）」に対しての表現であり、近代の用語である。それが近代以降の用語であるのは、それ以前において漢文漢籍を読解することは、学問そのものだったからだ。もっとも中国の漢籍から学ぶこと自体は、朝鮮半島を経た漢字の伝来から始まったといってもよいだろう。以来、日本人は漢籍から学び続けることになる。しかし、江戸幕藩体制から明治新政府に政権が移った時、天皇制日本は欧化政策による近代化を目論んだために、「漢学」という学問は衰退することになる。江戸時代後半には、各藩にあった「漢学」を学ぶ藩校も、明治期に入ると近代的な教科内容の学校として組み替えられていくか、廃止されていくことになった。

しかし、江戸時代に育った若者たちには、手に入れた「漢学」の読解素養で新時代の知見を手に入れようとするものもいた。新しい帝都には、たくさんの漢学塾が開かれており、地方の若者たちが遊学したのである。もちろん、いち早く英語塾で学ぶものも多かっただろう。しかし、こうした西洋の言語や諸制度に、多くの若者たちが目を向けたことは、近代の私立学校の成立史にはっきりと示されている。やがて世代の推移とともに漢学塾そのものは消滅していき、漢文で書かれた小説を読むものも、漢詩文を作るものも少なくなっていった。明治末年、自然主義文学の流行からより新しい文学の台頭に見るように、明治期の近代的な教育制度のなかで育った世代が若者に成長してきたからだ。

しかも、帝国大学文科大学の制度では、中国の文献を対象とした領域の「漢学」は、ひとつは各国文学としての中国文学に向かわざるを得ないことになる。各国文学とそれを対象にした学問研究が、近代国民国家の成立と共に生みだされたからである。さらに、学問体系が哲学・史学・文学に再編されていくなかでは、「国学」が対象としたものは、哲学（神道）と国史学と国文学に分かれ、「漢学」が対象としたものは、中国哲学と中国史と中国文学に分かれていく。これらを近代史のなかでの学問領域の再編と呼んでもいいだろう。

また、藩校や漢学塾などで学ばれていた、「漢学」の教育的要素は、近代教育制度のなかでは、中等教育に移されていく。その後、幾度も存亡の危機に会うことになる、いわゆる漢文科の登場である。

こうして、江戸時代後半期に「漢学」として明確な輪郭をこの日本に現した、いわば総合的な学問領域は、近代日本の諸社会制度のなかで切り刻まれ、その姿を消すことになる。あるいは、天皇制イデオロギーと結びついて、新たに再編された姿を現すことになる。ここでは、江戸時代から近代までの、日本の「漢学」という領域の軌跡を追うことで、広く学問というものの意味を問いたいと思う。そのための講座本を、何よりも漢学塾から展開してきた二松学舎大学が提供したいと考えた。漢学塾二松学舎の軌跡は、あるいは、創設者三島中洲の人生は、日本の「漢学」が近代社会のなかで揺れ動き、切り刻まれた歴史そのものでもあるからだ。

＊

本講座本は、町泉寿郎を代表者とする「二松学舎大学　文部科学省私立大学戦略的研究基盤形成支援事業（SRF）」によるものである。ここでは、「漢学」が解体・再編された過程を、通時的、共時的かつ多面的にとらえることによって、「漢学」から日本の近代化の特色や問題点を探ることを目的とする。したがって、時間軸としては前近代・近代を分断せず通時的に見ることに努め、内容的には西洋由来の外来思想と東洋の伝統文化がいかなる接点を探ったかを問題とする。また、東アジア諸国を含む国外の多様な分野の研究成果をできる限り取り込んだ。より広い視野を備えた「近代日本漢学」という学問領域の構築と、その普及を目指したい。

二〇一九年一〇月

二松学舎大学学長　江藤茂博

編集委員（五十音順）

江藤　茂博
小方　伴子
加藤　国安
佐藤　進
牧角　悦子
町　泉寿郎
山口　直孝

目次

【凡例】

・本講座の編集にあたって、文字の統一や表記、さらに記載内容・考察などは各執筆者に委ねた。したがって、各項目の文責は各項目執筆者に帰属するものである。
・本講座の写真の選択はすべて執筆者による。
・人名や歴史用語には適宜ルビを振った。読み方については、各章の執筆者による。

第Ⅰ部　近世近代の「学び」

第一章　近世日本社会における医学の「学び」

町　泉寿郎

第一節　一六世紀後半における医学知識の伝達

　近世後期（一九世紀）には幕藩権力によって設立された官立学校が日本全国に建設されて組織的な教育が行われるようになるが、それ以前の中世から近世中期までは、官立学校における組織的な教育が明確に行われていたとは言えない。そこで近世中期（一八世紀）までの教育実態を知るためには、個人や私塾に着目する必要がある。

　中世は学問の地方伝播が進んだ時代であり、中世期の禅僧や学匠たちによる中国元明時代の学術文化伝播の足跡は全国に遍在している。関東管領上杉憲実《のりざね》が永享一一年（一四三九）に再興した室町時代に作られた最も規模の大きな「学び」の場として知られる足利学校[*1]では、当初、漢籍[*2]を中心にした講学が行われ、特に易学に定評があり、古注を基本としつつ新注を併用して講義された。足利学校の易学からは兵学や医学が派生したとされ、地方勢力からの招きに応じて足利学校出身者が地方に学問を講じる例も多かった。

＊1　ルイス・フロイスは『日本史』の中で、足利学校を「全日本でただ一つの大学であり公開学校」と称し、そこで「占星術や医学」をも学んでいると紹介している。その占星術とは、「運気論」を指すのではないか。

＊2　三注と呼ばれる「蒙求注」「千字文注」胡曽「詠史詩注」、四書、五経、列・荘・老、史記、文選などが学ばれた。

越前朝倉氏の居城一乗谷には、朝倉氏の招聘に応じて菅原章長《あきなが》・清原宣賢《のぶかた》ら博士家儒者に交じって足利学校に学んだ月舟寿桂《げっしゅうじゅけい》が下向して学を講じ、医学に関しても谷野一柏《たにのいっぱく》が招かれて医学を講ずるとともに明・熊宗立《ゆうそうりつ》撰『勿聴子俗解八十一難経《ふっちょうしぞくかいはちじゅういちなんぎょう》』をこの地で出版し、一柏に学んだ三段崎安指《みたざきあんし》や大月景秀《おおつきけいしゅう》の子孫は、近代に至るまで長く医業を継承して貴重な医学文献を伝えている。一柏の易学は足利学校で学んだものであり、月舟筆録にかかる一柏所講『易学啓蒙通釈口義』を大儒清原宣賢《きよはらのぶかた》が書写した本が伝存することは、その易学の質の高さを物語る（京都大学図書館清家文庫蔵）。

図１　曲直瀬道三　杏雨書屋蔵

金元医学を主体的に受容して日本近世医学の独自化への道を開拓した曲直瀬道三《まなせどうさん》も足利学校に学んだ一人であるが、その「当流医学」と称する漢方・鍼灸の診断治療理論は易学や運気論と深い関係があり、道三の基礎学はほぼ足利学校で学んだものと言ってよい。月舟や道三の活躍は足利学校の易学の各地への伝播を証するものであり、道三医学の興隆もまたその裾野の広がりを示すものである。

その後、道三は三九歳で帰京して開業するとたちまちのうちに名声を得、それに従って門人が増加し、古典テキストや自著の講釈によって、修得した学知と医術を公開していった。その講釈には毎朝一〇〇人ばかりの聴衆が詰めかけたと伝えられ、また天正五年（一五七七）には養子玄朔《げんさく》に学塾啓迪院《けいてきいん》を開設させていることから、その講釈は基本的には広く公開されていたと言える。

講釈に当たって道三は「対学侶宜使授与之次序《がくりょにたいしてよろしくじゅよせしむべきのじじょ》」＊3という九段階からなる修学階梯を定めて、学習の進捗に応じたテキストを設定していた。これらのテキストは古典や新刊の漢籍による修学ではなく、道三の自著が初級（第一―二段階）・中級（第三―四段階）・上級（第五―七段階）・最上級（第八―九段階）に配当され、それを段階的に学ぶことによって「察証《さっしょう》弁治《べんち》」と言われる独自の医学を修得させる仕組みになっていた。この修学内容から、道三の医学が中国医学を咀嚼しつつそこから独自の体系を持つものになっていたことが窺える。

なお、最上級の『啓迪集』の伝授にあたっては、当流医学の全体に通じ、人格的にも慎勤であることを確かめた上で伝授されることになっている。実際、『啓迪集』の古写本を調査してみると、道三の生前、『啓迪集』の筆写は著者によって管理されており、道三の定めたフォーマットに従って限られた門人の間において書写されていたと推定される。

これらの状況からは、医学知識伝達の媒体として、印刷出版への需要が十分に高まっていたことが窺える。

＊3　杏雨書屋所蔵『当流医学之源委』所収。

第二節　近世前期（一七世紀）における出版文化と医学知識の普及

曲直瀬道三が亡くなって間もなく、文禄・慶長の朝鮮出兵の結果、朝鮮の活字印刷技術が日本に伝わって活字印刷（いわゆる古活字本）が開始されたことは、書籍による知識の普及に一定の変化をもたらした。出版文化の未発達な一六世紀までの日本では、聴衆全員が印刷されたテキストを事前に所有することは困難であった。短時間に写本を作成できる部数には限りがある。そこに新しくもたらされた木活字印刷技術は、版木の作成と収蔵のコストを節減できる軽便さが歓迎された。近世期の活字印刷はテキストのデータを保存することができないので、書籍の継続的な量産には不向きであったが、事前に聴衆の数が想定できる講義用テキストを印刷するような場合には有効に働いた。

とりわけ医書は古活字印刷による知識の普及を示す恰好の例である。慶長―元和間（一五九六―一六二四）に夥しく印刷された古活字本には多くの医書が含まれているばかりでなく、その印刷事業には京坂の医者が関わっている例も多く、当時の印刷医書に対す高い需要と医書印刷に積極的に関わる医者の存在が知られる[*4]。

古活字本の序跋には、古写本・明版・朝鮮本など数本を集めて校合し、文字の誤謬や文章の脱漏を補正したことを述べている例が多い。実際、古活字本のテキストを子細に検討する

＊4　小瀬甫庵《おぜほあん》・曲直瀬玄朔・医徳堂守三（玄朔門人斎藤松印の子）・梅寿（吉田宗恂門）・角《すみの》倉了以《くらりょうい》・吉田宗恂《そうじゅん》（道三門）・如庵宗乾等があげられる。

と、先行する朝鮮版との文字の異同や、誤植の切出し訂正など、校刻作業が行われたと思われる例が散見される。古活字本の一回の印刷は少部数であったと考えられ、人気の高い書籍は需要に応じて毎年のように組版され印刷されていた。との都度組版を行う活字本の本文は不安定なものであるが、毎年のように特定の書籍を印刷し、そのテキストを繰り返し講義する過程で、誤脱は修訂され、テキストは次第に精良になり、また加点や加注によって読法や解釈も定まっていったと考えられる。

一六三〇年代以降、木版印刷が次第に普及して附訓点の安定した本文の書籍が大量に市場に提供されることによって、日本の読書環境は写本時代とは異なる時代を迎えた。医書を含めた輸入漢籍を自国で覆刻すること自体は朝鮮・越南でも広く行われたが、朝鮮・越南の覆刻は基本的に中国刊本と同様の白文テキストであり、その意義は主として書籍流通の量的拡大にとどまった。これに対して日本では読者層の質的拡大にも及んだ。殆どの和刻漢籍は現代日本で行われている返点・添仮名とほぼ同じ訓点を施した形で出版されており、その訓点に従えば、師匠に就くことなく、ともかくも日本語として漢籍が読めるようになった。かつまた大量の注釈を欄外に加えた「鼇頭注《ごうとうちゅう》」のような形式によって、他の文献と引き比べたりすることなく、読み進められるようになった。更に朝鮮の「諺解本《げんかいほん》」*5 の影響を受けて、漢文を用いない漢字片仮名混じり文の注解も出回った。読者にとってこれは大きな負担軽減であり、漢籍によって知識を学ぶことが一部の支配階級の占有でなくなり、市場に流通する商

＊5　漢文に諺文《おんもん》によって解釈を施した本。

品によって漢籍の知識を学ぶことが可能になった。

より具体的に「黄帝内経《こうていだいけい》」「傷寒論《しょうかんろん》」「本草経《ほんぞうきょう》」といった医学古典に即して、江戸前期における出版の経緯を略述すれば次のごとくである。

「黄帝内経」の場合、室町期には明・熊宗立《ゆうそうりつ》（一四〇九―一四八一）による福建刊本の『重広補注黄帝内経素問』が普及したのち、明・万暦年間に馬蒔の『黄帝素問註証発微《ちゅうしょうはつび》』（一五八六年刊）、『黄帝霊枢註証発微』（一五八八年刊）が刊行され、それが梅寿の手で古活字印刷に附され（『素問註証発微』一六〇七年古活字印、『霊枢註証発微』一六〇八年古活字印）、約二〇年を経て、書肆中野道伴《どうばん》から整版本『素問註証発微』が刊行されている。また、『素問』『霊枢』の本文を内容別に分類再編して注を加えた張介賓『類経』（一六二四年原刊）をもとにして、新たに『素問』『霊枢』を再編し、鵜飼石斎が訓点を加えて刊行している（一六六〇年代）。

『傷寒論』においても、同様の経過をたどっている。初めに明・成無己《せいむき》の注解になる『註解傷寒論』が古活字・整版になって普及し、その後に注解を省いた本文だけの活字本が出ている。更に香川修庵による小刻本が出て、最も普及した。

『本草経』の場合は、『証類本草』のうち、「序例」のみを抜粋したものが単行して古活字印刷に附されている。次いで整版本となり、叢書「医家七部書」*6の中に入れられて普及している。

要するに、全体的な傾向としては、新しく著された古典の注解本が古活字印刷によってい

＊6　「医家七書」といいながら、実際は『難経本義』『格致余論』『本草序列』『正伝或問』『局方発揮』『十四経発揮』『素問入式運気論奥』『素問玄機原病式』『医終溯洄集』『医方大成論』の一〇種を収めた叢書もある。

ち早く紹介され、ついで整版本として刊行される際に本文と注解のすべてに返り点送り仮名が施された。更に遅れて、注解本から注を除くなどの方法によって本文だけにしたテキストや、大部なテキストの巻頭や序例などだけに簡略化したテキストが現れている。注解をともなわない本文のみのテキストは、本国中国ではほとんど見られず、日本特有の現象ともいえる。こうした古典テキストの簡略化の動きは、古活字本から整版本へと至る書籍文化の普及によって書籍を通した医学知識習得の需要が増大し、増大した需要に応えた私塾などにおける書籍の講義の盛行と併行した動きではないかと推定される。

第三節　近世中期（一八世紀）における古方派の盛行とその後の展開

近世前半の学術文化の中心であった京都では、整版印刷の時代を迎えて、数多くの知識者層が出版事業に動員され、出版業の盛行が学者たちの京都での生活を支えた。また京都に集まった学者たちが構えた多様な私塾には、全国各地から遊学生が集まり、そのうちかなり高い割合を医者の子弟が占めた。江戸中期に京都で私塾を営んだ儒者江村北海《えむらほっかい》の『授業編』（一七八三年刊）によれば、地方から京都に遊学する生徒の「十ニ八九ハ医者ノ子弟」であると述べている。多くの医学生を含む修学人口に支えられて、儒者・医者の中には仕官後もなお京都の基盤を維持する者や、仕官を望まず京都の家塾に講学する者も少なくなかった。

儒学では藤原惺窩《せいか》門の松永尺五《まつながせきご》は仕官せず子孫が代々京学（朱子学）を守った。同じく惺窩門で医学にも通じた堀杏庵《ほりきょうあん》は広島藩と尾張藩に仕官した後も京都の家塾を存続して門下に黒川道祐《くろかわどうゆう》（?―一六九一）が出ている。曾孫の堀景山《ほりけいざん》*7（一六八八―一七五七）門に本居宣長（一七三〇―一八〇一）が出たことも周知のとおりである。

同じく惺窩門の那波活所に学んだ鵜飼石斎（一六一五―一六六四）は、尼崎藩儒を致仕後、京都で医書を含む三〇余種六七〇巻以上の漢籍に訓点を施して刊行した。

専門的な医家では、道三門の理慶を父に持ち自身は吉田宗恂に学んだ長沢道寿《ながさわどうじゅ》（?―一六三七）が致仕後、双岡で医学を講じ「小学七科」「大学八科」という医学修得の階梯を立てた。玄朔門人とされる饗庭東庵《あえばとうあん》（一六二一―一六七三）は専ら内経医学を講じ、門下に味岡三伯・吉弘玄仍・竹中通庵などが出て、三伯門に浅井周伯《あざいしゅうはく》（一六四三―一七〇五）・小《お》川朔庵《がわさくあん》・岡本一抱《おかもといっぽう》・井原道閲《いはらどうえつ》などが出た。浅井は尾張藩医として仕官後も京都の家塾を維持した。朔庵門の堀元厚（一六八六―一七五四）や周伯門の松岡玄達《まつおかげんた》（一六六八―一七四六、稲生若水門の本草家）は、仕官せず講学を生業としその成果を出版している。

さらに、旧来からの京都在住者に加えて、地方からの新奇加入者による私塾が次々に生まれ、それが遊学者の需要を満たし、結果として地方に次々に新しい学問を供給していった。十八世紀に京都で活躍した古方派の大家たちはその典型と言える。江戸に生まれて初め林鳳岡《ほうこう》に学び京都で古方派のさきがけとなった後藤艮山《こんざん》（一六五九―一七三三）、姫路から出

＊7　堀景山については、高橋俊和『堀景山伝考』（和泉書院、二〇一七年）を参照。

図２　吉益東洞　杏雨書屋蔵

て後藤艮山に医学を学び伊藤仁斎に儒学を学んだ香川修庵《しゅうあん》（一六八三―一七五五）、広島から上京して同じく古方派を標榜しながらも徂徠学の影響をより強く受けた吉益東洞《よしますとうどう》（一七〇二―一七七三）らは、いずれも地方から京都に遊学し新たに京都に自らの学問の流れを樹立した人物である。

　特に吉益東洞は、『傷寒論』『金匱要略』の条文を処方ごとに再編した簡便な処方集『方極』『類聚方』（ともに一七六四年刊）などを刊行して、臨床に直結しやすい点が幅広い層から歓迎され、全国から門人を集めた。しかし、一方でその過激な医説「天命説」[*8]や「万病一毒説」[*9]が伝統的な学知を重んずる医官たちや松平定信ら為政者から危険思想視されたため、吉益流は民間を中心に普及することになった。

　なお、同じく古方派の大家として数えられる山脇東洋は京都出身であり、前述した曲直瀬玄朔門の山脇玄心を家祖とし、在京の幕府医官を継承した人物である。東洋は後世方から古方に転じた点と、徂徠学の影響を受けて古医書の出版や校勘の嚆矢となった点[*10]、また宝暦四年（一七五四）に、刑屍体解剖を観察して、日本初の解剖図誌『蔵志《ぞうし》』をまとめて解剖学発

＊8　その「天命説」とは、人の生死は天の命によって定まっており、医者が左右することはできない。医者の職務は全力をあげて投与する薬物を考え病気治療にあたるだけだとする。

＊9　その「万病一毒説」は、すべての病気はひとつの毒に由来するものであり、それを毒を投与することによって解毒すれば病気は治癒するとする。

＊10　一七四五―四七年に、望月三英所蔵の明版『外台秘要方』を底本として校訂翻刻を行ったが、その宋版との校勘は不十分であった。

達に寄与した点で注目すべき存在である。[*11]

江村北海がその修学の浅薄さを批判的に描写しているように、地方から上京した遊学生は、初め書肆などで入塾先を紹介してもらい、そのうち友人ができれば、その評判をもとに別の師匠に入門し、早朝に医書の講義に出席し、下宿に戻って朝食を済ませ、テキストを取り換えて次は儒書の講義に出席し、昼食後、別の儒書の講義に出席し、帰って医書の夕講、夕食後は本草の夜会といった具合に寧日のない遊学生活を送った。複数の塾に通い、複数の先生に就いて、儒書と医書を兼学して、必要な学・術を修得するものが多かった（『授業編』巻四・書生之学）。こうした儒者と医者の密接な交渉の中で、近世京都の私塾は営まれていた。事実、伊藤仁斎、山脇東洋、吉益東洞をはじめとする一八世紀京都の医者・儒者の門人録を繙閲すると、相互に紹介者となって門人を入門させており、極めて密接な空間や人間関係の中で、彼らの学問と生活が営まれていたことが分かる。

また、京都ほどの厚い学問伝統を持たない大坂とその周辺地域でも、注目すべき新たな動きが見られた。大坂の有力商人や河内在郷の豪農層の中には、地域ごとに「学び」の場を自主的に形成する者が相次いだ。河内平野郷では土橋《つちはし》友直（一六八五―一七三〇）が主導して救荒時のための備蓄施設から発展させて郷学含翠堂[*12]を開設し、早く享保年間に三輪執斎（一六六九―一七四四、陽明学派）・伊藤東涯（一六七〇―一七三六）・三宅石庵（一六七六―一七三〇、浅見絅斎《けいさい》門）・五井持軒（一六九七―一七六二）ら多様な学問系統の学者を招聘して

＊11　山脇東洋の解剖は儒学古典『周礼』に説かれた九蔵を確認するためであったとされ、西洋解剖書の刺激によって着手した杉田玄白以降の解剖とは区別して考える必要がある。

＊12　含翠堂については、森繁夫『含翠堂考』（一九四二年）、『平野含翠堂史料』（清文堂出版、一九七三年）を参照。

自由闊達な学風を醸成した。大坂に開塾した三宅石庵は有力商人らの支持を集め、門下に中井甃庵《しゅうあん》（一六九三―一七五八）らが出て、現在まで続く懐徳堂の流れを創った。懐徳堂には、丸川松隠《まるかわしょういん》（新見藩儒）・尾池済美《おいけさいび》（丸亀藩医）・宮武正蔵（高松藩医）など、多くの医家が学んでいる。河内八尾《かわちやお》には環山楼や麟角堂といった私塾が開設され、一八世紀前半には伊藤東涯らが、一八世紀後半には片山北海（一七二三―一七九〇）を盟主とする混沌社中もこれに関与した。

第五節　徳川幕府における官立学校の形成

江戸では、紀伊藩主から宗家を継いで将軍となった徳川吉宗（将軍在位一七一六―一七四五年）が、学問の啓蒙普及は継承しつつ、前代までの学派間対立を終息させ、林家の朱子学・室鳩巣ら木門の朱子学・闇斎学・荻生徂徠らの古学など諸派の学者を併せ、任用した。医学においては、半井《なからい》家・今大路《いまおおじ》家が典薬頭《てんやくのかみ》に任ぜられ、その下で小普請医師の選抜や御薬園で生産された生薬の医官分配や紅葉山文庫医書の校正など、医官の組織化が進んだ。かくて一八世紀初頭までに、医者・儒者等の専門職が幕府機構の中に秩序付けられた。

その後、一八世紀末―一九世紀初頭の時期には、幕府や諸藩では官立学校の設立が相継ぎ、その学制が整備される過程で、藩校・郷校から幕府直轄学校へ（地方→中央）の進学モデルが次第に形成されていった。またこの過程を通して、官立学校に相応しい学問内容が形成されていったと考えられる。幕藩権力が主導した官立学校における主な教育対象は幕臣・藩士らの武士階級であったが、人々の向学心を高め諸政改革に成果を上げるために、武士階級以外の富裕な農商層を捲き込んで学問を奨励することは、有効な場合が多かった。したがって、緩やかにではあるが、官立学校が全国諸藩に普及することによって、身分制の枠を越えた「学力」による人材の選抜と登用が実現していった。

幕府の教学について言えば、一七八〇年代―一八〇〇年頃にかけて、大坂・混沌社の同人から寛政三博士[*13]が登用され、美濃岩村藩主の子述斎が林家の養子に迎えられ、林家私塾から幕府直轄の「昌平坂学問所」に改組され、学問所において幕臣を主対象とした朱子学による普通教育の課程や試験制度が整備された。江戸以外にも、幕府直轄地には甲府徽典館・駿府明新館・日光学問所・佐渡修教館・長崎明倫堂などが置かれて、幕臣に朱子学による一般教育を施した。儒学以外にも、江戸では医学館・和学講談所・蕃書調所・医学所・講武所・軍艦操練所などの専門分野の教育機関が設置されていった。

明和二年（一七六五）に幕府医官多紀氏の申請によって創設され、寛政四年（一七九二）に幕府直轄化された医学館では、漢方医学の拠点として基礎医学と臨床医学の教育内容が整備された。当初から折衷学者井上金峨の学統を汲む儒者たち[*14]が関与し、同時代の清朝考証学の影響を受け、また日本に伝存する佚存《いつぞん》文献を利用した考証医学が花開いた。官立教育機関

＊13　柴野栗山《りつざん》・尾藤二洲《じしゅう》・古賀精里《せいり》。

＊14　吉田篁墩・亀田鵬斎・大田錦城・海保漁村ら。

図３　多紀元簡　杏雨書屋蔵

に改組されるにあたって、貴人の生命を預かるに足る医学の安全性・確実性が追究されることとなり、臨床上の要請からも文献実証的な学問に基盤を置くこととなった。

医学館は教育の場であると同時に、選抜・登用の場でもあった。新規採用・御目見・家督・番入・法眼叙任・加増・褒賞・養子願など医官人事の全てが、医学館における就学状況と試験結果に基づいて医学館世話役の申請によって行われるようになり、成績優秀者は任官や昇進などで優遇され、人事権が享保年間に確認された典薬頭から医学館へと移動した。試験は本科（内科）、小児科、外科、口科などの科目に分かれており、試験形態は口頭試問と筆記試験があった。問題作成と成績評価は世話役全員で行ったが、多紀氏歴代が編纂した医学古典注釈が古医書の標準解釈となっていた。

臨床教育も重視されており、教官が医学生を指導するかたちで、通院患者への施療が行われていた。また、医学館で施薬する際の処方集として、多紀元簡《たきもとやす》（一七五五―一八一〇）の撰になる『観聚方要補《かんじゅほうようほ》』（一八一九年刊、一八五七年増訂）が使用されたと考えられる。同書は、多紀氏による歴代医書の文献調査と医学館における臨床経験を反映した高度な内容である。

官立化以降、幕府医官の子弟以外の出席ができなくなったが、昌平坂学問所に幕臣用の寄宿寮が設けられたのと同じく、遅れて天保一三年（一八四三）に医学館でも医官子弟のための寄宿舎が設置された。昌平坂学問所に諸藩からの遊学者用の書生寮が設置されたのとは異なり、医学館に諸藩医・町医のための寄宿舎は設置されなかったが、世話役多紀元堅《もとかた》（一七九五―一八五七）の入門帳には多数の藩医子弟が見出され[*15]、多紀家の家塾が諸藩医子弟のための代替施設として機能したと見なされる。

幕府の医学教育の拠点となった医学館の学問・教育が、幕藩体制下の官立学校に与えた影響は無視しえないものがあった。例えば、備後の譜代藩である福山藩では、医家個人による蘭方習得の努力は散見されるものの、藩校組織全体としては幕末まで医学教育の基本は漢方であり続け、特に医学館の考証医学の影響が認められる。医学館において形成された考証医学は、官立学校における講義や試験には適合しやすい性質のものであったと考えられる。また、天保の医学館改革によって藩医・町医のための別会が増設されていることも注目される。別会の講師は、陪臣医・町医の学力優等者から選ばれ、講師勤続五年で幕府医官に取立てられるのが例となっており、幕府医官の新規採用のコースとなっていた。

あわせて一八世紀後半からの蘭学の興隆について医学館などの漢方医学の視点に立って言及すれば、欧州におけるフランス革命とそれに続くナポレオン戦争によって欧州の勢力地図が激変し、南下策を採るロシアやイギリスの対日交易要求といった形で、欧州情勢が海を隔

＊15　多紀元堅の家塾入門者の入門年時・姓名・出身については、拙稿「新出の多紀元堅門人録について」（『漢方の臨床』五十巻三・四号、二〇〇三年）を参照。

てた日本に、直に影響を及ぼす事態が現実のものとなってきた。医学館における考証医学の信奉者たちは、蘭学を敵視し、中国古典の文献研究にのみ没頭したと考えられがちであるが、一九世紀初頭までは国外情勢に対する広い視野も兼ね備えていた。

多紀元簡は新刊の輸入漢籍を購入して、世界情勢についてある程度の知識を持っていたし、蘭学者として著名な桂川甫周（一七五四―一八〇九）も医学館に外科を講じていた。一八〇〇年前後の外交交渉において幕府の対外政策として「鎖国祖法観」が確立されるが、北方問題の顕在化にともない海防問題をめぐる知識人の関心は筆禍事件が起きるほど高く、[*16]大田錦城や吉田篁墩ら医学館に出入りした考証学者たちは北方問題に独自の見識を持つ者が少なくなかった。当時の為政者に一定の影響を持った、和蘭通詞・志筑忠雄《しづきただお》の『鎖国論』ではカムサスカをロシア本国を去ること二〇〇〇里と捉え、中井竹山や松平定信らは蝦夷地を「域外」と見てロシアとの緩衝地帯にしようと考えたが、大田錦城《おおたきんじょう》は著書『蝦北異聞《かほくいぶん》』[*17]の中で、アツケシを松前まで二五〇里、江戸まで五〇〇里と考え、蝦夷地を「内地」と捉え、幕府の対外危機意識の低さを批判した。錦城の対外認識は、水戸学や国学などに見られる国体論とは異質な見解である。

＊16　林子平や蒲生君平が蟄居させられたり、書肆枝芳軒の『南瓢記』が絶版となったり、南豊亭栄助が『北海異談』によって死罪となるなど、同時期に処罰対象となったのは風俗紊乱の恐れがある軟文学とともに、海防問題の著作である。他方、昌平坂学問所の復興と試験制度確立を主目的とした「寛政異学の禁」では、正学・異学をめぐる筆禍事件は起きていない。

＊17　一七九四年成、後に増補して『蝦夷海寇事略』と改称。加賀市立図書館所蔵。

【参考文献】
青木歳幸『在村蘭学の研究』（思文閣出版、一九九八年）
海原亮『江戸時代の医師修業――学問・学統・遊学』（吉川弘文館、二〇一四年）
"Listen, copy, read : popular learning in early modern Japan", Brill, 2014
坂井建雄編『医学教育の歴史――古今と東西』（法政大学出版局、二〇一九年）

第二章　華岡流外科の普及と近代医学

梶谷光弘

第一節　ベストセラーとなった『華岡青洲の妻』

有吉佐和子《ありよしさわこ》が小説『華岡青洲《はなおかせいしゅう》の妻』を発表したのは、昭和四一年（一九六六）のこと。彼女は、いつの時代にも共通する嫁姑《よめしゅうとめ》の心理的葛藤を華岡青洲の史実と織り交ぜながら描いた。この作品は、翌年（昭和四二）二月、新潮社から単行本として発行され、四月に六刷、九月には二二刷となり、一気にベストセラーとなった。演劇化・映画化・ドラマ化が相次ぎ、時の人気俳優たちによって何度も放映・公演されるようになった。そのため、それまでは一部の医者や研究者にのみ知られる存在だった華岡青洲[*1]は、一躍多くの日本人が知る江戸時代を代表する医者となった。

第二節　世界初の全身麻酔による乳岩手術

＊1　華岡青洲（一七六〇—一八三五）

「乳癌《にゅうがん》」は、手触りや治療の困難さを表すように、古くから「乳岩《にゅうがん》」または「乳巖《にゅうがん》」の漢字が当てられた。その戦いは紀元前まで遡《さかのぼ》り、今なお続いている。

わが国において、乳岩手術に立ち向かった人物こそ、華岡青洲である。彼は、文化元年（一八〇四）一〇月一三日、[*2]全身麻酔による乳岩手術を執刀した。これはエーテルやクロロホルムによる麻酔から四〇年も前のことで、世界初のできごとだった。それは、それまでの外科のあり方を一新し、わが国の医療に一大変革をもたらした。

図１　華岡青洲画像　華岡鹿城末裔旧蔵

華岡青洲の誕生

華岡青洲は、宝暦一〇年（一七六〇）一〇月二三日、紀伊国上那賀郡名手庄西野山村平山《かみなかぐんなてのしょうにしのやまむらひらやま》（現、和歌山県紀の川市西野山）に、在村《ざいそん》の医者である華岡直道と継《つぎ》の長男として生まれた。名を震《しん》、俗名を雲平《うんぺい》、通称を随賢《ずいけん》と言い、青洲はその号《ごう》（呼び名）である。華岡家では高祖父《こうそふ》（祖父母の祖父）の時に平山へ移住し、祖父の代から医業を専業とするようになり、青洲はその三代目だった。

＊２　松木明知「華岡青洲と最初の全麻酔下乳癌手術の期日」（『麻酔』二一巻三号、克誠堂、一九七二年）三〇〇―一頁。

京都での修業

天明二年（一七八二）、青洲は二三歳（数え年）の時、学問の中心地だった京都へ遊学し、そこで数多くの医者や儒者に学んだ。なかでも吉益南涯《よしますなんがい》[*3]から内科を、日本の外科の祖であるカスパル[*4]（ドイツ人外科医カスパル・シャムベルゲルのこと）の流れを汲む大和見立《やまとけんりゅう》[*5]から外科を学んだ[*6]。この修業中に青洲は乳岩手術を意識したと思われる。

古代中国の歴史書である『三国志《さんごくし》（魏書《ぎしょ》）』などには、華佗《かだ》という人物が麻酔薬の「麻沸散《まふつさん》」を用いて手術をおこなったことが書かれている。だが、その処方や手術の様子などは一切記されておらず[*7]、中国の医学書では、乳岩は治らないもの、また治療を断るものとされていた[*8]。

ところが、青洲が手にした『漫遊雑記《まんゆうざっき》』の中で、著者の永富独嘯庵《ながとみどくしょうあん》は、「自分が読んだ紅毛書《こうもうしょ》（オランダ医書）では、乳岩は早期の段階で、岩《がん》がまだ『梅核《ばいかく》』（梅の種）ほどの大きさの時、切って取り除けば治すことができると記載されていた。自分はまだ試していないので、ここに記して後世の人に期待する」と書いていた[*9]。これは病巣《びょうそう》（病的変化が生じている箇所）だけを摘除《てきじょ》する、いわゆる乳岩腫瘍摘出法《にゅうがんしゅようてきしゅつほう》である。独嘯庵自身、乳岩手術に関心を示しながらも、執刀するまでの決断を持ちえなかった。

一方、青洲は、ドイツの医師ハイステル[*10]が著した外科書に載った挿絵を見て[*11]、乳岩手術の内容を理解した。それは乳房《にゅうぼう》全体を切除《せつじょ》する、いわゆる乳房切除法だった。

＊3　吉益南涯（一七五〇—一八一三）

＊4　カスパル（一六二三—一七〇六）

＊5　大和見立（一七五〇—一八二七）

＊6　「青洲先生碑銘」（大森不明堂三樂「天保年中出来　累年雑記」所収）、島根大学附属図書館医学分館蔵。大和見水は大和見立の誤り。

＊7　松木明知『華岡青洲と麻沸散—麻沸散をめぐる謎—』（真興交易（株）医書出版部、二〇〇八年）九三—四頁。

＊8　呉秀三『華岡青洲先生及其外科』（大空社、一九九四年）二六二頁。

青洲は、いずれの手術法を選択すべきか迷った。

それからというもの、彼は、患者が手術の激痛から解放される全身麻酔薬の開発とそれを用いた手術法（術式《じゅつしき》）、さらに、その手術を安全かつ適切に行うための臨床研究をめざして努力した。当時の彼は風貌などを一切構わず、珍しい医術があると聞くとそこを訪ね、またよく効く処方があると聞けばそれを入手し、一心不乱に研究へ没頭した。[*12]

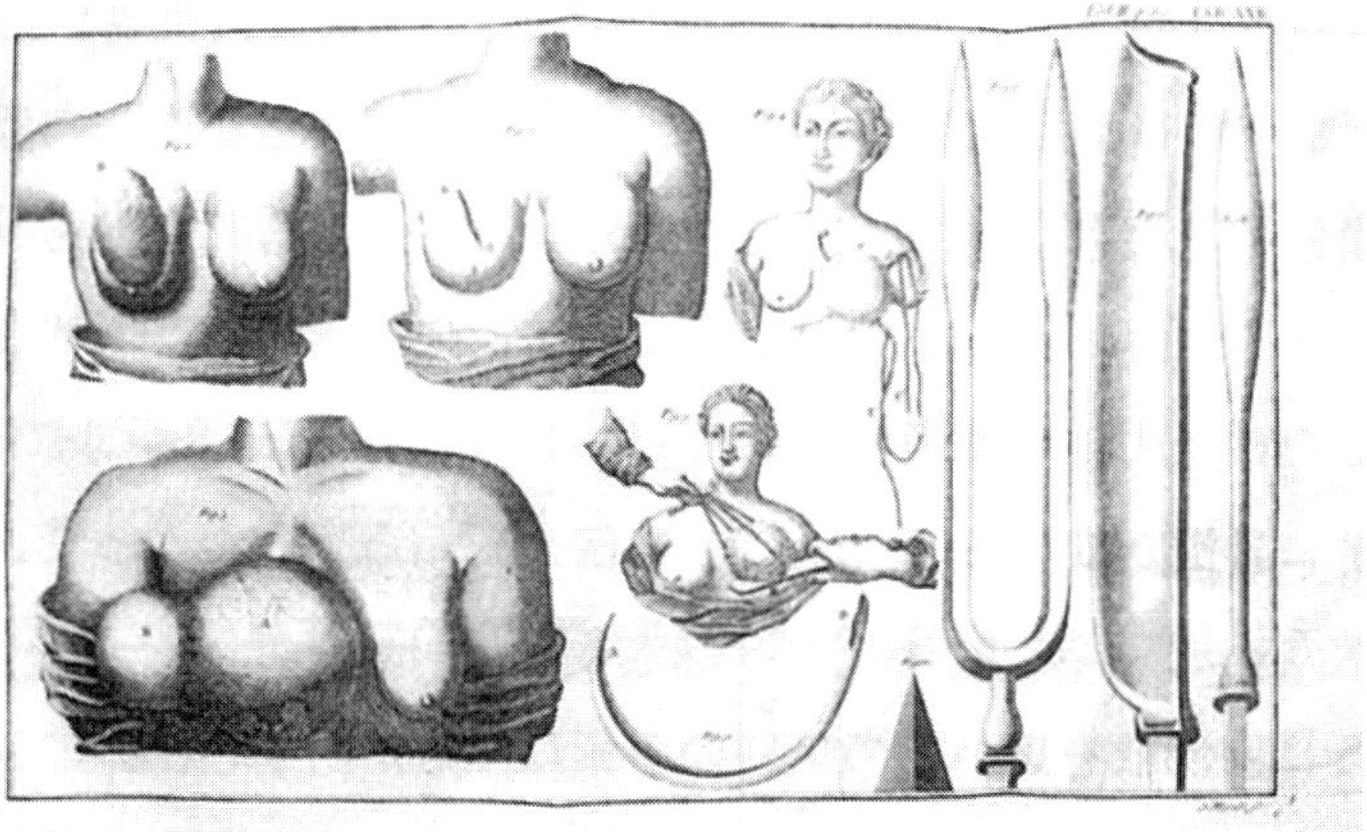

図2　ハイステル外科書の挿絵（松木明知『華岡青洲と麻沸散』p.107）より転載

全身麻酔薬の開発

天明五年（一七八五）二月、青洲は平山へ帰国したが、数ヵ月後、父直道が亡くなったため、彼は医業と研究に専念した。天明八年（一七八八）になり、京都での修業中同窓だった中川修亭《しゅうてい》が、大火に遭い、青洲を頼ってやってきた。彼は門人録に名前を記載し、青洲のもとで研鑽を積んだ。

そして、寛政八年（一七九六）、中川修亭は

---

*9　永富独嘯庵「漫遊雑記」十五丁オ、早稲田大学附属図書館古典籍総合データベース。

*10　ハイステル（一六八三―一七五八）

*11　阿知波五郎「わが国外科に及ぼしたヨーロッパ医学の影響（三）」（『日本医史学雑誌』一二巻、一九六五年）二一―二二頁。

*12　*8同書、一六―七頁。

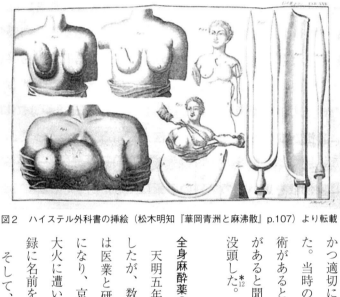

「麻薬考《まやくこう》」をまとめた。そこには、次のような驚くべきことが書かれていた。

①「紅夷人《こうい》」、いわゆるオランダ人が初めて「麻薬」（麻酔薬のこと）を伝え、それを知ったわが国の医者たちが麻酔薬創製に挑戦していた。

②青洲は、それまでに開発された麻酔薬を集め、試行錯誤の末、「紀州花岡氏方《きしゅうはなおかしのほう》」別名「麻沸散」を作り出していた。

③青洲は自らが創製《そうせい》・命名した麻酔薬「麻沸散」を用いて、これまで十数人に対して試し、成功していた。[13]

青洲は自らが創製した麻酔薬に、華佗が用いたとされる麻酔薬と同じ「麻沸散」という名称をつけた。青洲の麻酔薬の特徴は、先行していた麻酔薬に比べて配合する生薬《しょうやく》（薬用の効果をもつ植物・動物・鉱物などのこと）を数種類ほど少なくする一方、蔓陀羅華《まんだらげ》（チョウセンアサガオ）の量を多く配合し、外科手術に適する麻酔作用の増強を図っていたことだった。[14]それも中国で使用された花の部分ではなく、ヨーロッパで使用された茎・実・葉の部分だったため、製法上、「東西医学受容の接点の上に日本的開花をみたもの」[15]だった。後年、妻加《か》恵《え》が両眼の視力を失ったのも、麻酔薬の作用と安全性を確認する人体実験に加わり、被験者として青洲に協力した結果と考えられる。

こうして、青洲は、実証主義の考えによりさらに臨床実験を繰り返し、全身に麻酔を行う独自の麻酔薬を開発したのである。

---

*13　中川故（修亭）「麻酔考」京都大学貴重資料デジタルアーカイブ。

*14　宗田一「華岡青洲」（大塚敬節・矢数道明責任編集『近世漢方医学書集成二九　華岡青洲一』名著出版、一九八〇年）四四頁。

*15　宗田一「華岡青洲の麻酔薬開発―外来技術受容の日本化―」（『実学史研究Ⅳ』思文閣、一九八七年）四一頁。

乳岩腫瘍摘出法の選択

乳岩手術には、もう一つ大きな課題があった。それは手術の方法（術式）だった。これは、手術のあり方すべてに関わる重要な問題だった。

青洲は、『漫遊雑記』に記載された乳岩腫瘍摘出法か、オランダ医書の挿絵に掲載された乳房切除法のいずれかを選択すべきか迷っていた。数年間、熟考に熟考を重ねた結果、ついに前者を選択した。そして、後者については、「このようなことをすれば、すぐ死亡する。これはオランダ人の空事《そらごと》、笑うべきことだ」[*16]と、否定的な判断を下した。

その間、青洲が、どのような臨床実験を繰り返しながら準備をおこなったのかはわかっていない。ただ術前《じゅつぜん》の診断から麻酔薬の投与、患部の切開、腫瘍部分の摘除とその処置、術中《じゅっちゅう》・術後《じゅつご》の患者の全身管理など、数多くのプロセスとその場面での対応・処置を試していたことは確かである。また、手術道具はもちろん多くの薬の準備、万一の場合に備えた対応も想定しなければならなかった。それらはすべて複雑・多岐に絡みあっていた。

乳岩手術の開始

華岡家にやってきた乳岩患者の氏名等を記載した「乳巖姓名録《せいめいろく》」は、文化元年（一八〇四）一月二九日から書き出されている。この事実から、その前年には麻酔薬はもちろん、乳岩手術に関わるさまざまな課題は解決し、準備はほぼ整っていたと思われる。だが、最初の三人

＊16　「燈下医談後篇」一三丁オ、＊14同書。

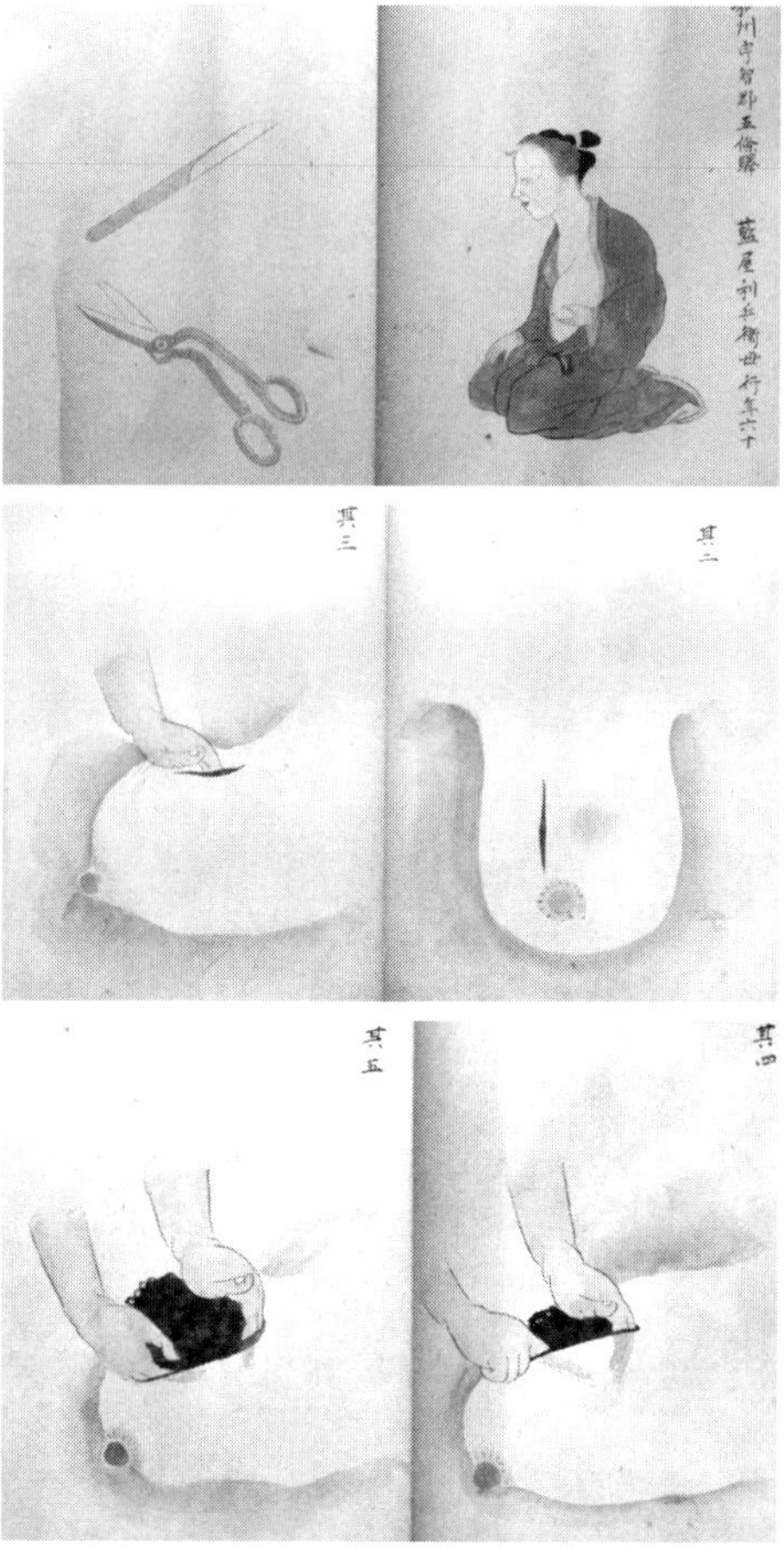

図３　世界初の全身麻酔による乳岩手術　「華岡家治険図録二」　華岡鹿城末裔旧蔵

は、手術を恐れて拒否した。

そして、四人目の患者が最初の乳岩手術患者となった。

彼女は、「和州《わしゅう》（大和国）五條駅《ごじょうえき》　藍屋利兵衛《あいやりへい》　母」＊17、名前は勘《かん》、年齢は六〇歳、患部は左乳房《さにゅうぼう》。これまでに診察した医者は「乳巖」と診断し、治療を何も施さなかった。そのため、勘はどんな病気でも治すという青洲の噂を聞いて平山へやってきた。すでに患部は大きく腫れ、硬くなっていた。青洲は「乳巖」と診断した。彼女は手術を希望したが、脚気《かっけ》による痛みがあったため、まず先にその病状を治す必要があると判断し、青洲は薬を調合して与えた。

＊17　「乳巖姓名録」、＊8同書、二七四―五頁。

二〇日余りして再びやってきたが、今度は咳《せき》をしていたため、別の薬を与えて滞在させた。「乳巌」以外の病状をすべて治し、体調が整った一〇月一三日朝、青洲は「麻沸散」を飲ませた。すると、「正気《しょうき》恍惚《こうこう》、人事《じんじ》を識《し》らず。終身《しゅうしん》麻痺《まひ》して痒痛《ようつう》を覚えず」（無意識で、全身が無痛）という状態に陥った。これこそ従来の痺《しび》れ薬とは違い、経口《けいこう》（口から薬を与えること）による全身麻酔の状態だった。

青洲は、コロンメスにより硬くなった乳房の上部を三寸（約一〇センチ）ほど切開した。出血する中、創口《きずぐち》から指を入れて岩核《がんかく》（腫瘍核《しゅようかく》）を探したところ、筋肉に癒着《ゆちゃく》（悪性の組織への浸潤《しんじゅん》所見の状況）して離れなかったため、両手を入れて岩核を掴《つか》み、コロンメスで切除した。その後、内部を焼酎《しょうちゅう》で消毒し、バルサムコッパイハという薬を入れ、縫合《ほうごう》した。

青洲は眠った状態の患者を麻酔から覚《さ》ますため、米のとぎ汁を温め、少し塩を混ぜて飲ませた。さらに、体力の回復を促す薬も調合して与えた。患者は少しずつ眠りから覚め、意識をとり戻した。だが、手術やその際の痛みをまったく覚えていなかった。ただ、乳房にあった腫瘍が消滅し、処置した跡だけが手術の事実を示していた*18。

これは、文化元年一〇月一三日のことで、記録上では世界初の全身麻酔による乳岩腫瘍摘出手術だった。この時、青洲四五歳。京都への遊学から、すでに二二年という長い年月が経過していた。

現在、日本麻酔科学会では、この一〇月一三日を「麻酔の日」と定め、人類が手術の痛み

＊18　「華岡青洲先生乳巖治験録」第一枚目表―第七枚目裏（松木明知『華岡青洲の新研究』岩波出版サービスセンター、二〇〇二年）所収。

から解放された日として、青洲の偉業《いぎょう》を顕彰《けんしょう》している。

第三節　麻酔薬による乳岩手術の影響

全身麻酔による乳岩腫瘍摘出手術を受けた勘は、翌年（文化二）二月二六日、死亡した。術後わずか四ヵ月余り後のことだった。[*19] しかし、「乳巖姓名録」を見ると、文化二年一名、同三年二名、同四年三名、同五年八名と、青洲のところへやって来る乳岩患者は少しずつ増加した。同時に、青洲による「奇疾《きしつ》（めずらしい病気）篤病《とくびょう》（重い病気）」の治療も増えていった。文化五年（一八〇八）、青洲が京都で学んだ儒者の朝倉荊山《あさくらけいざん》[*20]が、書状の中で青洲を「神と言うべし[*21]」と称《たた》えたのは、彼の医術を高く評価したからにちがいない。

乳岩手術の増加

華岡家において乳岩手術をおこなった患者は、最初の手術から文化七年（一八一〇）五月までに二〇余名、[*22] そして約三〇年後の天保四年（一八三三）までに二五〇余名にのぼり、年を追うにつれて増加した。なかには術後一九年を経過し、「乳岩根治《こんじ》」「今ニ至テ強壮《きょうそう》（とても元気なこと）」と言われる患者まで現れた。[*23]

一方、天保五年（一八三四）当時、華岡家の医塾「春林軒《しゅんりんけん》」で塾頭《じゅくとう》を務めていた安田孝平《やすだこうへい》は、

＊19　＊2同書。

＊20　朝倉荊山（一七五五―一八一八）

＊21　＊8同書、二七四―六頁。

＊22　「文化七年六月七日　塾生　備後　野村鄂記」「華岡家治験図譜二」華岡鹿城末裔旧蔵。

＊23　＊8同書、二七七―八頁。

「父は華岡家で修業して帰国し、乳岩患者を一三人執刀した。そのうち三人は一ヵ月以内で死亡し、残りの半数は四〜五年で死亡し、あとは今も存命《ぞんめい》している。」と語った。[*24]

こうして、乳岩手術は華岡家で行われると同時に、そこで学んだ門人たちによって各地でも行われた。そして、長く生存する患者が増え、青洲は次第に医者仲間から「日本無双《むそう》の名医」と尊敬され、[*25]華岡流外科は広く伝播・浸透し、地域医療に貢献するようになった。

早期発見こそが乳岩治療の鍵

乳岩手術の症例が増えるにつれて、その診断も綿密になった。

たとえば、乳房に痛みが生じた場合を乳腫《にゅうしゅ》と総称し、それを乳岩、乳核《にゅうかく》、内吹《ないすい》、外吹《がいすい》（内吹は妊娠中に乳房が腫れる場合。外吹は授乳期に乳房が腫れる場合）、乳風《にゅうふう》（乳腺炎《にゅうせんえん》）と区別した。とくに、肩や背中が凝《こ》るような症状がある場合は乳岩を疑い、また診察した際、乳房を上から押すと小さな石の角《かど》のような手触《てざわ》りがある場合は乳岩と診断した。

乳岩は、二〇日や三〇日ほどでは痛みが出ず、少なくとも半年以上経ってから痛み出すため、早期発見こそが乳岩治療の重要な鍵と考えていた。万一、痛みを生じている場合はかなり進行しており、とくに脇下が凝《こ》っている場合、あるいは小さくても骨に付くほど深い場合は、手術をしても治らない（予後不良《よごふりょう》）と判断した。このような診断は、現在とまったく同じである。[*26]

＊24　梶谷光弘「出雲地方へ伝播・浸透した華岡流医術について」（『洋学』第二三号、二〇一六年）一八七頁。
＊25　＊24同論文、一八一頁。
＊26　＊24同論文、一八七—九頁。

一方、麻酔薬投与前には体調を万全に整え、また、麻酔薬投与後は麻酔の効き方をチェックし、麻酔薬を投与する前後の診断が手術の成否に影響することもわかってきた。

応用範囲の拡大

文政元年（一八一八）にカテーテル（金属などで作られた細い管）がオランダから伝わると、青洲はさっそくこれを麻酔薬と一緒に用いた。

天保四年、会陰《えいん》（陰嚢《いんのう》と肛門の間の数センチの部分）を打撲して尿道《にょうどう》がふさがった患者が運ばれてきた。当時、このような小便閉《しょうべんへい》は薬では治せず、打撲の中でも最も重症の部類に当てはまった。

青洲は、「麻沸散」を与えて麻酔をおこなった後、下腹部を一寸五分（約五センチ）ほど切り開いた。すると、そこに小便が貯まった尿管《にょうかん》を見つけたため、亀頭《きとう》（男性の生殖器で、陰茎《いんけい》の先端部）から尿管までカテーテルを差し入れ、やっとのことで下腹部に貯まった小便を亀頭から出すことができた。[*27]

こうして、青洲は「麻沸散」を腫瘍の摘除のみならず、カテーテルと併用することによって救急医療にも応用し、臨床への応用範囲を格段に広げていった。

切除外科の普及・拡大

＊27　＊24同論文、一八九―九〇頁。

「青洲先生口授《くじゅ》」として門人がまとめた「外科新書《げかしんしょ》」、「瘍科瑣言《ようかさげん》」、「燈火医談《とうかいだん》」、「青洲先生治験録《ちけんろく》」などを見ると、青洲は「乳巖」のほか、脂瘤《しりゅう》、肉瘤《にくりゅう》、骨瘤《こつりゅう》、舌疽《ぜっそ》など、数多くの外科手術をおこなっていた。[*28] これらに共通することは、いずれも麻酔薬を用いて病巣部分を摘除していることである。これこそが華岡流外科の特徴だった。

インフォームド・コンセント（医師の説明と患者・家族の同意を得ること）の開始

乳岩手術の症例が増えるにつれ、青洲は新たな課題に直面した。それは、乳岩再発だった。華岡家へ出かけた人物が、文政一〇年（一八二七）頃、「華岡家で手術を見たが、再発して死亡する者が多い様子だった」、「手術をおこなって寿命を延ばす考えならば、治療せずにそのままにした方がよい」[*29] と語り、乳岩手術自体に疑問を呈した。また、天保四年（一八三三）当時に在塾《ざいじゅく》した門人も、華岡家での乳岩手術患者二五〇余名中、「死する者、数を知らず」と述べ、[*30] 青洲がおこなった乳岩腫瘍摘出手術は再発という問題を生み出していた。

そのため、華岡家では乳岩などの難病を治療する場合、治療に先立ち患者や家族らに対して病状と診断、処置、そして手術の内容等を説明し、「療治一札之事《りょうちいっさつ》」を書かせた。[*31] これは、現在のインフォームド・コンセントにあたる。この背景には、治療や手術に対して患者や家族から苦情や訴えがあったものと考えられる。

つまり、青洲がおこなった乳岩手術の開始は、難病の場合でも手術をすれば治癒《ちゆ》が可能で

＊28　＊14同書、一―五〇八頁。

＊29　津田進三「長崎浩斎『浩斎医話』について」（『日本医史学雑誌』第三四巻第二号、一九八八年）八七―八頁。

＊30　＊24同論文、一八七頁。

＊31　＊24同論文、一八七―八頁。

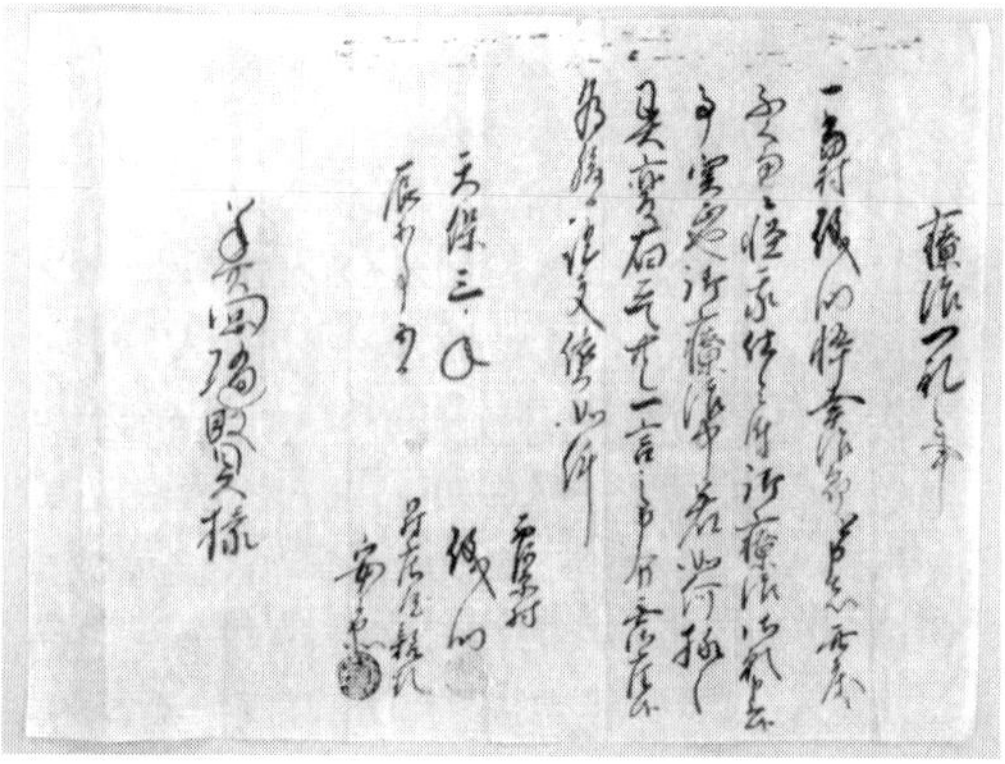

図4　「療治一札之事」　医聖華岡青洲顕彰会蔵

あることを知らしめ、人々の医療知識・医療観を大きく向上させた。と同時に、医者の治療や手術に対する責任が問われるようになり、医療訴訟を生み出していた。

第四節　華岡家で学んだ門人たち

華岡家が所蔵する門人録（四種類）の記載は、安永九年（一七八〇）九月から始まり、明治一五年（一八八二）五月二七日に終わっている。そして、その医学塾としての機能は、最後の門人を受け入れて二ヵ月後の七月二四日、華岡厚堂《こうどう》[*32]（五代）が四〇歳の若さで亡くなった時をもって終焉《しゅうえん》を迎えたと考えられる。[*33] 門人録には「春林軒」や「合水堂《がっすいどう》」、「堺門人」などの記載があり、華岡家にはいくつかの医塾が存在し、全国各地から華岡流外科を修得するため、そこへ門人がやってきたことが判明する。

医学塾の開塾

＊32　華岡厚堂（一八四三―一八八二）

＊33　梶谷光弘「華岡直道・青洲・鷺洲・厚堂が主宰した華岡家へ入門した門人たち」（『華岡青洲研究事業研究論文』第一号、医聖華岡青洲顕彰会、二〇一七年）七一頁。

紀州の名手平山《なてひらやま》にあった医学塾「春林軒」の名称は、文化年間に新築した家屋に付けられた堂号《どうごう》である。しかし、その名称がいつから使われ、また門人教育の医学塾としての機能をいつからもつようになったかは定かではない。ただ「入門定式《にゅうもんていしき》」が、最初の乳岩手術後まもない文化二年（一八〇五）正月頃にでき上がっていることから、その頃には医学塾として成立していたと考えられる。*34「春林軒」邸内には門人宿として「内塾《ないじゅく》」、病人宿として「快々堂《かいかいどう》」、「布袋屋《ほていや》」があったが、在塾しながら青洲らから直接臨床を学ぼうとする門人が増加したことにより、「快々堂」は「外塾《がいじゅく》」、「布袋屋」も病人宿兼門人宿となって「新塾《しんじゅく》」と呼ばれるようになった。

この他、和歌山城下に診療分室（最初は南休賀町《みなみきゅうかまち》。後に三木橋南詰へ移転）、また大坂にも分塾《ぶんじゅく》を設けた。

前者は、青洲が紀州藩に召された際に自ら勝手勤め（一ヵ月中一五日は和歌山に在番登城、一五日は平山で一般治療）を願い出、出仕《しゅっし》の都合で設置したもので、名称も設置時期も不明である。後者は、末弟の鹿城《ろくじょう》が兄青洲の勧めで堺に診療所を開設した後、文化一三年（一八一六）に大坂中之島（現、中之島公会堂付近）へ移転し、「合水堂」と命名した。華岡家の門人録を見ると、そこへ入門した門人も多く、当時、「北岡《ほっこう》（合水堂）、南岡《なんこう》（春林軒）に譲らず」*35とまで言われ、分塾「合水堂」も重要な役割を果たしていた。

*34　高橋克伸「春林軒『門人録』について」（『国立歴史民俗博物館研究報告』第一一六集、二〇〇四年）四五三頁。

*35　*14同書、一七─九頁。

図5　春林軒の外観　左に母家、右に内塾がある　写真提供：紀の川市

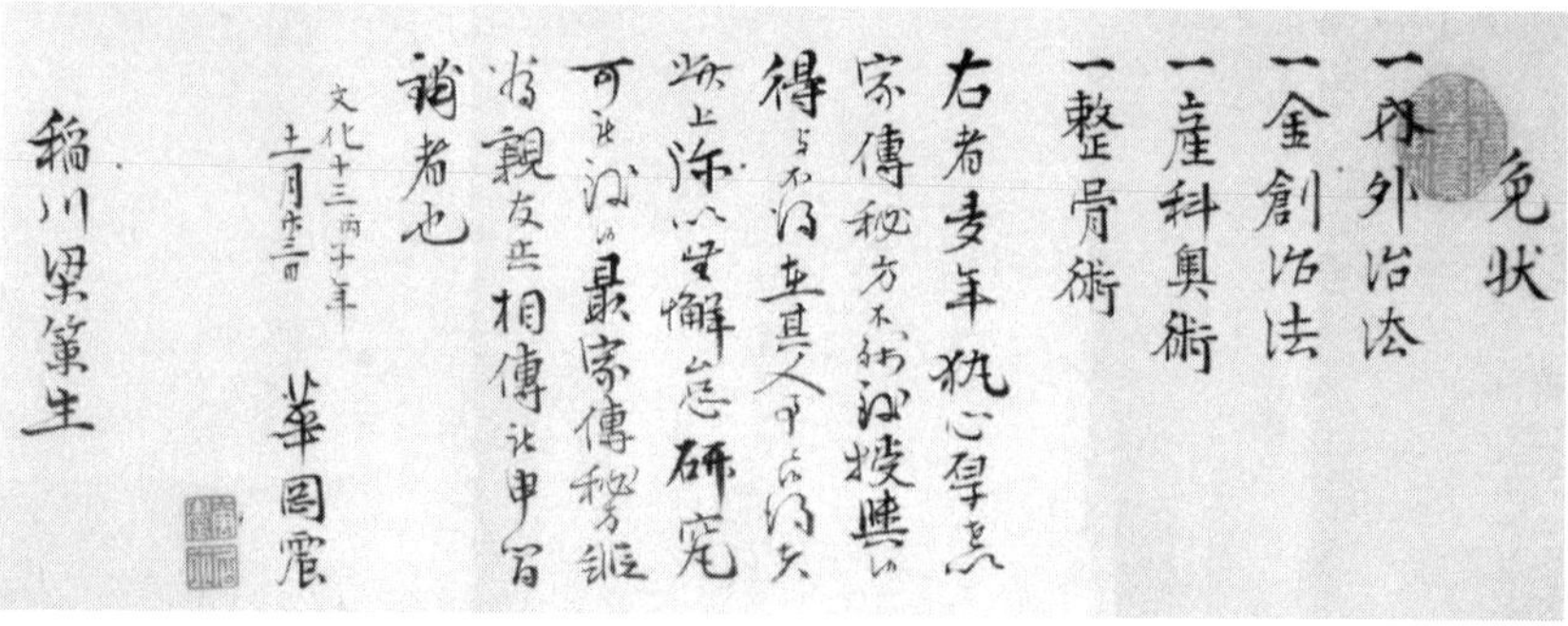
免状
一金創治法
一産科奥術
一整骨術
稲川梁策生
華岡震

図6　華岡青洲が稲川梁策（近江国）へ与えた免状　華岡慶一氏蔵

華岡家の規則

華岡家への入門を希望する場合、門人は一連の「入門定式」に依った。在塾すると、「師家勤式《しけきんしき》」「塾法《じゅくほう》」「春林軒家塾掟《かじゅくのおきて》」（内塾・外塾の規則）など、数多くのルールに従わねばならなかった。また、寄宿を希望する場合には「寄宿按文《あんぶん》」を提出した。

そこには「大先生」・「老先生」と呼ばれた青洲、「先生」と呼ばれた鹿城（青洲の末弟）や南洋《なんよう》（青洲の娘婿）など、華岡流外科を伝授する指導者がいた。その他、塾の経営や管理を担当する「執事《しつじ》」「知事《ちじ》」「塾事《じゅくじ》」、門人の指導・世話をする「塾頭《じゅくとう》」などの役職があり、医学塾としての組織が整っていた。*36 そして、華岡家での修業を終えると、門人は「奥伝誓文《おくでんせいもん》」を提出し、修得した秘術秘方《ひほう》を外部に漏らさないことを誓い、それと引き替えに「免状《めんじょう》」が与えられた。

わが国最大の医学塾

＊36 「入門束修式」（高橋コレクション蔵）。

華岡家へやってきて門人録へ記載した門人は、相模《さがみ》と壱岐《いき》を除く六六ヵ国から総数で約二二五〇名にのぼった。これは、江戸時代を通じてわが国最大の医学塾だった。そのうち青洲生存中の門人が約半数を占めたが、青洲没後、鷺洲《ろしゅう》[*37]（四代、青洲の次男修平）や厚堂（五代）の時にも年間五〇名以上の入門があった。

また、年次別に見ると、文化五年（一八〇八）から明治三年（一八七〇）まで毎年一〇名以上の入門があり、そのうち文化八年（一八一一）から文政一〇年（一八二七）までは、毎年三〇名以上の入門があった。明治四年（一八七一）から急減するが、華岡家への入門は明治一五年まで続き、明治維新後も入門が続いていた（表1）。

華岡流外科はこれら多くの門人に伝授され、彼らが地域医療に貢献したことによって、江戸時代後期から明治時代にかけて、わが国の医学界に大きな影響を及ぼし、近代医学への橋渡しの役割を果たした。

第五節　近代化の原動力となった華岡流外科

華岡家へ入門した門人の中で、そこの秘方秘術などを十分に使いこなすだけの知識・技量・人格を持ち、それを伝授するにふさわしいと見込まれた場合、青洲をはじめ華岡家一族から厳しくそれが教えられた。[*38]そして、彼らは各地で麻酔薬を用いた乳岩・外科手術をおこなった。

＊37　華岡鷺洲（一八〇八―一八六六）。

＊38　松木明知『続　麻酔科学の源流』（真興交易（株）医書出版部、二〇〇九年）一七〇、一八六頁。

年号	西暦	入門者数（名）
安永９年	1780	1
天明元年	1781	0
２年	1782	0
３年	1783	0
４年	1784	1
５年	1785	0
６年	1786	0
７年	1787	0
８年	1788	1
寛政元年	1789	1
２年	1790	1
３年	1791	2
４年	1792	0
５年	1793	1
６年	1794	1
７年	1795	1
８年	1796	1
９年	1797	2
10 年	1798	5
11 年	1799	3
12 年	1800	0
享和元年	1801	2
２年	1802	2
３年	1803	7
文化元年	1804	15
２年	1805	0
３年	1806	9
４年	1807	3
５年	1808	13
６年	1809	25
７年	1810	14
８年	1811	38
９年	1812	43
10 年	1813	47
11 年	1814	46
12 年	1815	51
13 年	1816	52
14 年	1817	51
文政元年	1818	50
２年	1819	42
３年	1820	32
４年	1821	39
５年	1822	46
６年	1823	49
７年	1824	40
８年	1825	58
９年	1826	41
10 年	1827	41
11 年	1828	29
12 年	1829	28
天保元年	1830	36
２年	1831	25
３年	1832	38
４年	1833	27
５年	1834	17
６年	1835	20
７年	1836	22
８年	1837	10
９年	1838	18
10 年	1839	26
11 年	1840	28
12 年	1841	22
13 年	1842	25
14 年	1843	22
弘化元年	1844	25
２年	1845	26
３年	1846	39
４年	1847	39
嘉永元年	1848	27
２年	1849	39
３年	1850	27
４年	1851	27
５年	1852	39
６年	1853	45
安政元年	1854	31
２年	1855	49
３年	1856	42
４年	1857	53
５年	1858	27
６年	1859	13
万延元年	1860	30
文久元年	1861	24
２年	1862	30
３年	1863	32
元治元年	1864	26
慶応元年	1865	33
２年	1866	30
３年	1867	43
明治元年	1868	56
２年	1869	42
３年	1870	26
４年	1871	4
５年	1872	8
６年	1873	7
７年	1874	6
８年	1875	4
９年	1876	3
10 年	1877	2
11 年	1878	0
12 年	1879	6
13 年	1880	3
14 年	1881	4
15 年	1882	1
		2238

表１　華岡家へ入門した年次別門人数（入門年が不明な門人 17 名を除く）＊ 39

その中には幕末の志士橋本左内《はしもとさない》らがいた。また、門人録には記載されていないが、わが国の近代化に大きな役割を果たした蘭学者の杉田玄白《すぎたげんぱく》とその次男立卿《りゅうけい》も、その秘方を教わった。

杉田玄白とその次男立卿への伝授

文化九年（一八一二）五月四日、八〇歳になった杉田玄白[*40]は、三〇歳も年下の華岡青洲にあてて書状を出した。そこには、青洲の偉業を称えるとともに、華岡家門人の宮河順達《みやかわじゅんたつ》が玄白の医学塾「天真楼《てんしんろう》」にやってきて、師である青洲の手術の様子を縷々《るる》申し述べたこと、今後、わからないことがあった場合には相談したいということが書かれていた。[*41] その後の様子から判断すると、玄白は、これをきっかけにして青洲が創製した「麻沸散」の製法とそれを用いた乳岩腫瘍摘出法の伝授を要望していたと考えられる。玄白の願いは許され、それから順達は数人の乳岩患者を執刀し、華岡流外科を公開した。

文化一〇年（一八一三）、玄白が一人の婦人を診察したところ、その患者は乳岩だった。患者が乳岩手術を希望したため、彼は次男立卿へ手術を命じた。それまで順達の手術に何度も立ち会ってきた立卿は、九月一六日朝、「麻酔《ますい》之剤」（麻酔薬）を服用させ、患者が無意識・無痛の状態になったことを確認した後、乳岩手術を開始した。術中、右の乳房を乳頭にかけて縦二寸（約七センチ）、横三寸（約一〇センチ）ほど切開し、腫瘍と周辺の組織一五銭（約五七グラム）を摘出した。[*42] この手術に立ち会っていた順達は、立卿の手術が「青洲先生の手

＊39　＊33同論文、六九—七四頁。

＊40　杉田玄白（一七三三—一八一七）

＊41　松木明知『麻酔科学の源流』（真興交易（株）医書出版部、二〇〇六年）一八四—五頁。

＊42　「療乳癌記」印影（松木明知『華岡青洲と「乳巌治験録」』岩波出版サービスセンター、二〇〇四年）。

術とまったく同じだった」[*43]と述べた。

こうして、青洲が乳岩手術に成功してから八年後、華岡流外科は門人宮河順達を介し、蘭学の大家・杉田玄白とその次男立卿へ伝授され、彼らの蘭学・洋学研究に影響を及ぼしたと考えられる。

志士橋本左内への伝授

橋本左内[*44]は、安政五年（一八五八）、大老井伊直弼《いいなおすけ》が尊皇攘夷《そんのうじょうい》運動に対しておこなった安政《あんせい》の大獄《たいごく》により処罰された開明派の志士《しし》としてよく知られている。だが、彼はれっきとした医者であり、優れた華岡家門人だった。

左内は、福井藩奥《おく》外科医（藩医で外科担当）の橋本春蔵《しゅんぞう》の長男として生まれ、嘉永二年（一八四九）、一六歳の時、大坂にあった緒方洪庵《おがたこうあん》の「適塾《てきじゅく》」へ入門した。彼は、そこでオランダ医書の原書・訳書を一生懸命に学び、またたく間に上達した。[*45]ところが、嘉永四年（一八五一）七月二四日、左内は、「適塾」と堀を隔て、多くの門人を集めていた華岡家の分塾「合水堂」へも入門した。左内の華岡家入門は、外科手術・西洋医学を志向した祖父春貞《しゅんてい》、父春蔵に続く橋本家三代にわたるものだった。[*46]

一二月、父春蔵がけがをし、しばしば喀血《かっけつ》するようになったため、翌年（嘉永五）閏二月一日、左内は帰国した。[*47]父に代わって診察するようになってまもなく、彼は梅毒《ばいどく》（性病の一

＊43　＊29同論文、八七頁。

＊44　橋本左内（一八三四―一八五九）

＊45　日本史籍協会『橋本景岳全集二』（続日本史籍協会叢書、東京大学出版会、一九七七年）年譜、三一頁。

＊46　＊33同論文、二六頁。

＊47　山口宗之『橋本左内』（吉川弘文館、一九七一年）八、四三頁。

つである感染症）患者の局部切除手術を執刀した。そして、嘉永七年（一八五四）二月八日には、幼少の頃に儒学を学んだ福井藩の儒者である吉田東篁《とうこう》の母の乳岩手術を執刀した。この患者は、術後七ヶ月を経過しても良好な状態であり、*48手術は成功だった。

こうした状況から、橋本左内は、「合水堂」に在塾した半年余りで華岡流外科の根幹である麻酔法、乳岩腫瘍摘出法、そしてその手術に関わる臨床医術など、すべてを修得していたと考えられる。

第六節　華岡青洲の医学論

華岡青洲が著した医学論は書物として残っていない。だが、彼の書いたものを通して、次のような考え方を推測することができる。

青洲が帰国する門人へ贈った言葉には、「竹屋《ちくおく》蕭然《しょうぜん》烏雀《うじゃく》喧《かまびす》し、風光《ふうこう》自適《じてき》寒村《かんそん》に臥《ふ》す、唯《ただ》思う起死回生《きしかいせい》の術、何ぞ望まん軽裘肥馬《けいきゅうひば》の門」（原文は漢文）というものが多い。青洲は、門人に対して、贅沢な生活（軽裘肥馬）を望まず、医者として病人を救う医術（起死回生の術）についてしっかり考えることを伝えた。

それは、青洲が門人に授けた「免状」の後半部に書かれた「得ると得ずはその人にあることに候えば、この上はいよいよもって解怠《かいたい》（なまけること）なく研究いたすべき候」（原文は

---

*48　*45同書、五六―七一頁。

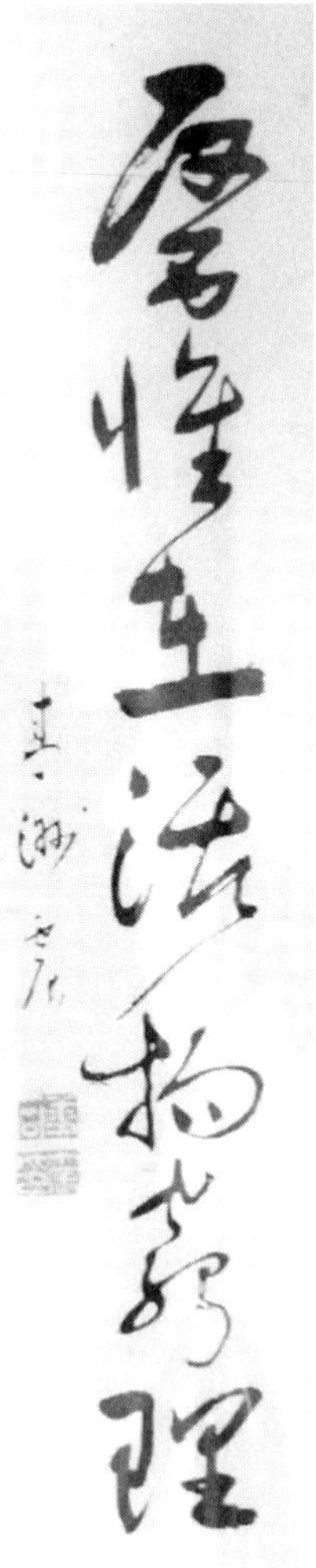
図7　華岡青洲筆「医は惟活物窮理に在り」　華岡慶一氏蔵

漢文。図6参照）という言葉にも表れている。

また、青洲は、「窮理《きゅうり》」・「活物窮理《かつぶつ》」・「医は惟《これ》活物窮理に在り」などの言葉も揮毫《きごう》（毛筆で文字や文章を書くこと）した（図7）。

「活物」とは、「物を活《い》かすこと」と「活き物」を意味する。死に直面している患者を蘇生させるだけでなく、患者が本来もっている生理機能を十分に発揮させ、さらに患者を苦しみや疾病《しっぺい》から救い、社会復帰させることである。そして、「窮理」とは、「理を窮《きわ》める」こと、つまり知識を窮め、そこに一貫する原理を見出すことである。

青洲は、医者としての究極の目的が「病人を治療して助けること」であると[*49]主張した。彼は門人に対して、全身全霊をかけて、この目的に向かって努力することを教えたのである。

こうした言葉は、青洲が二〇年余りの年月をかけて多くの症例を集め、自ら試しながら麻酔薬を開発し、あらゆる場合を想定して人体実験を繰り返し、乳岩手術を成功に導いた経験から生まれたものである。青洲が訴えた医の哲学、臨床の医者としての生き方を現代に生か

＊49　松木明知「華岡青洲の医の哲学」（『日本医事新報』NO.四二六二、二〇〇五年）二七―八頁。

すこと、これこそが近代医学の発展につながるのである。

【謝辞】本稿を執筆するに際し、華岡慶一氏をはじめ華岡鹿城末裔、華岡青洲顕彰会、紀の川市役所の皆様には資料の閲覧・写真撮影等で大変お世話になりました。ここに記して深謝の意を表します。

【参考文献】

関場不二彦『西医学東漸史話』下巻（吐鳳堂、一九三三年）
医聖華岡青洲先生顕彰会編『医聖華岡青洲』（医聖華岡青洲先生顕彰会、一九六四年）
那賀町華岡青洲をたたえる会編『華岡青洲』（那賀町華岡青洲をたたえる会、一九七二年）
上山英明『華岡青洲先生　その業績とひととなり』（財団法人青洲の里、二〇〇六年）
医聖華岡青洲展実行委員会編『ロマンと創造への曼陀羅華　医聖華岡青洲展』（医聖華岡青洲展実行委員会、一九九二年）
和歌山市立博物館編『近世日本医学と華岡青洲』（和歌山市立博物館、一九九二年）
松木明知『麻酔科学のルーツ』（克誠堂出版、二〇〇五年）
島根大学附属図書館医学分館大森文庫出版編集委員会編『華岡流医術の世界』（ワン・ライン、二〇〇八年）
松木明知『日本における麻酔科学の受容と発展』（真興交易（株）医書出版部、二〇一一年）
和歌山市立博物館編『華岡青洲の医塾　春林軒と合水堂』（和歌山市立博物館、二〇一二年）
松木明知『華岡青洲研究の新展開』（真興交易（株）医書出版部、二〇一三年）
松木明知『日本麻酔科学史の知られざるエピソード【戦前篇】』（真興交易（株）医書出版部、二〇一六年）

第三章　江戸時代の経穴学にみる考証と折衷
——小坂元祐と山崎宗運を事例に

加畑聡子

第一節　江戸時代における医学公教育

医学公教育としての江戸医学館と経穴学

近代以降、公教育は国家の施策により制定された法制度に基づいて変遷してきた。江戸時代の幕藩体制下には、中央集権的な教育制度は未整備だったが、江戸医学館・藩校などの公教育的機関が存在したことは着目すべきである。それらは公権力の影響を受けながら、独自の学問基盤を形成する著名な医者を輩出し、後学に多大な影響をおよぼした。なかでも、幕府医官・多紀《たき》氏が主宰した江戸医学館は江戸幕府直轄の官立医学校で、臨床教育を行うと同時に考証学の基礎を確立し、発展させたことで知られている。富士川游《ふじかわゆう》は多紀氏の学問的立場を、江戸時代に興隆した古方派《こほうは》[*1]に対抗するべく興った「折衷派（または考証学派）」として位置づけている[*2]。実際に多紀氏は国内外の医書を蒐集し、翻刻事業を手がけるなど、官立医学校の地位・権限を最大限に活かした多大なる文献考証学的事跡を遺した。また、その考証

＊1　古方派とは江戸時代中期以降におこった医学の一流派。一六世紀初頭以降、田代三喜・曲直瀬道三（正盛）らによって伝えられた金元流の医学に基づく後世派が五行説や運気論などとの結びつきが強く、空理空論に流れる傾向にあったため、それに対して後漢の張仲景の『傷寒論』を至上のものとし、親試実験を唱えた。

＊2　富士川游『日本医学史』（裳華房、一九〇四年）四三三—四三四頁。

学の影響は、江戸医学館での狭義の漢方医学（本草《ほんぞう》・湯液《とうえき》）だけでなく経穴学《けいけつがく》にも及んでいたことは着目できる。

そこで、本章では江戸医学館と、その前身である躋寿館《せいじゅ》を医学公教育の先蹤として位置づけ、一八世紀前後の医学公教育形成期の経穴学における考証と折衷の態様について明らかにしたい。具体的には、躋寿館期の経穴学講師・小坂元祐《げんゆう》、江戸医学館期の経穴学講師・山崎宗運《そううん》の事例を検証する。

第二節　小坂元祐の経穴学

小坂元祐の経歴

小坂元祐（?—文化一二年〈一八一五〉、名は営昇《えいしょう》、号は牛淵《ぎゅうえん》）は、家は代々丹波亀山藩医である。多紀元悳（藍渓）に入門し[*3]、明堂の学を多紀元孝《もとたか》（玉池）の学統に連なる良益に学び[*4]、江戸医学館の前身である多紀家の家塾・躋寿館で百日教育《ひゃくにちきょういく》時の経穴学講師を務めた人物である[*5]。著作に、『兪穴捷径《ゆけつしょうけい》』（寛政五年〈一七九三〉序刊）・『経穴纂要《けいけつせんよう》』（文化七年〈一八一〇〉序刊）・『十四経全図《じゅうしけいぜんず》』（文化九年〈一八一二〉序刊）・『刺灸必要《しきゅうひつよう》』（文化一三年〈一八一六〉成）・『鍼灸備要』（書写年不詳）があり、なかでも『経穴纂要』は、多紀元簡撰『挨穴集説《あいけつしゅうせつ》』（文化八年〈一八一一〉写）・原南陽《はらなんよう》撰『経穴彙解《けいけついかい》』（文化四年〈一八〇七〉序刊）と並ぶ江戸期後期の三大経穴書の一

＊3　武田科学振興財団蔵『玉池・藍溪・桂山先生門人帳』に、多紀藍溪の門人として名が記されている。

＊4　『経穴纂要』丹波元簡序に、「祖考玉池先生、明堂の学を水藩の良医宮本春仙翁に受け、而して之を中島元春《ママ》に伝ふ。元春之を藤井貞三に伝ふ。貞三之を良益に伝ふ。乃ち春仙翁従り元祐に至るまで、凡そ六伝を為す」とある。

＊5　広島大学蔵『躋寿館規則』には、寛政辛亥（三年〈一七九一〉）春のいわゆる百日教育時には、晋大中《しんだいちゅう》、大膳大《だいぜんのだい》夫《ぶ》良益《りょうえき》らと共に、「取経挨穴」講師として名を連ねている。

つとされている。[*6]

『兪穴捷径』の著述と銅人形製作

『兪穴捷径』は『経穴纂要』の先駆となる書で、[*7] 骨度[*8]を踏まえ、十四経脈ごとに属する経穴位置を二〇部以上の古医書によって考証するが、『経穴纂要』と比べれば引用書および按語《ご》《あん》の数は少ない。また、『兪穴捷径』自序には、同書が元祐自作の銅人形[*9]に付せられた小冊子で、複数製作し、同僚や仲間に配布したことが記されている。

『兪穴捷径』著述の背景には、当時の医者の間で流行していた『十四経発揮』[*10]に対する問題意識があった。具体的には、『素問《そもん》』気府論《きふろん》で経穴数を三六五穴とするのに対し、『十四経発揮』は一一穴脱漏していることを指摘している。そこで、『十四経発揮』を基本としたうえで、異説を採用する場合には、引用書を明記したのである。おそらく当時流布していた『十四経発揮』を底本とすることで、医者が体得しやすいよう配慮したのであろう。それに加え、古医書に依拠した考証により、さらなる実用性と精確性を兼ね備えた経穴書の製作を試みたのである。また、『兪穴捷径』多紀元簡序には、初学者の経穴体得の一助となることを期待する旨が記されている。当時、銅人形が初学者向けの経穴学教材として用いられたことを勘案すれば、元祐は、『十四経発揮』を基本とした古医書の考証により、簡便かつ、より精確な初学者向けの入門書と銅人形を製作したといえるだろう。

＊6　篠原孝市が『臨床鍼灸古典全書』第七巻（オリエント出版社、一九八九年）にて、多紀元簡『挨穴集説』について、「『経穴纂要』・『経穴彙解』と並ぶ江戸後期の代表的経穴書」と評し、『経穴纂要』を江戸後期の三大経穴書の一つと解説している。

＊7　詳細については、拙稿「江戸医学館官立化時期における小坂元祐の経穴学教育」（『伝統鍼灸』第四三巻第一号〈通巻八六号〉、二〇一六年）を参照されたい。

＊8　骨を基準とし、身体各所の長さを尺寸で定めるもの。

＊9　銅人・銅人形は、経脈や経穴を人体模型に附した人形で、教育および技術体得の教材として知られる。江戸時代においても、経穴の位置を確定する練習にあたり医学教育の教材として多く用いられた。

『経穴纂要』の著述

『経穴纂要』は、『兪穴捷径』と同様に『十四経発揮』を基本として、経穴位置を古医書によって考証している。『兪穴捷径』からさらに引用書を増やし、内景図、すなわち内臓の解剖図、十四経脈以外の奇経八脈《きけいはちみゃく》や、経穴の名称などの解説および取穴法《しゅけつ》*11を加筆するなど、量質ともに『兪穴捷径』を発展させた内容となっている。自序によれば、元祐は、医学の経典とされる『素問』・『霊枢《れいすう》』が深奥で理解が困難であるから、当時の医者が『十四経発揮』を用いて簡便に経穴を体得していたことに問題意識を抱いていた。そこで元祐は、『十四経発揮』を基本としてさまざまな書を探して異同を考慮し、取捨選択や折衷をしたうえで、より簡便な経穴位置の確定を目的とした実用的かつ考証学的な

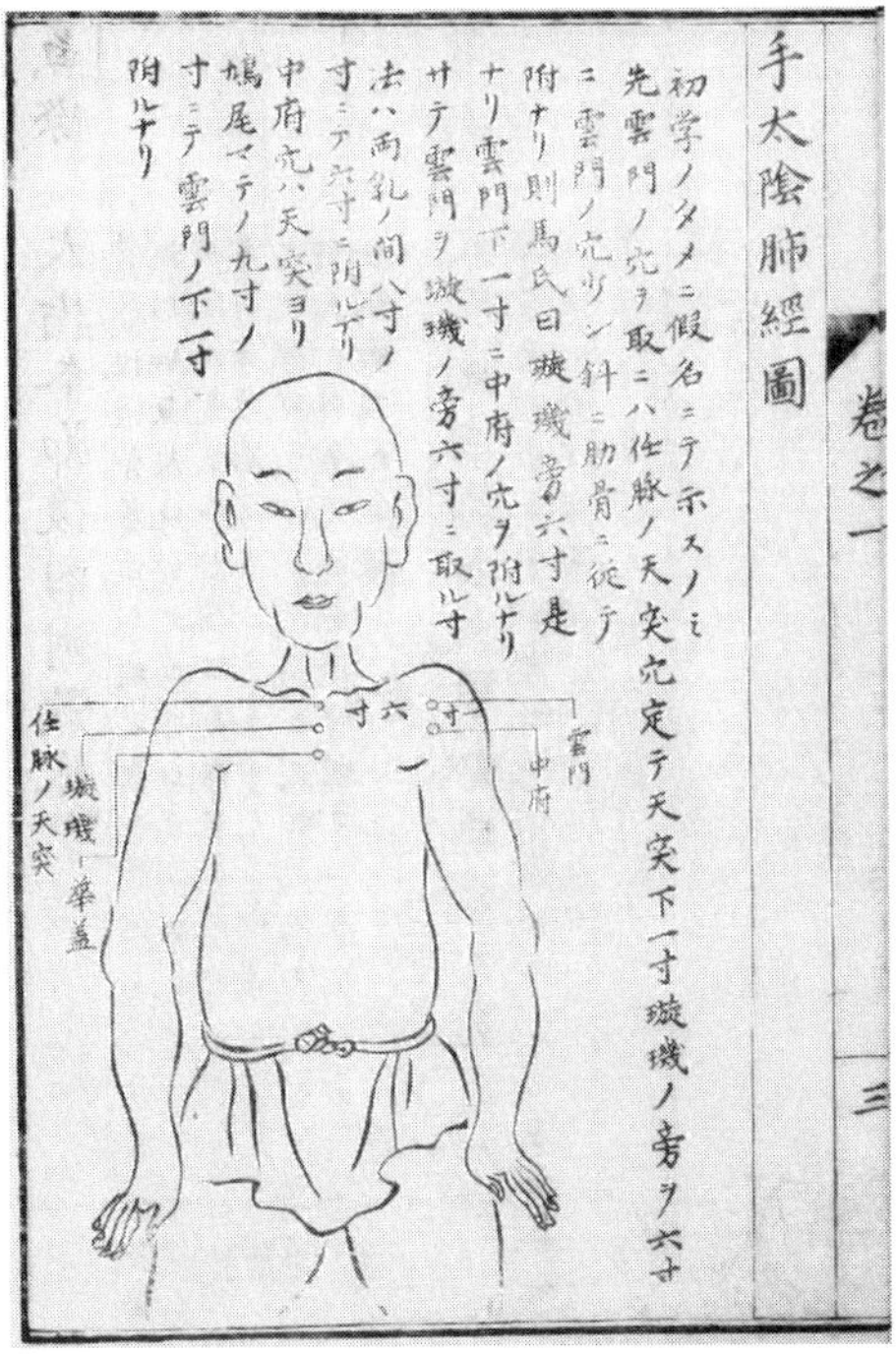

写真1『経穴纂要』巻之一「太陰肺経図」　京都大学附属図書館蔵

*10　元《げん》・滑寿《かつじゅ》撰『十四経発揮』。小曽戸洋は、「『十四経発揮』は元の滑寿の著で、簡明であるがため、経穴学の教科書として従来の書にかわり盛んに利用された」としている（『日本漢方典籍辞典』大修館書店、一九九九年、一七九頁）。

*11　経穴位置を定めること。

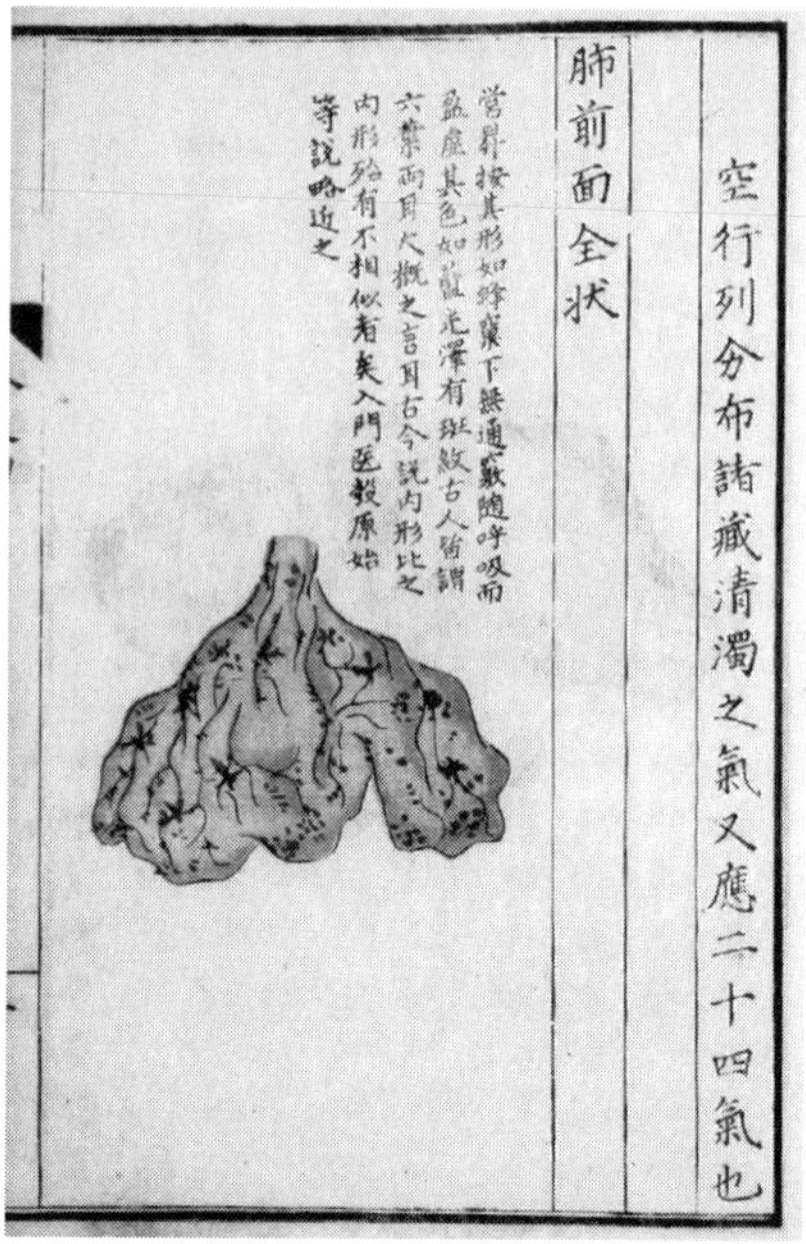

写真２　『経穴纂要』巻之四「肺前面全状」　京都大学附属図書館蔵

書の著述を試みたのである。

『経穴纂要』巻之一から巻之三の体裁を見ると、はじめに経脈ごとに漢文体で取穴を記し、その後、流注《るちゅう》＊12や取穴を図で示すとともに仮名交じり文で流注とその根拠となる引用書を記している。その背景には、『経穴纂要』巻之一「手太陰肺経図《たいいんはいけいず》」（写真１）の冒頭に「初学ノタメニ仮名ニテ示スノミ」とあるように、初学者による通読を可能にしたのである。つまり、『素問』・『霊枢』を尊重し、『十四経発揮』を基本として文献考証を行う一方で、初学者にも理解しやすく簡便な形式で著述した点において、『経穴纂要』と『兪穴捷径』との一致が見られる。

解剖による考証

『経穴纂要』序文には解剖記録が次の通り記されている。

亦た復た自ら親しく解剖し、視る所の内景、古人の説く所と異なる者は、今新たに之を

＊12　人体を流れる経脈のルートのこと。

図《えが》きて、以て四方に示し、併せて五巻と為す。名づけて経穴纂要と曰ふ。

古医書だけでなく、自ら解剖を行い、これまでの古人の説と異なる箇所について新たな解剖図を描いて正したことがわかる。実際に、巻之二には寛政二年（一七九〇）冬の腑分け記録を示す「寛政庚戌冬、予刑人の骸鮮を得て之を視る」という記載が見られ、巻之四には、医古典の記載を引用しながらも自らの解剖体験に基づいた詳細な内臓の解剖図が描かれていることは、着目すべきである（写真2）。

『兪穴捷径』から約二〇年を経て著述された『経穴纂要』において、元祐が考証手段として古医書にとどまらず解剖をも用いていたことは、さらなる実証性の追究の表れと見なせる。

小　結

小坂元祐は、当時の医者の間で簡便な経穴書である『十四経発揮』が流行していたことに問題意識を抱き、より詳細に考証して、初学者向けに『兪穴捷径』・『経穴纂要』を著述した。『経穴纂要』の先駆となる『兪穴捷径』を銅人形に附属する小冊子として著し、『経穴纂要』の考証手段として、解剖を用いることで、古医書の記載をより実証的に追求していた。

つまり、当時は『十四経発揮』のような簡便な書を活用することが主流にあって、考証学のような一見、理論に傾きがちな難解な学問を、初学者向けに教育・啓発するという課題へ対処するべく、著述したのである。このことから、元祐の営為は、当時の医学における臨床と理論の一致を目的とした、一つの折衷のあり方と見なせる。

また、経時的に見れば、『兪穴捷径』と比べて、一八年後の序文が附される『経穴籑要』においては、より精確性の高い考証が行われている。『兪穴捷径』の序が附される寛政五年（一七九三）から『経穴籑要』序が附される文化七年（一八一〇）の一八年の間には、より客観的かつ実証性の高い根拠が、医学館での医学教育に求められ、その手段として古医書や解剖が用いられたのだろう。

第三節　山崎宗運の経穴学

山崎宗運の経歴

山崎宗運（宝暦一一〈一七五一〉―天保五年〈一八三四〉、名は次善《つぐよし》、字は子政《しせい》）は、幕府医官として鍼灸を業とする山崎氏五代目の鍼医である。多紀元悳の姪の子にあたる。[*13] 天明二年（一七八二）に家督を継ぎ、寛政元年（一七八九）に寄合より奥医師となり、同四年（一七八四）に江戸医学館鍼科教諭、その後、同七年（一七八七）に法眼まで進んだ。[*14] 自らの抜書本に『渉園漫録《しょうえんまんろく》』[*15]があり、『釈骨《しゃっこつ》』[*16]の版刻や宋・王維一撰『銅人鍼灸図経』の校正補注『天聖《てんせい》銅人腧穴鍼灸図経彙攷《どうじんしゅけつしんきゅうずきょういこう》』[*17]の著述で知られ、銅人形[*18]（東京国立博物館蔵。以下、東博銅人形）を鋳造させた人物といわれている。[*19] また、「東都《とうと》医官《いかん》致仕《ちし》髯翁山崎先生《ぜんおうやまざきせんせい》墓表《ぼひょう》」[*20]に「子政侍

＊13　丹波（多紀）元簡「東都医官致仕髯翁山崎先生墓表」（藤波剛一旧蔵、国立国会図書館蔵「医家墓碑拓本集」一九〇〇年所収）。

＊14　『寛政重修諸家譜』第二〇（続群書類従完成会、一九六六年）一〇〇頁。

＊15　山崎宗運『渉園漫録』書写年不詳、早稲田大学図書館蔵。諸書からの抜き書きが収録され、宗運自筆の孤本とみられる。

＊16　『釈骨』に付される山崎宗運による寛政一〇年跋によれば、乾隆四五年（一七八〇）呉江（現、江蘇省蘇州市呉江市）刊本。著者は沈冠雲《しんかんうん》（沈彤《しんとう》）。

＊17　山崎宗運『天聖銅人腧穴鍼灸図経彙攷』（書写年不詳、台湾国立故宮博物院図書館蔵）。宗運による自筆稿本とみられる。

直の暇、旦莫に病者を診療し、家居するに遑《いとま》無し」とあるように、医者としても名高く、幕府医官および江戸医学館鍼科教諭として数々の偉業を残したことがわかる。

『釈骨』の出版と「骨度折量法尺式」の製作

宗運は、多紀元悳から借り受けた『釈骨』に、寛政一〇年（一七九四）の跋文と『四庫全《しこぜん》書総目提要《しょそうもくていよう》』を付して版刻し、同年一二月一日に、幕府に献上した。*21 宗運による跋文には、『釈骨』を版刻した背景として、『釈骨』が儒者により無用のものとされ、その存在を医者が知らないことに対する問題意識があったことが記されている。そこで、『釈骨』版刻により骨の名物を明ら

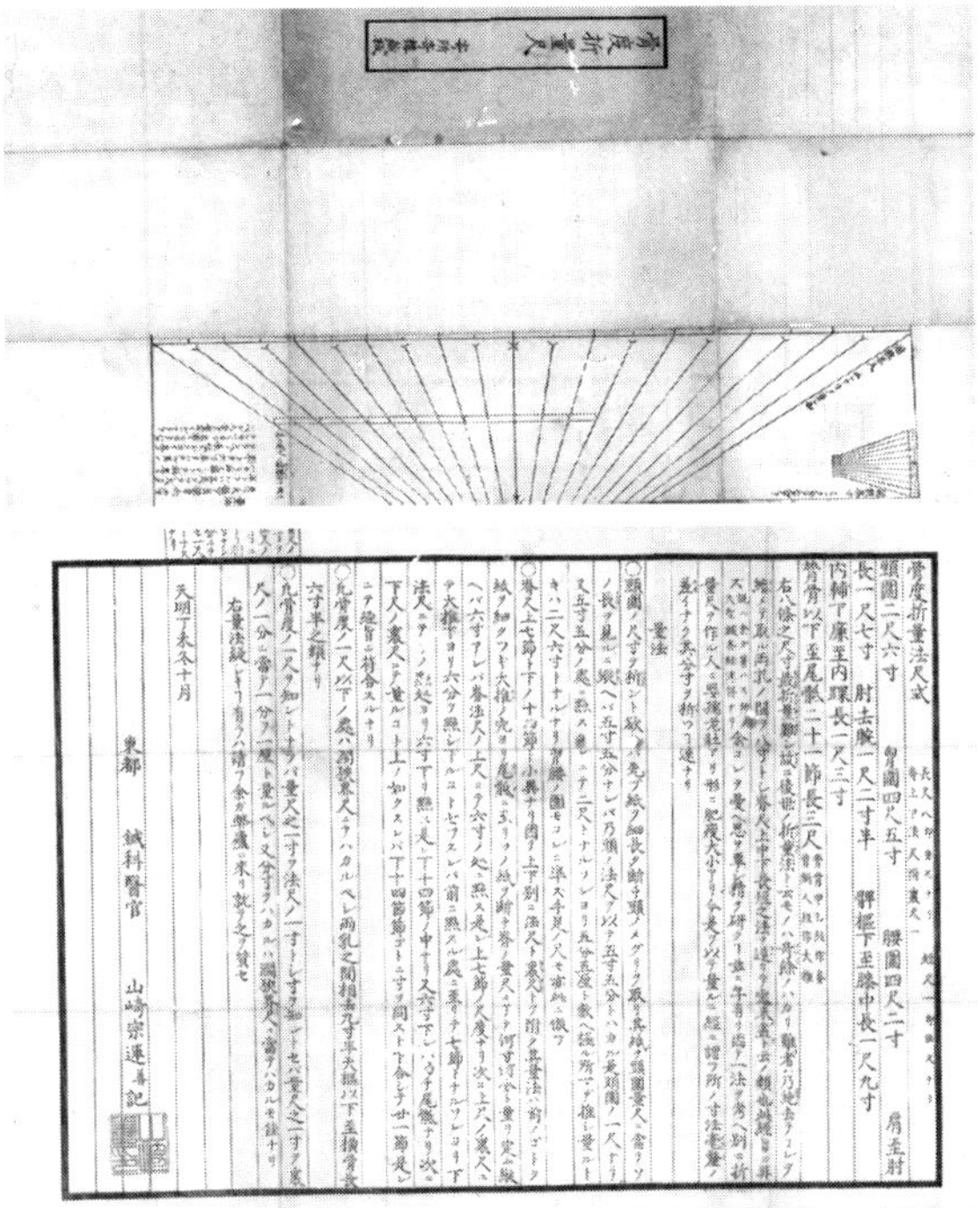

写真３　「骨度折量法尺式」表面（上）と裏面（下）　長野仁氏蔵

＊18　『東京国立博物館図版目録　日本彫刻篇』（東京国立博物館編集発行、一九九九年）一四九頁に、「人体模型（銅人形）、一躯、C-543像高一六一・〇、銅製鋳造、彩色、江戸時代十八世紀」とある。画像は東京国立博物館画像検索ページ（https://webarchives.tnm.jp/imgsearch/show/C0003094〈最終閲覧日：二〇一九年一二月二四日〉）を参照されたい。

＊19　小曽戸洋「東博銅人形の製作者および年代について」（『日本医史学雑誌』第三五巻第二号、一九八九年）三〇―三二頁。

＊20　＊13同書。

＊21　『寛政重修諸家譜』（＊14同書）第二〇、一〇〇頁に、「（寛政）十年十二月朔日沈氏釈骨一巻を献ず」とある。

かにし、世の医者への啓発を試みたのである。また、元・王安道《おうあんどう》の『小易賦《しょうえきふ》』明・寧一玉《ねいいつぎょく》の『析骨分経《せきこつぶんけい》』と比べて『釈骨』が非常に優れていると述べている。実際に三書の内容を比較すると『釈骨』は古医書を根拠として骨を詳細に考証している。つまり、可視的な骨の名物を古医書により考証して明らかにすることは、宗運にとって経穴位置の同定に必要不可欠で、最も評価しうる実証的手段であったのである。

さらに、長野仁氏蔵の『釈骨』には、一〇枚の紙尺を包む一枚の紙「骨度折量法尺式《こつどせつりょうほうしゃくしき》」が付属し、一帙に収められている。該当資料の末には「天明丁未十月」（一七八七年一〇月）とあることから、家督を継いだ天明三年（一七八三）から四年後に記され、宗運が『釈骨』の跋文を記した寛政一〇年（一七九八）の一〇年前には、既に製作されたことがわかる。

「骨度折量法尺式」は封の形に折られていて、広げると一枚の長方形の用紙となっている（写真3）。表面には「骨度折量尺　寄所寄楼蔵板」と記され、長方形の枠の中に「闊狭界尺《てんきょうかいしゃく》」・「闊狭界寸《てんきょうかいすん》」と呼ばれる分度器のような台形のスケールが描かれている。裏面には「骨度折量法尺式」と題し、基準となる骨度、製作背景、そして「量法」すなわち、紙尺及び「闊狭界尺」の使用方法が記されている。冒頭に記される八つの骨度の名称と寸法は、[*22]『霊枢』骨度篇の記載と一致し、『霊枢』を基準として「骨度折量法尺式」を製作したことがわかる。制作の背景として、後学が骨度を省略して測定していたことに対する問題意識を挙げ、「骨度折量法尺式」を用いれば「経旨」すなわち『霊枢』の記載と違いなく速やかに骨度を測る

＊22　「頭囲二尺六寸　胸囲四尺五寸　腰囲四尺二寸　肩至肘長一尺七寸　肘去腕一尺二寸半　髀枢下至膝中長一尺九寸　内輔下廉至内踝長一尺三寸　膂骨以下至尾骶二十一節長三尺」と記されている。

ことができるとしている。つまり、宗運は『霊枢』骨度篇に従いつつも高精度かつ簡便な取穴法の実践を目的としていたのである。

『天聖銅人腧穴鍼灸図経彙攷』の著述

『天聖銅人腧穴鍼灸図経彙攷』は、宗運が『銅人腧穴鍼灸図経[*23]』を校正補注した草稿である。天冊（巻上、巻之一―二）・地冊（巻中、巻之三―五）・附録上下冊の四冊が現存し、下巻にあたる人冊を欠く。全冊にわたる小字注のほかに、地冊に「大椎攷《だいついこう》」・「脊椎法《せきついほう》」・「魚骨弁《ぎょこつべん》」・「横寸攷《おうすんこう》」・「背腧草度法《はいしゅそうどほう》」・「八髎攷《はちりょうこう》」・「腹部量法攷《ふくぶりょうほうこう》」などの項目が宗運によって加筆されている。その内容は、脊椎や骨盤など、いずれも取穴において指標となる身体部位について記され、解剖学的側面から考証が行われている。つまり、宗運は、『銅人腧穴鍼灸図経』の校正補注にあたり、古医書による考証にとどまらず、解剖学的見地から具体的に取穴法を理解し、実践への活用を試みたのである。

また、「脊椎法」に見られる「骨度折量法尺式」についての記載に着目したい。

> 余茲に於いて経旨に据りて、骨度折量尺なる者〈折量尺中に脊尺の法有り〉を創製し、以て腧穴を取れば、乃ち確かに準則有り。然り而して背部の諸腧、当に第一椎自り数へて下りて尾骶に至るまで各々椎下に点して之を取るべし。若し其れ或いは肥人の呂骨露《あらは》れざる者、或いは骨鎛明らかならざる者は、並びに折量尺を以て之を求むれば、必ず

＊23　天聖四年（一〇二六）に北宋《ほくそう》・王惟一《おういいつ》が勅を奉じて著した図経で、経穴を十四経・三五四穴に改定している。翌五年には、本書に基づきいわゆる「天聖銅人」が鋳造された。

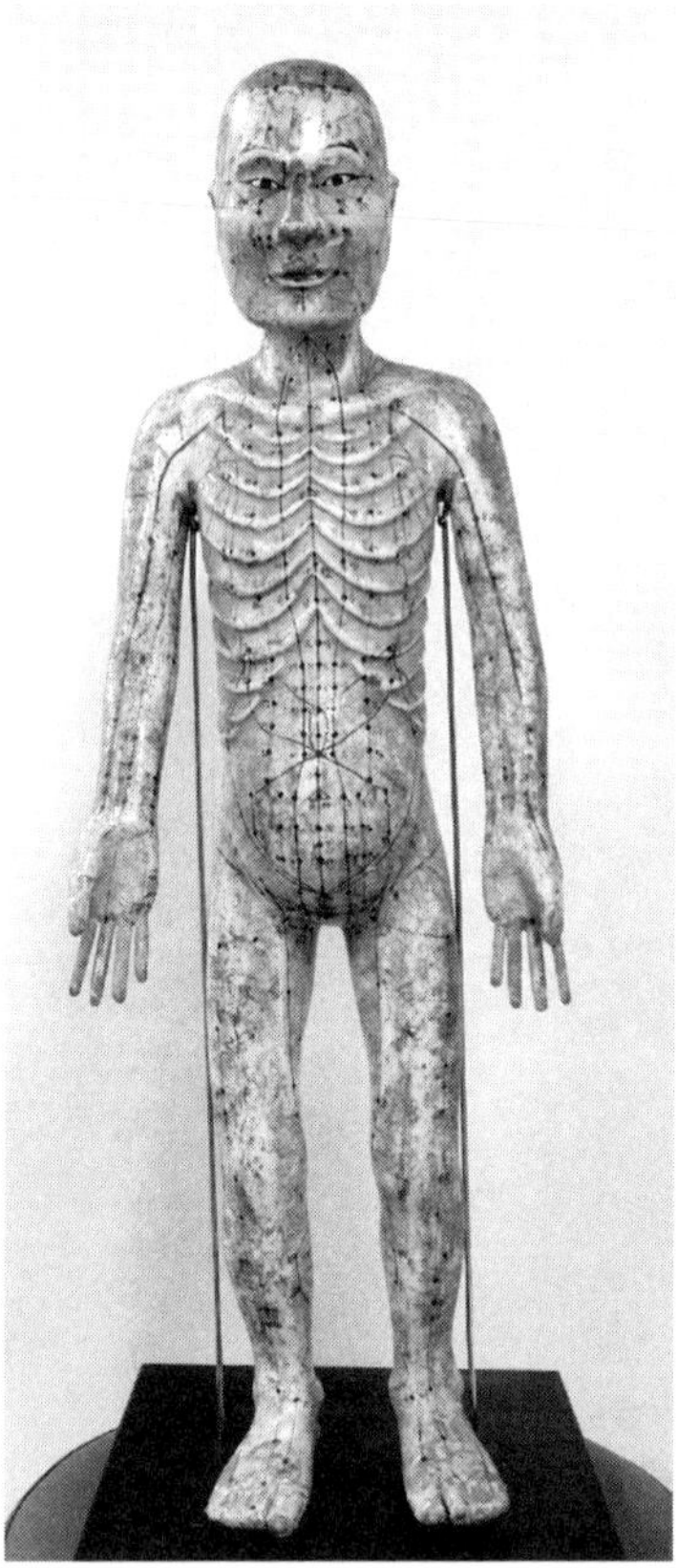
写真４　「経穴人形」 北里大学東洋医学総合研究所蔵

差忒無からん。古の脊椎法を明らかにすればなり。

経旨すなわち『霊枢』に基づいて製作された「骨度折量尺」を用いて腧穴を取れば、規則に則って取穴ができると述べている。肥人で脊椎がわかりにくい者や骨郄が明らかでない者は、折量尺を用いることによって、誤りなく取穴できると同時に、古代の脊椎法が明らかになると考えていたのである。

銅人形の製作

宗運は、寛政年間（一七八九―一八〇一）頃に東博銅人形を製作したとされている。[*24] 加藤[*25]は、寛政九年（一七九七）に、宗運による閲覧に合わせて馬具師村上九兵衛が修理した記録が、

＊24　＊19同書

＊25　加藤幸治「紀州藩で製作された銅人形について」（『東北学院大学論集　歴史と文化』第四九号、二〇一三年）四〇―四一頁。

東京国立博物館蔵の別の一体の銅人形（人体模型列品番号：C-544、重文）の附《つけたり》にあることを指摘し、これについて長野[26]は、寛政九年の「検攷修復」は、当該銅人形を鋳造するための予備調査としている。宗運が製作した銅人形の形態をみると、現存する江戸時代の一般的な経穴人形（写真4）と比べて、より実際的な人体構造に即している。[27]このことは、宗運が解剖学的知識に基づき、より精確性の高い銅人形製作の試みの表れである。

宗運が解剖知識をふまえていた証左として、石川元混撰『灸穴図解』[28]上巻「八髎」の記載、「山崎宗運営西医ノ骨度ニ拠テ、別ニ八髎ヲ挨ルノ一法アリ。詳ニ図解ニ見タリ」が挙げられる。実際に下巻「取八髎之穴別法」には、「山崎宗運伝千金方ノ法ニ拠ルト云」という一文とともに図解が掲載されていることは、すでに長野が指摘している。[29]また、元混は「例言」で、「余も亦た西洋の医学に従事し、素《もと》より其の真面目を識《し》る。故に隧腧骨度の如き、漢説に拘はらざる者は、職として是の故なり」とし、自らを西洋の医学に従事する者として、漢方の説に拘泥しない立場をとっている。当時の西洋医学を支持する医者にも宗運の説が引用されていることは、着目できる。

宗運の学問姿勢を示す記載として、宗運の言を引く『経穴彙解』多紀元簡叙が挙げられる。

> 嘗て余に語りて曰はく、霊・素の外、明堂尚《ひさ》し。甲乙収めて伝ふ。之を継ぐに、徐叔嚮、秦承祖、甄權等の書有るも、倶に亡佚に係る。是れ惜しむ可きかな。……元の滑寿、発揮を著はす。一《もっぱ》ら忽公泰の金蘭循経に依ると云ふ。忽氏の書、此の間伝はること無し。

＊26　長野仁「寛文九年成・飯村玄斎考『銅人形』覚書（中）」（『鍼灸OSAKA』第一七巻第三号、森ノ宮医療学園出版部、二〇〇一年）一二二頁。

＊27　江戸時代の一般的な銅人形は、手足に対して頭部・腹部が大きくつくられ、実際の人体とかけ離れている。

＊28　石川元混『灸穴図解』（書写年不詳、国立国会図書館蔵）は『臨床鍼灸古典全書』第三〇巻（江戸後期九）に収録されている。

＊29　長野仁「寛文九年成・飯村玄斎考『銅人形』覚書（中）」（『鍼灸OSAKA』第一七巻第三号、森ノ宮医療学園出版部、二〇〇一年）一二三頁。

然れども其の文を攷ふるに、正に銅人と同じ。則ち循経、全く之を銅人に採る。而して滑氏は銅人を寓目するに及ばざるなり。此れ自り降りて、各家の撰述頗る多く、得失互いに存し、後学迷ふこと無きこと能わず。今之を霊・素・甲乙に本づき、之を銅人図経に参ず。而して上は千金・外台自り、下は明清の諸書に至るまで、衆説を蒐羅し、精要を会枠す。之を正すに経脈流注を以てし、之を量るに尺度分寸を以てし、之を揣るに肉郄、骨間、動脈、宛宛たる中を以てすれば、則ち孔穴乖錯の弊有ること莫し。

宗運は、『素問』・『霊枢』以外に『明堂経』を尊重するが、それらを伝える書が亡佚していることを惜しんでいた。また、『十四経発揮』が底本とした『金蘭循経』は未見だが、『銅人鍼灸図経』と一致することを指摘している。『十四経発揮』の出版以降、十四経脈についての多くの著述が後学を惑わせている状況を憂い、『素問』・『霊枢』・『鍼灸甲乙経』に基づき『銅人鍼灸図』を参考とし、唐の『千金方』・『外台秘要方』から明清の医書の説を集め、経脈の流注や骨度を正したのである。また、経脈流注について「骨度折量尺」で「尺度分寸」を計測すること、解剖学的視点で「肉郄、骨間、動脈、宛宛たる中」を明らかにすることは、宗運の経穴学において重要課題であったのだろう。このような問題意識のもと、文献考証と、より精確な人体構造を示す解剖知識の折衷により、古医書に記載される尺度や経穴位置を、より実際的に解き明かすことを試みたのである。

小結

山崎宗運は、古医書に基づき、骨を詳細に考証している点を評価し、『釈骨』を版刻した。その理由として、骨を考証することは、経穴位置の同定に必要不可欠であり、宗運にとって評価しうる実証的手段だったことが挙げられる。そのような学問姿勢を背景に、『天聖銅人腧穴鍼灸図経彙攷』においては文献考証にとどまらず、解剖学的知識に基づき独自に加筆していた。なかでも、「脊椎法」に基づく「骨度折量式」を製作は、具体的な取穴法の理解と、実践的な活用の試みを表している。つまり、『天聖銅人腧穴鍼灸図経彙攷』の著述と「骨度折量法尺式」の製作における解剖学的側面からの考証は、古典の記載に接近するための手法であり、当時の考証学における折衷のあり方といえるだろう。

結語

これまでみてきたように、小坂元祐と山崎宗運の事蹟の背景には、古医書を尊重し、当時通行していた医書に対する問題意識があった。そこで、当時の鍼灸理論の根拠を古医書だけでなく、解剖知識に求めることで取穴法をより具体化し、実践への応用を試みた点で共通していた。寛政三年（一七九一）の江戸医学館官立化時期に呼応するかのように精力的に取り組まれた彼らの営為は、江戸中後期における医学公教育としての学問形成の試みの一例といえるだろう。またそれは、当時の経穴学の考証における折衷の態様と見なせる。

【参考文献】
黄龍祥「東京国立博物館針灸銅人研究的突破与反思」（『自然科学史研究』二四（一）、二〇〇五年）二〇―三一頁
小曽戸洋「東博銅人形の製作者および年代について」（『日本医史学雑誌』第三五巻第二号、一九八九年）三〇―三二頁
加藤幸治「紀州藩で制作された銅人形について」（『東北学院大学論集　歴史と文化』第四九号、二〇一三年）三九―五二頁
長野仁「十四経全図の世界―近世日本における「銅人形」と「明堂図」―」（『はりきゅうミュージアム、Vol.1、銅人形・明堂図篇』森ノ宮医療学園、二〇〇一年）五一・五二頁
加畑聡子「江戸医学館官立化時期における小坂元祐の経穴学教育」（『伝統鍼灸』第四三巻第一号、二〇一六年）二四―四二頁
加畑聡子「山崎宗運の経穴学について―『釈骨』と「骨度折量法尺式」を中心に―」（『日本医史学雑誌』第六四巻第四号、二〇一八年）三五五―三六八頁

研究の窓

女訓書と医学知識啓蒙

ヤング，W・エヴァン

はじめに

一般に江戸期の「医学教育」というと、医学書から知識を得ること、もしくは、医師から弟子が実践的な訓練を受けることを思い浮かべることが多いと思われる。

しかし、出版文化が盛んになった近世期には、専門的な医学書や医師から弟子への直接伝授以外にも多種多様な形の医療情報が流通していた。家庭が医療の主な場であった江戸期では、実際に医師が患者と過ごす時間は少なく、医療の実践に従事していたのは、ほとんど患者の家族、特に女性だった。

当時の一般向け教育書の著者・編者は、この点を見逃さなかった。数ある出版物のジャンルのなかで、女性向けの道徳的な教えを重視した教訓書、いわゆる「女訓書」は医学の知識啓蒙の一つのルートだった。

以下では、江戸中期から後期の忠孝的かつ道徳的行動の重要性を諭した女訓書にみられる病とその治療に関する知識・言説の発達と変遷を洞察し、論じていきたい。

女訓書の発達と『女大学』にみる医学知識

民間に普及していた女訓書というジャンルの発達史上、一八世紀初頭は大きな転換期にあたる。

特に、女訓書の代表ともいえる『女大学』は、その転換を把握するためのよい例である。現在、書店で手に入る活字版をみると、一九条に及ぶ厳格で道徳的な訓戒が並んでいる。

しかし、よく知られているように、「女大学」というテキストが発刊された享保元年（一七一六）当時の正式名称は『女大学宝箱』[*1]といい、さらに多くの章と内容を含む書物だった。字数で考えると、現代バージヨンの本に代表される狭義の意味での『女大学』は、実は本来の『女大学宝箱』が含んでいた内容のごく一部でしかない。現代の私たちが、あまり目にすることのない本来の内容は多様で、文化的・実用的な記事を多く含んでいる。[*2] もちろん、このように書物が実用的かつ文化的な内容を含むようになる現象は、『女大学』に限らず一八世紀初頭を転換期とし、江戸後期まで続いた女訓書の特徴といえるだろう。

それ以外にも、江戸中期にはさまざまな種類の本が刊行されたが、「重宝記」という日常的・実技的な事柄を含む近世啓蒙教化の書物の出現に伴い、女訓書も多岐にわたる分野の知識・情報を記載するようになる。

特に道徳的な訓戒以外にも、女性が包括的知性・教養をもつ人材になるための自己修養の指南を含む内容へと変化していく様子がみられるようになった。江戸中期以降、この影響を受けた多彩な内容を含む女訓書のなかに、身体・病・治療に関する情報が見受けられるのである。

『女大学宝箱』のなかには、医学情報を含む部分が三箇所みられる。まず、「世継草《よつぎぐさ》」と呼ばれる部分には、妊娠・出産前後に関する説明と養生、合併症への対応が記されている。次に、「小児養育草《しょうにやしないくさ》」には育児に関する情報や栄養について、乳幼児に頻繁に起こる疾病に対する処置・薬方などが詳しく載っている。そして、「小児急用薬方《しょうにきゅうようやくほう》」という箇所には、子供によく発生する七つの煩《わずら》いとして、乳児の不食・便秘・夜泣き・丹毒などを挙げ、日常生活の身近にあるものを使って、症状を緩和する方法を挙げている。

例えば、丹毒という皮膚発疹には、小豆の粉を卵の白身に溶かして塗るとよいとしている。『女大学宝箱』の著者と編者がこれら三つの記事を載せたことは、体の知識と管理、つまり後継者を残すための出産関係と子供の健康・養育に関する指南が、女性教育の大事な一環であることを示していよう。

『女源氏教訓鑑』と医学情報の分類

それぞれの女訓書の医学知識の記述、情報にはさまざまな違いはあるが、およそいくつかに分類できる。筆頭にあがるのが、前述の『女大学宝箱』にもみえる妊娠・出産・養育に関する情報である。出産前後の合併症や養生、子供の養育上のものとしては、乳幼児に頻繁に起こる疾病に対する処置などの記載が顕著になる。

女訓書が記録した医療知識を把握するため、もう一つ、江戸中期に出版された『女源氏教訓鑑』[*3]をみてみたい。『女源氏教訓鑑』は正徳三年（一七一三）に江戸、京都、大坂で創刊され、『女大学宝箱』と同じように訓戒以外にもさまざまな記事が記されている。ここでは、『女源氏教訓鑑』から二つの医学治療に関する記事を紹介しよう。

女訓書には、妊娠出産や小児科以外の婦人科に属する治療方法も頻繁にみられる。例えば、「女こしけの薬方」という記事に一三の女性特有の病に対する二二もの療治方法が挙げられている。「帯下《こしけ》」という言葉は女性器を指し、本記事は過長月経・膣壁裂傷・陰部出来物などを含む。女性向けの書物にこうした情報が含まれるのは当然と思われるが、一般向けの婦人科書が少なかった当時、こうした話題を取り扱う女訓書は、知識啓蒙の道を開く重要な導だった。

しかし、女訓書が収録する医療情報は、いわゆる婦人科系に限定されるものでは決してない。実際、日常的な怪我の治療である応急手当てや、一般的な疾病の薬方が多く含まれている。同書の別の記事「諸病の薬方」には、三七の病・煩に対して五〇もの治療方法が記載されている。煩いの大部分は、打ち傷・切り傷・やけど・鼻血・釘による傷、また、骨や小銭が喉につまった場合、胸焼け・耳たれ・発疹・漆かぶれ・口の中のできものなどで占められている。

薬方の詳細をみると、すべてではないが、多くの材料は家庭に常備してあるもの、あるいは簡単に手に入るものが主なものとなる。一例を挙げると、火傷の膏薬を作るには「くちなし」の粉を髪の油に溶かしてつける、または醤油を塗ると書かれている。医療の現場がほとんど家庭だった時代において、実用的、かつ実践的方法を最重要視した意図がわかる。

テキストの作者と編集者の記述した病や治療方法、薬方などの選択は、女性の期待される役割と医療知識が、彼女たち自身、または子供の身体に限らず、家内全員の治療・健康管理を含め多岐にわたっていたことを示唆する。

医学知識と理想の女性像

江戸中期から後期のこれら女訓書の言説で、女性の教育上、医学知識の習得が重要な位置を占めてくるようになることがわかる。先に紹介した女訓書の特別な記事部分だけでなく、女子教育のテキスト自体にもこの点がよく反映されている。例えば、寛延四年（一七五一）に初めて出版された『女諸礼綾錦《おんなしょれいあやにしき》』には「医道を知るは孝行のひとつなり」と書かれ、道徳的な側面からも医学知識の重要性が謳われている。[*4]

次に、これらのテキストから浮かび上がる新しい理想の女性像について言及したい。

江戸後期になると、女訓書中の医療情報はさらに増えるが、内容にも変遷がみられる。『女大学宝箱』や『女源氏教訓鑑』など、江戸中期に普及した女訓書が同じ内容で何度も再版される一方、新しく発刊される女訓書にも医学的知識が載せられるようになった。傾向として一九世紀に現れた女訓書は、より多く、より詳細な医学情報を含み、薬方の記述が増えるだけでなく、薬方の文献情報まで提供するケースもみられるようになる。

天保一四年（一八四三）に出版された『女大学教草』[*5]内の「妙薬調法集」という記事は、多くの薬方を挙げた後に出典も載せている。それは、『千金方《せんきんほう》』・『本草《ほんぞう》綱目《こうもく》』・『衛生易簡方《えいせいいかんほう》』・『肘後備急方《ちゅうごびきゅうほう》』・『彙聚単方《いしゅうたんぽう》』・『千金簡易方《せんきんかんいほう》』・『摂生衆妙方《せっせいしゅうみょうほう》』の七冊である。これらは中国から伝来した書物で、特に『千金方』や『本草綱目』は代表的な漢方の文献である。

『女大学教草』は、享保一四年の徳川幕府官刊で、庶民向けの薬方と治療の普及を目的とした『普救類方』と同様に、わかりやすい和文で書かれ、そのなかの薬方の過半数が『普救類方』を参考にしている。[*6]『女大学教草』は、手近な材料で調合できる漢方の薬方と処方の出典を紹介するという『普救類方』の目的を引き継ぎ、役割を果たしている。これらから、『女大学教草』が日常生活で身近に手に入る薬とその調合に関する情報を伝えるだけでなく、さらに文献的医学知識の伝達をも重視したことがわかる。

こうした理想とされる女性像は、抽象的な概念としてだけでなく、女訓書の挿絵にもみられる。前述の『女源氏教訓鑑』内で「諸病の薬方」の箇所に挿入されている絵には、女性たちが本の処方に従って薬の材料を擦り、調合する場面が描かれている。

薬を作る女性の姿は、女訓書では挿絵の一つのモチーフとなっている。嘉永五年刊（一八五二）の『女小学教草』の「諸病妙薬」[*7]の箇所にも、女性が袋から生薬を取り出し、それらをひいて粉にし、調合している姿がみえる。天保一五年刊（一八四四）の『女訓百人一首錦鑑』の「婦人諸病妙薬」[*8]にも、女性が生薬を扱う場面では、女性達が薬草を持ち寄り、手渡すところが描かれている。

これら挿絵の世界は、女性が学問に通じ、医学知識に長け、単なる薬の消費者ではなく生産者だったことを反映している。

おわりに

女訓書に記された内容の変遷を追うことで、医学教育の意義は専門的な医学テキストによるものという見解を超え、広範に及ぶものと考えられるとともに、女子教育における医学知識の価値の変遷もみえてくる。もちろん、女訓書のテキストの分析からだけでは、実際に当時の女性が、書かれていることをどう受け取り、どう行動したかを語ることはできない。また、当時こういった書物がどう扱われ、利用されたかについてもまだまだ研究の余地がある。ただ、江戸後期の女性たちの日記をみる限り、彼女たちは女性向けの本しか読んでいなかったわけではなく、多様多種な書物を手にし、閲読していたのは確かである。そのなかでも、女訓書は当時の重要な医学知識の情報源で、我々にとっても貴重な研究資料と考えられる。

今回、女性向けの教育書の分析から、江戸中期から後期にかけて、医学知識を備えていることを理想とする女性像が構築されていったことが明らかとなった。看病は単なる忠孝的自己犠牲の行為ではなく、身体・病・治療についての知識そのものが、女性教育の重要な役割の一部を担っていたのである。

【註】

＊1　『女大学宝箱』（『女大学資料集成』第三巻、大空社、二〇〇三年所収）。

＊2　横田冬彦「『女大学』再考―日本近世における女性労働」『ジェンダーの日本史　下』一九九五年、三六三―三八八頁

＊3　山朝子『女源氏教訓鑑』一七一三年（『江戸時代女性文庫』第一巻、大空社、一九九四年）所収

＊4　北尾辰宣『女諸礼綾錦』一七五一年（『江戸時代女性文庫』第四十巻、大空社、一九九五年）所収

＊5　池田善次郎編『女大学教草』一八四三年（東京学芸大学蔵）

＊6　林良適・丹羽正伯『普救類方』一七二九年（『民間治療　1』科学書院、一九九一年所収）

＊7　『女小学教草』一八五二年（東京学芸大学蔵）

＊8　『女訓百人一首錦鑑』一八四四年（東京学芸大学蔵）

【参考文献】

青山忠一『仮名草子女訓文芸の研究』（桜楓社、一九八二年）

桑原恵「近世的教養文化と女性」（『日本女性生活史』第3巻　東京大学出版会、一九九〇年）一七一―二〇二頁

菅野則子『江戸時代の孝行者：「孝義録」の世界』（吉川弘文館、

一九九九年）
鈴木則子「江戸時代の女性美と身体管理」（『生活と福祉』明石書店、二〇一〇年）一八―四五頁
中野節子『考える女たち―仮名草子から「女大学」』（大空社、一九九七年）
町泉寿郎「近世日本の医学にみる「学び」の展開」（『日本漢文学研究』第七号、二〇一二年）五三―七八頁

第Ⅱ部　西洋医学知識の普及

第一章　一八世紀から一九世紀のヨーロッパにおける医学の変革、日本との関わり

坂井建雄

第一節　日本における西洋医学の受容

過去五〇年ほどの間に、医学・医療は大きく発展した。画像診断技術、高精度の外科手術、免疫学と分子生物学の進歩による病態解明と数々の新薬、そのほか多くの医療技術が開発されてきた。現在の医学・医療の実力は、五〇年前に比べて驚嘆するほど向上しており、多くの疾患を的確に診断し、効果的に治療できるようになっている。西洋医学は一八世紀まで古来以来の経験的な医学・医療を引き継いでいたが、一九世紀以後に変化し、急速に進歩する医学へと変貌していった。この西洋医学が大転換を引き起こす一八世紀から一九世紀に、日本の医学は江戸時代までの漢方中心の医学から、明治以後の西洋中心の医学へと切り替わっていった。

一八世紀以前のヨーロッパの大学医学部において、医学はしばしば理論 theoretica と実地 practica に分けて教えられていた。医学理論では自然と人間に関する普遍的な原理を明らか

にし、議論し、医学実地では健康を保持し回復するための手段を教えた。それに加えて解剖学・外科学および植物学・薬物学もよく教えられていた。医学教育についての一六世紀のパドヴァ大学[*1]、一七世紀前半のヴィッテンベルク大学[*2]、一八世紀前半のライデン大学[*3]などの具体的な事例、およびこれらの教科に関する書籍の出版状況から、この四つの科目の内容が医学教育の骨格であったことが裏付けられる。

日本とヨーロッパの交流は、室町時代末の一五四三年にポルトガルの商船が種子島に漂着した時から始まり、江戸時代の鎖国下におもに長崎を窓口としても行われ、幕末の開国、そして明治維新へとつながった。この間に西洋医学はさまざまな形で伝えられた[*4]。当初は南蛮医学（一五五五—）と呼ばれ、おもにポルトガル人の宣教師たちによりもたらされた。その代表的な人物はアルメイダ（一五二五—一五八三）で、一五五五年から八三年にかけて日本に滞在し、おもに外科の診療を行った。それに続く紅毛流《こうもうりゅう》医学《いがく》（一六四九—）は、長崎の出島より、オランダ人医師から通詞をとおして伝えられた。代表的な人物はカスパル・シャムベルゲル Schamberger, Caspar（一六二三—一七〇六）で、一六四九—五一年に来日し、通詞の楢林鎮山《ならばやしちんざん》（一六四八—一七一一）は『紅夷外科宗伝』を著した。一八世紀末の『解体新書』（一七七四）の出版をきっかけとして、蘭学が興隆してオランダの医書が翻訳され、宇《う》田川玄真《だがわげんしん》（一七七〇—一八三五）は『医範提綱』（一八〇五）を著し、西洋の解剖学を詳述した。一九世紀初頭にはシーボルト（一七九六—一八六六）の来日（一八二三—二九）を契機として、

＊1　Bylebyl, JJ: The school of Padua: humanistic medicine in the sixteenth century. In: Webster, C (ed) *Health, medicine and mortality in the sixteenth century*. (Cambridge: Cambridge University Press, 1979)、三三五—三七〇頁。

＊2　坂井建雄・澤井直「ゼンネルト（一五七二—一六三七）の生涯と業績」（日本医史学雑誌、第59巻、二〇一三年）四八七—五〇二頁。

＊3　坂井建雄・澤井直「ブールハーフェ（一六六八—一七三八）の『医学教程』」（『日本医史学雑誌』第58号、二〇一二年）三五七—三七二頁。

＊4　青木歳幸『江戸時代の医学　名医たちの三〇〇年』（吉川弘文館、二〇一二年）。

医師たちの語学力が向上して多種多様なオランダ医書が翻訳された。緒方洪庵《おがたこうあん》（一八一〇―一八六三）の適塾では多くの門下生を輩出した。幕末にはポンペ（一八二九―一九〇八）が来日して長崎で医学伝習を行い（一八五七―六二）、最新の西洋医学を体系的に教授し、松本《まつもと》良順《りょうじゅん》（一八三二―一九〇七）を始めとする門下生たちは、明治の新しい医学・医療の建設に大きく貢献した。明治維新後に、大学東校（現、東京大学医学部）に招かれたドイツ人教師たちは明治四年（一八七一）から体系的に医学を教え、その卒業生たちは明治九年（一八七六）以降に日本全国の医学校と病院に赴任し、西洋医学と医療を広めた。[*5]

本稿では、一八世紀から一九世紀にかけての西洋医学の内容的な転換と、それと同時並行的に日本に渡来した西洋医学の概要を述べる。

第二節　医学理論と生理学の変遷と渡来

中世以後のヨーロッパの大学医学部において、医学はしばしば理論theoreticaと実地practicaに分けて教えられた。医学理論では自然と人間に関する普遍的な原理を教え、医学実地では健康を保持し回復するための手段を教えた。北イタリアの大学では早い時期から医学理論と医学実地が分離しており、ボローニャ大学では一三二〇年代に、パドヴァ大学では一四世紀末に二つの教授職が分離した。[*6] 北イタリア以外、とくにドイツの大学では医学理論

＊5　吉良枝郎『明治期におけるドイツ医学の受容と普及―東京大学医学部外史』（築地書館、二〇一〇年）。

＊6　Siraisi, NG: *Medicine and the Italian universities, 1250-1600.* (Leiden: Brill, 2001) 二〇三―二二五頁。

と医学実地を兼務する例が多く見られた。

医学理論の教材として、サレルノ医学校で編まれた『アルティセラ Articella』、アラビアのアヴィセンナ Avicenna（九八〇―一〇三七）による『医学典範 Cannon』のラテン語訳が用いられた。また一六世紀中葉以後には、さまざまな医師たちが独自の医学理論書を著した。

『アルティセラ』は、もともとサレルノ医学校で編まれた教材集で、ヨーロッパの医学教育によく用いられた。一二世紀末から一三世紀にかけてパリ、モンペリエを始め、ヨーロッパ各地の大学に広まり、後にはウィーン、エアフルト、チュービンゲンなど、ドイツ語圏の大学でも用いられた[*7]。『アルティセラ』の中核は、アラビアのヨハニティウスの『入門』、ビザンチンのフィラルトゥスの『脈について』とテオフィロス・プロトスパタリオスの『尿について』、ヒポクラテスの『箴言』、『予後』、『急性病の治療』、ガレノスの『医術』の七編で、サレルノの医師たちやパリなどの医師たちによって注釈が加えられ、さらにヒポクラテスのほかの著作や、アヴィセンナの『医学典範』の一部が加えられて豊富になっていった[*8]。

アヴィセンナの『医学典範』のラテン語訳は、『アルティセラ』よりもやや遅れて、医学の理論的教材として用いられるようになった。一二世紀のゲラルドゥス Gerardus Cremonensis（一一一四―一一八七）、もしくは、一三世紀の同名の人物が訳したとされている。全五巻からなり、第一巻は医学理論、第二巻は単純医薬、第三巻は局所的疾患の各論、第四巻は全身性疾患の各論、第五巻は複合薬の処方を扱う。ボローニャ大学では一三世紀末まで

＊7　坂井建雄「サレルノ医学校――その歴史とヨーロッパの医学教育における意義」（『日本医史学雑誌』第61巻、二〇一五年）三九三―四〇七頁。

＊8　Arrizabalaga, J.: *The Articella in the early press, c. 1476-1534.* (Cambridge: Cambridge Wellcome Unit for the History of Medicine, 1998)

に『医学典範』がカリキュラムに加えられ、北イタリアの大学でとくによく用いられた。ヨーロッパ各地にも広まり、一七世紀まである程度使われ続けた。[*9]

医学理論書の最初のものは、フランスのフェルネル Fernel, Jean（一四九七―一五五八）が著した『医学 Medicina』（一五五四）である。この書物は三部からなり、第一部は生理学、第二部は病理学、第三部は治療学である。その後に同様の医学理論書が次々と出版され、徴候論と健康論が加わって五部構成になった。代表的なものはヴィッテンベルクのゼンネルト Sennert, Daniel（一五七二―一六三七）による『医学教程五書 Institutionum medicinae libri V』（一六一一）である。医学理論書の内容は『医学典範』の第一巻ときわめて類似しているが、アラビア医学に拠らずに、ガレノスなど古代の原典を参照している。医学理論書は一六世紀中葉から一八世紀前半まで、ヨーロッパ各国の多くの著者によって書かれた。[*10]

一八世紀初頭、ライデン大学のブールハーフェ Boerhaave, Herman（一六六八―一七三八）は、伝統的な医学教育を少なからず変革した。その『医学教程 Institutiones medicae』（一七〇八）は、①生理学、②病理学、③徴候学、④健康学、⑤治療学からなる伝統的な五部構成であるが、生理学の内容が大きく変更されていた。それまでの生理学では、元素や体液といったガレノスの体液説が主に論じられていたが、ブールハーフェの生理学では人体のさまざまな器官が、線維や微細な管によって構成されていると考え、その中の液体の流れによって器官の機能を機械論的に説明しようとした。また、生理学の部分が大幅に拡張され全

＊9　Siraisi, NG: *Avicenna in Renaissance Italy. The Canon and medical teaching in Italian universities after 1500.*（Princeton: Princeton University Press, 1987）、四三―七六頁、七七―一二四頁。

＊10　＊7同書。

表1　ブールハーフェ『医学教程』(1708) * の内容

序論
医学の始原、その性質、運命

生理学
- 咀嚼
- 嚥下
- 胃での消化、胃の機能
- 腸での消化
- 胆汁の機能
- 膵臓の機能
- 乳糜の機能
- 糞便の排出
- 静脈の乳糜の推進
- 血液と混ざり合った乳糜の循環
- 心臓の機能
- 肺の機能
- 血液の循環
- 脳の機能
- 腺の機能
- 脳の腺の機能
- 脳の髄質の機能
- 神経の機能
- 下の部分からの血液の循環
- 脾臓の機能
- 肝臓の機能
- 腎臓の機能
- 膀胱からの尿の排出
- 筋の機能
- 皮膚の機能
- 汗の分泌
- サントリオの汗
- 栄養、増大、減少
- 外部感覚と視覚について
- 聴覚について
- 嗅覚について
- 味覚について
- 触覚について
- 内部感覚について
- 不眠について
- 睡眠について
- 呼吸の作用
- 生殖機能

病理学
- 病気の本性
- 病気の種類
- 病理原因学
- 病理症候学

徴候学一般
- 最良の健康の一般的徴候
- 病気の徴候
- 徴候としての動脈の脈拍について
- 徴候としての呼吸について
- 徴候としての尿について

健康学
- 予防
- 長命

治療学
- 治癒術
- 生の要件
- 強心薬
- 治療学的予防
- 解毒薬
- 病気における個体の治療の適応
- 病気における液体を正す治療の適応
- 液体を空にする治療の適応
- 一時しのぎの治療

* Boerhaave, H:Institutiones medicae: in usus annuæ exercitationis domesticos. Lugduni Batavorum: Apud Johannem vander Linden, 1708.

体の半分近くを占めるようになった[*11]（表1）。

　ブールハーフェの弟子のハラー Haller, Albrecht von（一七〇八―一七七七）は、生理学の学習書『生理学初歩 Primae lineae physiologiae』（一七四七）と、出典を整備した浩瀚《こうかん》な『人体生理学原論 Elementa physiologiae corporis humani』（一七五七―六六）を著し、生理学を医学理論から分離した。以後、医学理論書は次第に廃れ、生理学書が書かれるようになった。ゲッチンゲン大学のブルーメンバッハ Blumenbach, Johann Friedrich（一七五二―一八四〇）は形質人類学の研究で著名で、生理学の教科書『生理学教程 Institutiones physiologicae』（一七八六）を著した（図1）。この著作では、生命現象として形成、運動、感覚の三種類を区別し、それらに関わる生命力として、形成を導く形成力 nisus formativus、運動を導く収縮性 contractility と刺激感応性 irritability、感覚を導く感覚性 sensibility を認めている（表2）。そのドイツ語訳（一七八九）からのオランダ語訳（一七九一）が日本にもたらされ、シーボルトの弟子の高野《たかの》長英《ちょうえい》により『西説医原枢要』（一八三二）として訳されている。ブラウンシュヴァイクのローゼ Roose, Theodor Georg August（一七七一―一八〇三）は『生理人類学講義基礎 Grundriß physisch-anthropologischer Vorlesungen』（一八〇一）を著した。そのオランダ語訳（一八〇三）を、緒方洪庵が『人身窮理学小解』として訳し、写本として伝わっている。ローゼの『生理人類学講義基礎』では内容が体系的に整理され、人類学総論（第一編）に続く各論（第二編）が二節に分かれ、第一節（五部）では動物機能、第二節（一九部）では

＊11　＊3同書。

植物機能を扱う（表3）。

一九世紀になって、フランスではマジャンディー Magendie, François（一七八三—一八五五）がパリで動物を用いた生理学実験を行い、『生理学基礎概論 Précis élémentaire de physiologie』（一八一六—一七）を著した。ドイツではミュラー Müller, Johannes Peter（一八〇一—一八五八）がベルリン大学の研究室で顕微鏡と実験的な研究を行い、多くの弟子を育てて組織学と生理学を広めた。その生理学書『人体生理学提要 Handbuch der Physiologie des Menschen』全二巻（一八三四—一八四〇）は、細胞説などの最新の知見を含んでいて

図1　ブルーメンバッハ『生理学教程』第四版（1821）坂井建雄蔵

表2　ブルーメンバッハ『生理学教程』（1786）*の内容。本書のオランダ語版が高野長英により『西説医原枢要』（1832）として和訳された。

1. 生きている身体	25. 睡眠
2. 人体の液体部分、とくに血液	26. 栄養物と食欲
3. 人体の固体部分ならびに細胞組織	27. 咀嚼と嚥下
4. 生命力、とくに収縮性	28. 消化
5. 健康と人間の自然性	29. 膵液
6. 血液の循環	30. 胆汁
7. 動脈	31. 脾臓の機能
8. 静脈	32. 大網の機能
9. 心臓	33. 小腸の機能
10. 血液を循環させる力	34. 吸収脈管系
11. 呼吸とその有用性	35. 血液の生成
12. 声と会話	36. 栄養
13. 動物熱	37. 排出
14. 皮膚の蒸散	38. 尿
15. 感覚と神経	39. 性差
16. 神経系の機能	40. 男性の生殖機能
17. 外部感覚、とくに触覚	41. 女性の生殖機能
18. 味覚	42. 月経
19. 嗅覚	43. 乳汁
20. 聴覚	44. 受精と妊娠
21. 視覚	45. 形成力
22. 内部感覚と他の精神機能	46. 分娩と後産
23. 精神の随意を支配する身体の機能	47. 新生児と胎児
24. 筋運動	48. 人間の成長、成熟、老化

*Blumenbach, JF: Institutiones physiologicae. Gottingae, Jo. Christ. Dieterich, 1786.

表3　ローゼ『生理人類学講義基礎』（1801）＊の内容。本書のオランダ語訳を緒方洪庵が『人身窮理学小解』（写本）として和訳した。

第1綱　人類学総論	第6部　食物液の吸収と吸収脈管の仕事全般
第2綱　人類学各論	第7部　血液の調製
第1節　動物としての人体に属する活動	第8部　とくに硬部分の栄養
第1部　感覚全般	第9部　動物熱
第2部　外部感覚	第10部　皮膚蒸散
第3部　精神力	第11部　脂肪の分泌
第4部　運動能力	第12部　尿の分泌と排出
第5部　睡眠	第13部　性活動
第2節　生物体としての人体に属する活動	第14部　男の生殖活動
第1部　血液循環	第15部　女の性活動
第2部　呼吸	第16部　受胎と妊娠
第3部　分泌	第17部　出産
第4部　栄養全般	第18部　乳汁分泌
第5部　消化	第19部　新生児から生活、死まで

＊ Roose, TGA: Grundriß physisch-anthropologischer Vorlesungen. Braunschweig : Fleckeisen, 1801.

多くの生理学者を刺激した。

ポンペによる生理学講義は、ドンデルス Donders, Franciscus Cornelis（一八一八―一八八九）とボードイン Bauduin, Antonius Franciscus（一八二〇―一八八五）の『健康人の生理学提要 Handleiding tot de natuurkunde van den gezonden mensch』（一八五一―五三）に基づいて行われた。[＊12] ドン

＊12　相川忠臣・ハルメン・ボイケルス・酒井シヅ・山之内夘一「ポンペ・ファン・メーデルフォールトの日本における西洋医学教育についての報告」（『日本医史学雑誌』第57巻、二〇一一年）一八二頁。

表4　ドンデルス、ボードウィン『健康人の生理提要』（1851-53）＊の内容。本書はポンペによる長崎での医学伝習で、生理学の授業に用いられた。

序論
健康人の生理学総論
Ⅰ．代謝の理論
　第1部　血液
　第2部　血液の形成、体外の物質による
　第3部　血液から組織の構成物と分泌物の形成
　第4部　代謝の最終産物の起源
　第5部　収入と支出の平衡
健康人の生理学各論
Ⅰ．循環
Ⅱ．血液の形成
　A. 消化
　B. 胃腸での吸収、乳糜とリンパの形成と運動
Ⅲ．排出
　A. 呼吸
　B. 皮膚からの排出
　C. 尿の生成と排出

＊ Donders, FC; Bauduin, AF: Handleiding tot natuurkunde van den gezonden mensch. Ten gebruike bij het onderwijs aan 's Riks Kweekschool voor Militaire Geneeskundigen. Utrecht, Van der Post, 1851-53.

デルスはユトレヒト大学の教授で眼科学と生理学を専門としていた。ボードインは長崎養生所でポンペの後任として医学を教え（一八六二―六七）、再来日して大阪医学校と大学東校でも教えた（一八六九―七〇）。『健康人の生理学提要』は植物生理のみを扱い、ユトレヒトの陸軍軍医学校で教科書として用いられた[*13]（表4）。

第三節　個別の疾患を扱う医学実地書の変遷と渡来

ヨーロッパには「医学実地 practica medicinae」という書物のジャンルがある。これらは多数の個別の疾患を取り上げ、それぞれの疾患ごとに診断や治療方法を説明する。医学実地書はサレルノ医学校で生み出され、最初の医学実地書はガリオポントゥスの『受難録』である。サレルノ医学校では多数の医学実地書が書かれ、早期サレルノのペトロケルス、盛期サレルノのアルキマタエウス、バルトロメウス、ヨハネス・プラテアリウス、女医のトロータ、コフォによるものが伝存している。医学実地書はその後もヨーロッパ各国の数多くの大学の医師によってしばしば著されている[*14]。

初期の医学実地書は、部位別の疾患を頭から足まで（a capite ad calcem）配列し、それに加えて全身性の熱病を取り上げた。この基本形はその後も踏襲され、女性の疾患や小児の疾患を加えたり、また機能別の区分やＡＢＣ順の配列のものを例外的に生じたりしながら、

＊13　石田純郎『蘭学の背景』（思文閣出版、一九八八年）一二一―一七五頁。

＊14　坂井建雄「18世紀以前ヨーロッパにおける医学実地書の系譜―起源から終焉まで」（『日本医史学雑誌』第61巻）二三五―二五三頁。坂井建雄「18世紀以前ヨーロッパにおける医学実地書とその著者」（『日本医史学雑誌』第61巻）二七三―二九七頁。

表5　ゼンネルトの医学実地書『熱病について4書』(1628) * と『医学実地』全6書 (1629-1635) †の内容。括弧内は本稿筆者による注記。

〔(A)『熱病について4書』の目次〕

第1書　熱病一般、一過性熱病(7章)
第2書　腐敗熱病(21章)
第3書　消耗熱病(3章)
第4書　疫病、疫患性で悪疾性の熱病(18章)

〔(B)『医学実地』全6書の目次〕

第1書
第1部　頭部の疾患(28章)
第2部　内部感覚と脳に生じる症状(34章)
第3部
　第1節　触覚の傷害(3章)
　第2節　眼の疾患と症状(46章)
　第3節　耳の不健康(9章)
　第4節　鼻の疾患と症状(10章)
　第5節　舌の疾患と症状(7章)

第2書
第1部　口とノド、その部分の病気(25章)
第2部　気管、肺、縦隔、横隔膜、胸部の反自然的疾患(26章)
第3部　肺と胸部に生じる症状(7章)
第4部　心臓の疾患と症状(6章)

第3書
第1部
　第1節　食道と胃の疾患(17章)
　第2節　胃の症状(17章)
第2部
　第1節　腸の疾患(10章)
　第2節　腸に生じる症状(13章)
第3部　腸間膜、膵臓、大網の疾患(8章)
第4部　脾臓の反自然的疾患(11章)
第5部
　第1節　下肋疾患(6章)
　第2節　壊血病(9章)
第6部
　第1節　肝臓疾患(9章)
　第2節　肝臓に生じる症状(7章)
第7部
　第1節　腎臓と尿管の疾患(12章)
　第2節　腎臓の症状(3章)
第8部
　第1節　膀胱の疾患(9章)
　第2節　膀胱の症状(9章)
第9部
　第1節　男性の生殖器部分の疾患(13章)
　第2節　男性の外陰部と生殖器あたりに生じる症状(8章)
第10部　臍と腹壁の疾患(11章)

第4書
第1部
　第1節　女性の陰部と子宮頸部の疾患(11章)
　第2節　子宮の疾患(20章)
第2部
　第1節　女性の子宮に生じる症状(4章)
　第2節　月経流出に生じる症状と、他の子宮からの反自然的流出(14章)
　第3節　思春期以後のほぼすべての処女と女性の子宮に生じる症状(12章)
　第4節　妊娠に関して生じる症状(11章)
　第5節　妊娠の処方と妊娠に生じる反自然的疾患(8章)
　第6節　分娩の頃に生じる症状(8章)
　第7節　産褥の処方と、分娩後に生じる反自然的症状(11章)
第3部　乳房の反自然的疾患
　第1節　乳房の疾患(11章)
　第2節　乳房の症状(6章)
幼児の疾患論文
第1部　幼児の食餌と処方(7章)
第2部　幼児の疾患と症状(32章)

第5書
第1部　腫瘤(46章)
第2部　潰瘍(19章)
第3部　皮膚、毛髪、爪の瑕疵
　第1節　皮膚の瑕疵(9章)
　第2節　毛髪と爪の瑕疵(10章)
第4部　外傷(24章)
第5部　骨折(22章)
第6部　脱臼(13章)

第6書
第1部　隠れた性質の疾患一般(9章)
第2部　内部の体液の欠陥から生じる悪性で隠れた毒性の疾患 (7章)
第3部　水、空気、伝染から起こる隠れた疾患と伝染疾患一般 (4章)
第4部　梅毒(23章)
第5部　外部の毒一般(8章)
第6部　鉱物と金属の毒(28章)
第7部　植物の毒(22章)
第8部　動物からの毒(45章)
第9部　魔術、呪文、魔法薬による疾患(10章)

* Sennert, D: De febribus libri IV. Wittebergae, Apud Zachariam Schurerum [impressum typis haeredum Johannis Richteri] 1619.

† Sennert, D: Practicae medicinae liber primus [-sextus]. [Wittebergae] Sumtibus viduae et haered. Zachariae Schureri senioris [Typis haeredum Salomonis Auerbach, 1628-1635]

一一世紀後半から一八世紀末まで執筆され出版され続けた。代表的なものはゼンネルトの医学実地書で、『熱病について四書 De febribus libri IV』（一六二八）と『医学実地 Practicae medicinae』全六書（一六二八―一六三五）に分けて出版されている。

第一書から第三書は頭から足へ部位別の疾患を扱い、第四書は女性と小児の疾患、第五書は外科的疾患、第六書は熱病以外の全身性の疾患を扱う＊15（表５）。医学実地書が一一世紀後半から一八世紀末まで八〇〇年間にわたり、同様の様式を保ちながら執筆・出版され続けたのは、一つには疾患の概念がこの間にあまり変化しなかったことと、もう一つには大学での医学教育において有用な教材であったことが背景にあると考えられる。

一八世紀初頭にライデン大学のブールハーフェ Boerhaave, Herman（一六六八―一七三八）は『箴言 Aphorismi』（一七〇九）という医学実地書を著した（図２）。この著作は疾患を分類することを止めて、九六の疾患を列挙するに留めたが、配列されている疾患を詳しく見ると、六群に区分されることが分かる。第一群（一三項）は軽微な体質性の疾患、第二群（一九項）は外傷性・体表性の疾患、第三群（二一項）は全身的な熱性疾患、第四群（二一項）は局所的な急性疾患、第五群（一三項）は慢性疾患、第六群（九項）はそのほかの疾患であり、

APHORISMI
DE
COGNOSCENDIS
ET
CURANDIS
MORBIS
IN USUM DOCTRINÆ DOMESTICÆ
DIGESTI
AB
HERMANNO BOERHAAVE.
Editio tertia auctior.
Juxta Exemplar
LUGDUN. BATAVORUM,
Apud JOHANNEM VAN DER LINDEN.
M D CC XXVII.

図２　ブールハーフェ『箴言』第四版（1727）坂井建雄蔵

＊15　＊2同論文、＊14同論文。坂井建雄・澤井直「ゼンネルト（一五七二―一六三七）の書誌」（『日本医史学雑誌』第59号、二〇一三年）五八七―六一〇頁。

表6　ブールハーフェ『箴言』（1709）*の内容、括弧内は本稿筆者による注記。本書のスウィーテンによる注解書のオランダ語版を、坪井信道が『万病治準』21巻（1826訳了）として和訳した。

序論

（第1群：第1-13項、軽微な体質性の疾患）

単純で堅い線維の病気
弱く緩い線維の病気
丈夫で弾性の線維の病気
最小および最大の脈管の病気
弱く緩い内臓の病気
強く丈夫な内臓の病気
体液の単純で自生的な瑕疵
酸性体液による自生的な病気
自生的な膠による病気
自生的なアルカリによる病気
循環運動の過剰のみによる病気
循環の欠陥と体液過剰による病気
閉塞、外傷のようなきわめて単純な病気

（第2群：第14-32項、外傷性・体表性の疾患）

外傷一般
出血
疼痛
痙攣
頭部の外傷
胸部の外傷
腹部の外傷
挫傷
骨折
脱臼
炎症
膿瘍
瘻孔
壊疽
熱傷
硬性腫瘍
癌
骨の病気

（第3群：第33-53項、全身的な熱性疾患）

内部の病気、および熱一般
アフタ
腎炎
卒中
カタレプシー
昏睡

（第5群：第75-87項、慢性疾患）

慢性病
麻痺
癲癇
憂鬱
狂気
狂犬病
壊血病
悪液質
膿胸
熱における悪寒
熱性振戦
熱性不穏
熱性脱水
熱性悪心
げっぷと放屁
熱性嘔吐
熱性虚弱
発熱
熱性譫妄
熱性昏睡
熱性不眠
熱性痙攣
熱性発汗
熱性下痢
熱性発疹
持続熱
腐敗性持続熱
灼熱性熱
間欠熱

（第4群：第54-74項、局所的な急性疾患）

急性熱性病
フレニティス
アンギナ
水性アンギナ
硬性アンギナ
炎症性アンギナ
壊疽性アンギナ
痙攣性アンギナ
真性肺炎
偽性肺炎
胸膜炎
パラフレニティス
肝炎と種々の黄疸
胃の炎症
腸の炎症
肺癆痎
他の癆痎
水腫
痛風

（第6群：第88-96項、その他の疾患）

処女の病気
妊婦の病気
難産
産褥の病気
子供の病気
天然痘
流行病
結石
性病

* Boerhaave, H: Aphorismi de cognoscendis et curandis morbis in usum doctrinae domesticae digesti. Lugduni : Johannem vander Linden, 1709.

疾患の症状ないし病態によって疾患が区分されている。ブールハーフェは疾患を症状・病態によって分類するという新しい方法を提示した*16（表6）。坪井《つぼい》信道《しんどう》（一七九五―一八四八）の『万病治準』（訳稿本、二一巻、一八二六訳了）は、ブールハーフェの『箴言』を弟子のスウィーテン Swieten, Gerard van（一七〇〇―一七七二）が注解した『ブールハーフェ「箴言」注解 Commentaria in Hermanni Boerhaave Aphorismos』（一七四二―七六）のオランダ語訳（一七六三―九一）を訳したものである。

一八世紀後半にモンペリエ大学のソヴァージュ Sauvages, François Boissier de Lacroix de（一七〇六―一七六七）は『方式的疾病分類学 Nosologia methodica』（一七六三）を著し、症状・病態による疾患の分類を極限にまで推し進めて疾病分類学を創始した。この著作では疾患を植物と同様に系統的に分類し、疾患を一〇綱、四三目、二九五属に分類し、二三〇八種という膨大な数の疾患を列挙したが、症状と見なされるものが列挙され、特定の原因・病態を有する今日の疾患とは異なっている*17（表7）。一八世紀までの医学実地書においても疾病分類学書においても、体液のバランスの乱れが疾患を引き起こすという古

表7　ソヴァージュ『方式的疾病分類学』（1763*）の内容概観

綱	説明
1）瑕疵 Vitia	ほとんど重要性のない皮膚症候で、外科医の治療を放棄する。
2）熱 Febres	頻繁で強い脈、体肢の虚弱を伴う。
3）炎症 Phlegmasiae	持続性ないし弛張性の熱による病気で、内部に炎症があり、発疹の噴出を伴う。
4）痙攣 Spasmi	不随意性で不断ないし継続性の筋収縮、局所運動を行う筋であり生命のための筋ではない。
5）呼吸病 Anhelationes	胸の筋の不随意で疲れる激しい動き、困難で頻繁な呼吸を繰り返し、急性熱はない。
6）衰弱 Debilitates	習慣的な力を伴う活動の不能。力を分配する能力の数は3つ；認知、欲求、運動の能力。
7）疼痛 Dolores	定義を与えるよりも自分自身の経験からの方がよく分かる。
8）狂妄 Vesaniae	その特徴は、想像力、判断力、意志など頽廃である。
9）流出 Fluxus	これらの病気の特徴は液体および含まれる物質の排出であり、その量、その質、その新鮮さが注目される。
10）悪液質 Cachexiae	色、顔貌、身体の習性の量の頽廃。

* Sauvages, FB: Nosologia methodica, sistens morborum classes, genera et species juxta Sydenhami mentem et botanicorum ordinem. Amstelodami : sumptibus fratrum de Tournes, 1763.

*16　*14同論文。

*17　坂井建雄「ソヴァージュ（一七〇六―一七六七）の疾病分類学」（『医譚』第91号、二〇一〇年）一〇九―一二三頁。

表8　ゴルテル『医術の基礎』(1744)＊の内容。本書を宇田川玄随が『西説内科撰要』（1793-1810）として和訳した。

全身性疾患（12章）
頭部の疾患（7章）
頸部の疾患（1章）
胸部の疾患（5章）
腹部の疾患（21章）
尿路の疾患（7章）
皮膚の疾患（2章）

* Gorter, Jd: Gezuiverde geneeskonst, of kort onderwys der meeste inwendige ziekten : ten nutte van chirurgyns, die ter zee of velde dienende, of in andere omstandigheden, zig genoodzaakt vinden dusdanige ziekten te behandelen. Amsterdam: Isaak Tirion, 1744.

表9　ビショフ『実地医学基礎』(1836-38)＊の内容。本書を伊東玄朴が『医療正始』24巻（1858）として和訳した。

第1巻
序論
総論
医学実地
熱病の理論
第2巻
胸部の炎症
腹部の炎症
第3巻
頭部の炎症
頸部の炎症

* Bischoff, IR: Grondbeginsels der praktische geneeskunde, door ziektegeschiedenissen opgehelderd / uit het Hoogduitsch vert. door C. van Eldik. Nijmegen, 1836-38.

代以来の疾病観は、なお維持されていた。一九世紀に入って病理解剖が活発に行われるようになり、臓器の病変によって疾患が生じると考えられるようになった。これに対応して、臨床医学書の様式は、疾病分類学型から、折衷型、器官系統型、感染症重視型へと変化していった。＊18

個別の疾患を扱った医学実地書と疾病分類学書、およびその後の医学書のうち、いくつかが江戸時代にもたらされ日本語に訳されている。宇田川玄随《げんずい》（一七五五―一七九七）の『西説内科撰要』（一七九三―一八一〇）は、オランダのゴルテル Gorter, Johannes de（一六八九―一七六二）による『医術の基礎 Gezuiverde geneeskonst』（一七四四）を訳したものである。この著作は医学実地書の基本型の構成を有しており、全身性疾患に続いて、局所性の疾患を頭から下に配列している（表8）。伊東玄朴《いとうげんぼく》（一八〇一―一八七一）の『医療正始』二四巻（一八五八）

＊18　坂井建雄「19世紀における臨床医学書の進化」（『日本医史学雑誌』第57号、二〇一一年）一九―三七頁。

は、ビショフ Bischoff, Ignaz Rudolph（一七八四―一八五〇）がドイツ語で著した医学実地書（一八三〇）のオランダ語訳『実地医学基礎 Grondbeginsels der praktische geneeskunde』全三巻（一八三六―一八三八）を訳したものである。この著作の構成も医学実地書の基本型に準じており、全身性の熱病と局所性の炎症を扱っている（表9）。

ベルリンの医師フーフェラント Hufeland, Christoph Wilhelm（一七六二―一八三六）はベルリン大学の教授で、一八世紀初頭で最も名望の高い医師である。『医学必携 Enchiridion medicum』（一八三六）は個別の疾患を扱う医学書でよく読まれたが、折衷的な様式で内容は古風なものであった（図3）。そのオランダ語訳（一八四一）が日本にもたらされ、緒方洪庵が『扶氏経験遺訓』（一八五七―六一）として訳している（表10）。

第四節　解剖学と外科学の著作の変遷と渡来

古代ローマの医師ガレノス Galen（一二九―二一六）は、サルなどの動物を自ら解剖して『身体諸部分の用途 De usu partium』を著し、身体の器官の機能を構造に基づいて推論した。『解剖手技 De anatomicis administrationibus』では全身の解剖の方法を論述し、骨・筋肉・神経・血管についての各論的な解剖学書も著した。[*19] ガレノスの解剖学書は一二世紀頃からラテン語に翻訳され、ヨーロッパに知られるようになった。ボローニャ大学のモンディーノ・デ・ルッ

＊19　坂井建雄『人体観の歴史』（岩波書店、二〇〇八年）一二五―一三六頁。

ツィ Mondino de'Luzzi（一二七五―一三二六）は自ら人体を解剖して『解剖学 Anathomia』（一三一六）を著した。腹・胸・頭・四肢の順に人体を解剖する手順を述べた著作である。[*20]

一六世紀に印刷・出版が広まり、図入りの医学書・解剖学書が出版されるようになった。パドヴァ大学のヴェサリウス Vesalius, Andreas（一五一四―一五六四）は『人体構造論七巻（ファブリカ）De humani corporis fabrica libri septem』（一五四三）を著し、ガレノスの解剖学をもとに本文を記述し、自身の解剖所見と観察に基づく多数の精細な解剖図を加えていた。この著作はガレノスの著作にも誤りがあること、人体そのものが探求すべき対象であることを示して、人体解剖による探求が時代の最先端の科学になり、数々の発見がもたらされた。[*21]

＊20　＊19同書、四四―五一頁。

＊21　＊19同書、六二―七六頁。

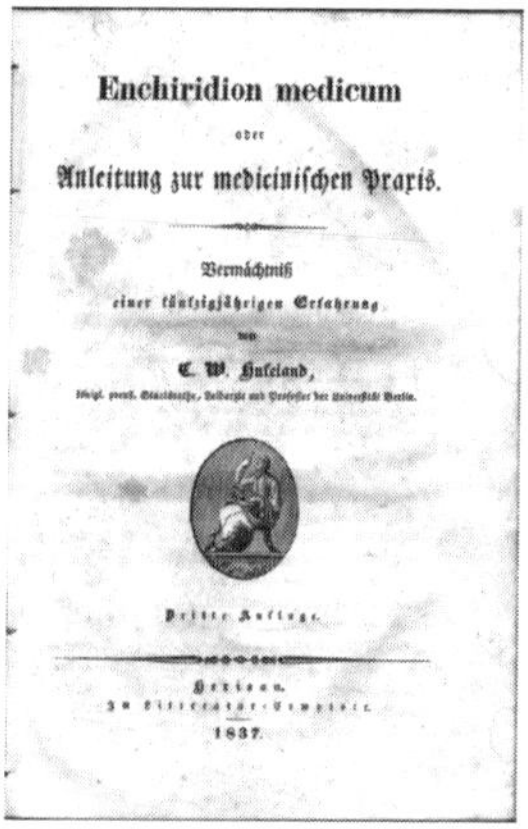

図3　フーフェラント『医学必携』第３版（1837）　坂井建雄蔵

表10　フーフェラント『医学必携』（1836）*の内容。本書のオランダ語版を緒方洪庵が『扶氏経験遺訓』（1857-61）として和訳した。

自然と人為。医療。
診断学、治療対象の認識
治療
療養の順序
診療。新人医師にとっての確言と一般的規則
急性熱
間欠慢性熱
炎症と充血
リウマチ
胃疾患
神経疾患
消耗
水腫、気腫
流出病
抑制
皮膚疾患
破壊、寄生虫
婦人病
小児疾患
細胞組織硬化
３つの主要治療法
医師の役割
処方箋

* Hufeland, CW: Enchiridion medicum; oder, Anleitung zur medizinischen Praxis. Vermächtniss einer fünfzigjährigen Erfahrung. Berlin, Jonas, 1836.

その最大のものはイギリスのハーヴィー Harvey, William（一五七八―一六五七）による血液循環論（一六二八）であり、心臓が血液を拍出し、血液が動脈と静脈を通して循環することを論証した。これによりガレノスに由来する三大内臓（肝臓・心臓・脳）と脈管（静脈・動脈・神経）の学説が否定された。デカルト Descartes, Rene du Perron（一五九六―一六五〇）は、古代のアリストテレス Aristotle（紀元前三八四―前三二二）の自然学に基づく自然観を否定して機械論に基づく新たな自然学を打ち立てることを企て、その一部となる人間論に血液循環論を援用した。一七世紀の解剖学書では、人体の構造と血液循環論に基づいて、器官の機能が盛んに推論された[*22]。

ヴェサリウスの解剖学は外科学に大きな影響を与えた。一六世紀にフランスの外科医パレ Paré, Ambroise（一五一〇―一五九〇）は、火器による銃創への温和な治療法や血管の結紮術を開発し、ヴェサリウスの解剖学を取り入れてフランス語で外科学書を著して、外科医の地位を向上させた。『著作集 Les oeuvres』第二版（一五七九）はパレの外科学の集大成であり、数多く版を重ねてラテン語、ドイツ語、オランダ語、英語にも訳された（表11）。オランダ語版（一六一五、一六二七年）は日本にもたらされ、長崎通詞の楢林鎮山の『紅夷外科宗伝』はパレの『著作集』を参考にして、スクルテトゥスの『外科の武器庫 Armamentarium chirurgicum』（一六五五）のオランダ語訳（一六五七、一六七一年）に、その図を利用したことが知られている。伊良子《いらこ》光顕《みつあき》の『外科訓蒙図彙』（一七六九）はパレの『著作集』の抄訳

*22　*19同書、一〇〇―一二八頁。

である。

一八世紀初頭にパリのディオニスDionis, Pierre E（一六五〇―一七一八）はフランス語で『外科手術講義Cours d'operations de chirurgie』（一七〇七）を著し、その内容は一〇示説からなり、第一示説では外科手術の道具を扱い、第二から九示説で部位別に外科手術の説明を説明する。各国語に訳されオランダ語訳（一七一〇）がある。ヘルムシュテットのハイスターHeister, Lorenz（一六八三―一七五八）はドイツ語で『外科学Chirurgie』（一七一九）を著し、その内容は三部からなり、第一部は外科的治療法を総論的に扱い、第二部は各論的に部位別に手術の方法を述べ、第三部では包帯法を扱っている。各国語に訳され、オランダ語訳（一七四一、一七五五、一七七六年）もある。ディオニスとハイスターはそれぞれ解剖学書も著している。

一八世紀には、医学・外科学の教育の基礎として簡明な解剖学書が出版されて人気を博し

表11　パレ『著作集』（1579）* の内容

序論、外科の真の認識に達するための導入
1）動物論
2）解剖学、自然と生殖部分を含む
3）（解剖学）生命部分を含む
4）（解剖学）頭部にある動物部分を含む
5）（解剖学）身体の筋と骨、および体肢の他のすべての部分の記述を含む
6）反自然的な腫瘤、総論
7）反自然的な腫瘤、各論
8）新鮮で出血性の外傷、総論
9）新鮮で出血性の外傷、各論
10）火縄銃と他の火器の弾の外傷、その症候
11）焼傷、挫傷、壊疽
12）潰瘍、瘻孔、痔
13）包帯
14）骨の骨折
15）脱臼
16）外科医がとくに行ういくつかの治療と手術
17）痛風と一般に呼ばれる関節病
18）性病と呼ばれる大痘瘡とその症候
19）天然痘、麻疹、幼児の虫、癩病
20）毒、狂犬の咬傷、他の毒動物の咬傷と刺傷
21）疫病
22）自然のまたは偶発的な欠損を修復する方法と技術
23）人間の発生
24）怪物と驚異
25）単純医薬の能力と効力、複合の調和とその使用
26）蒸留
27）報告と死体を保存する方法

* Paré, A: Les Oeuvres d'Ambroise Paré. 2nd ed., Paris: Gabriel Buon, 1579.

た。ロンドンの外科医チェセルデン Cheselden, William（一六八八―一七五二）は私的な解剖学講座を開き、その教材として『人体解剖学 The anatomy of the human body』（一七一三）を英語で著し、ロンドンで第一三版（一七九二）まで改訂され、アメリカ版とドイツ語版も出されている。ダンチヒの教師クルムス Kulmus, Johann Adam（一六八九―一七四五）は『解剖学表 Anatomische Tabellen』（一七二二）をドイツ語で著した（図4）。この著作は無許可版も含めてドイツ語で一八一四年まで版を重ね、ラテン語訳、フランス語訳、オランダ語訳が刊行され、そのオランダ語版（一七三四）が日本にもたらされ、前野良沢と杉田玄白らによって訳されて『解体新書』（一七七四）となった。『解剖学表』は学習者向けの簡便な解剖学書である。その内容は二八の表からなり、おおむね頭部から下へと部位別に配列されている（表12）。各表は一葉の解剖図と一頁ほどの箇条書きの要点に続いて、数頁にわたり説明が付けられている。『解体新書』ではこの箇条書きの要点が翻訳され、図版が収録されている。

解剖学と外科学は一九世紀に入って大きく変貌した。解剖学ではミュラー Müller, Johannes Peter（一八〇一―一八五八）がベルリン大学の教授となって（一八三三）多数の弟子を育て、実験室での顕微鏡観察や生理学実験を進めた。弟子のシュヴァン Schwann, Theodor Ambrose Hubert（一八一〇―一八八二）は動物体が細胞から構成されるという細胞説を提唱し（一八三九）、大きな衝撃を与えた。器官のミクロの構造を顕微鏡で観察する組織学の研究が盛んになり、ケリカー Kölliker, Rudolf Albert von（一八一七―一九〇五）は『人

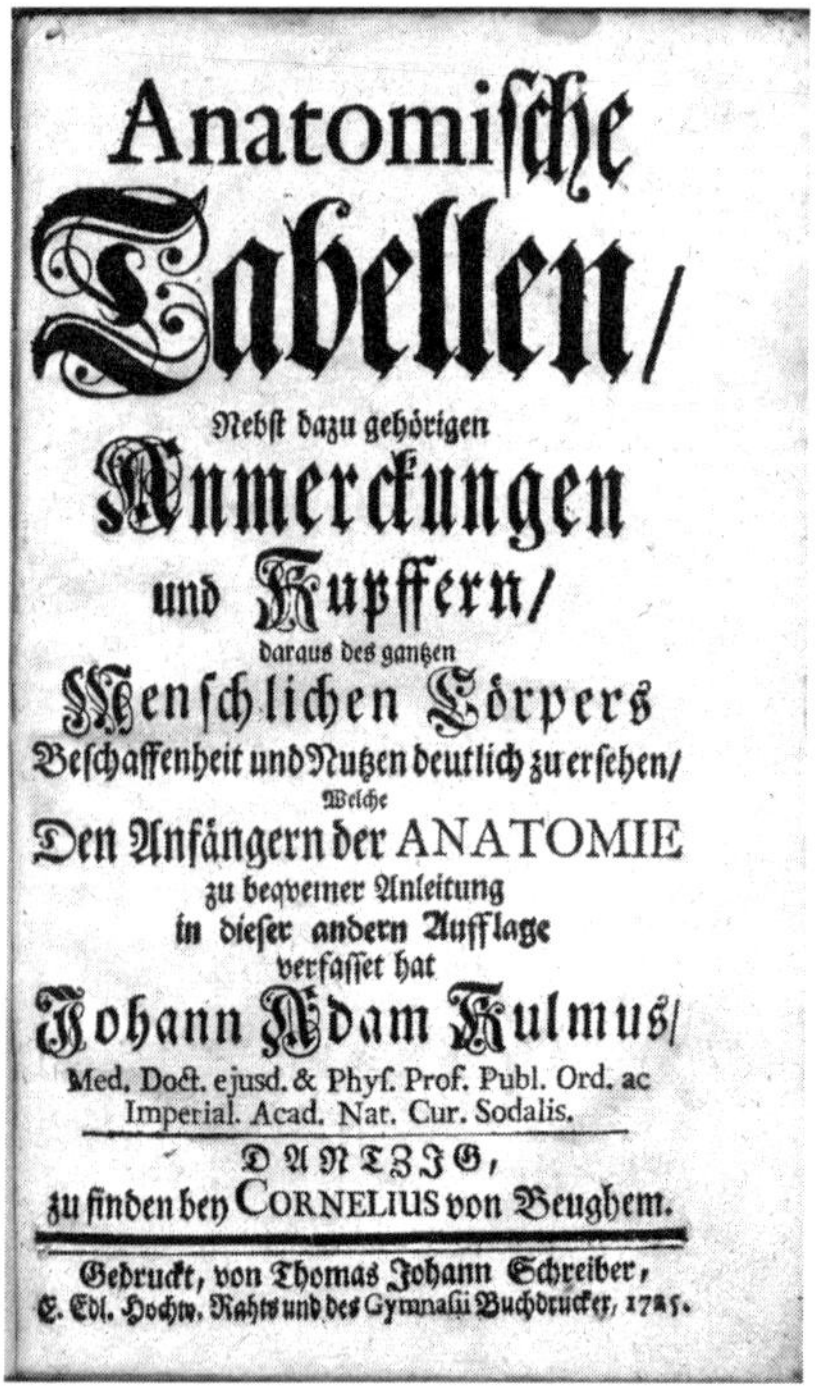
Anatomiſche
Tabellen/
Nebſt dazu gehörigen
Anmerckungen
und Kupffern/
daraus des gantzen
Menſchlichen Körpers
Beſchaffenheit und Nutzen deutlich zu erſehen/
Welche
Den Anfängern der ANATOMIE
zu beqvemer Anleitung
in dieſer andern Aufflage
verfaſſet hat
Johann Adam Kulmus/
Med. Doct. ejusd. & Phyſ. Prof. Publ. Ord. ac
Imperial. Acad. Nat. Cur. Sodalis.
DANTZIG,
zu finden bey CORNELIUS von Beughem.
Gedruckt, von Thomas Johann Schreiber,
E. Edl. Hochw. Rahts und des Gymnaſii Buchdrucker, 1725.

図4　クルムス『解剖学表』第二版（1725）　坂井建雄蔵

表13　ボック『人体解剖学提要』（1838）＊の内容。ポンペの長崎での医学伝習の解剖学の授業は、本書のオランダ語訳に基づいている。

序論
骨学
軟骨学
関節学
筋学
血管学
神経学
内臓学および皮膚学と腺学
内臓（細胞組織系、皮膚系、腺系、感覚器、発声器、呼吸器、消化器、泌尿器、生殖器）
発生、卵、胚
局所解剖（頭部、体幹、体肢）

＊ Bock, CE: Handbuch der Anatomie des Menschen. In 2 vols., Leipzig: Volckmar. 1838.

表12　クルムス『解剖学表』（1725）＊の内容。本書のオランダ語版を前野良沢と杉田玄白らが抄訳して『解体新書』（1774）を刊行した。

第1表	解剖学について、解説
第2表	体表の区分
第3表	からだの本質的な部分
第4表	骨と骨そのものの連結、概説
第5表	骨、各論
第6表	頭と頭そのものの外被
第7表	口の各部
第8表	脳と神経
第9表	眼
第10表	耳
第11表	鼻
第12表	舌
第13表	胸
第14表	肺
第15表	心臓
第16表	大動脈
第17表	大静脈
第18表	門脈
第19表	腹、ハラ
第20表	食道、胃および腸
第21表	腸間膜とそれに附属する乳ビ管
第22表	膵臓
第23表	脾臓
第24表	肝臓と胆嚢
第25表	腎臓と膀胱
第26表	両性の生殖器
第27表	胎児
第28表	筋

＊ Kulmus JA: Anatomische Tabellen : nebst dazu gehörigen Anmerckungen und Kupffern : daraus des gantzen menschlichen Körpers Beschaffenheit und Nutzen deutlich zu ersehen : welche den Anfängern der Anatomie zu bequemer Anleitung in dieser andern Aufflage. Dantzig : Zu finden bey Cornelius von Beughem : Gedruckt, von Thomas Johann Schreiber..., 1725.

体組織学提要Handbuch der Gewebelehre des Menschen』（一八五二）を著して組織学を体系化した。また実験生理学により器官のミクロの機能が探求され、ヘンレHenle, Friedrich Gustav Jacob（一八〇九―一八八五）は『人体系統解剖学提要Handbuch der systematischen Anatomie des Menschen』（一八五五―七一）を著して、人体の構造を器官系という機能システムにより分類する系統解剖学を作り上げた。ポンペの解剖学講義は、ドイツのBock, Carl Ernst（一八〇九―一八七四）による『人体解剖学提要Handbuch der Anatomie des Menschen』（一八三八）のオランダ語訳（一八四〇―四一）に基づいている。ボックの解剖学書では、前半で全身に広がる骨格、筋、血管、神経などが扱われ、後半では内臓を機能別にとりあげ、局所解剖を部位別に取り上げるという折衷型の配列をとっている（表13）。

外科学では一九世紀中葉にアメリカのモートンMorton, William Thomas Green（一八一九―一八六八）がエーテル麻酔による無痛抜歯と外科手術の公開実験に成功して（一八四六）、麻酔法が急速に広まった。また、イギリスのリスターLister, Joseph（一八二七―一九一二）は消毒によって外科手術後の感染症が抑制できることを示し、防腐、無菌手術法も世界に広まって手術の安全性が高まった。麻酔法と消毒法により外科手術の範囲が大きく広がり、それまでの骨折、脱臼、外傷、体表の腫瘍などの治療だけでなく、内臓領域の外科手術や乳癌の根治手術

表14　ディーフェンバッハ『外科手術学』（1845-48）*の内容。ポンペの長崎での医学伝習における外科学の講義は、本書のオランダ語版に基づいて行われた。

第1部　身体のさまざまな部分で行われる手術（第1～67章）

第2部　身体の特定の部位の手術

- Ⅰ．頭部の手術（第68～120章）
- Ⅱ．頸部の手術（第121～125章）
- Ⅲ．胸部の手術（第126～132章）
- Ⅳ．腹部の手術（第133～145章）
- Ⅴ．生殖部の手術（第146～156章）
- Ⅵ．四肢の離断（第157～158章）

* Dieffenbach, JF: Die operative Chirurgie. in 2 vols., Leipzig: F.A. Brockhaus, 1845-48.

も行われるようになった。

ポンペの外科学の講義は、ディーフェンバッハ Dieffenbach, Johann Friedrich（一七九二―一八四七）の『外科手術学 Die operative Chirurgie』全二巻（一八四五―四八）のオランダ語訳をもとに行われている。*23 この外科手術書が書かれたのはエーテル麻酔がちょうど使われはじめる（一八四六）頃で、消毒法（一八六〇年代）よりも以前であり、おもに体表と頭部の外科手術が扱われ、胸腹部内臓の手術がごく一部扱われている（表14）。

第五節　植物学と薬剤学の著作の変遷

古代以来の伝統的な西洋医学の治療では、おもに植物薬が用いられていた。古代ローマのディオスコリデス Dioscorides, Pedanios（活躍期間、五〇―七〇）の『薬物誌 Materia medica』全五書が権威ある医薬書として広く流布し、一五世紀以後にラテン語訳が繰り返し出版された。アヴィセンナの『医学典範』のラテン語訳は大学の医学教育に広く用いられ、第二書で単純医薬を扱い、第五書で複合医薬を扱っている。一六世紀からアルプス以北のヨーロッパでは、図入りの薬草書が次々に出版されるようになり、チュービンゲンのレオンハルト・フックス Fuchs, Leonhart（一五〇一―一五六六）による『薬草誌 De historia stirpium』（一五四二）やネーデルランドのドドエンス Dodoens, Rembert（一五一七―一五八五）による

*23　相川忠臣「ポンペの講義録―外科手術篇の原典はディーフェンバッハの『外科手術学』である」（『日本医史学雑誌』第59号、二〇一三年）二〇六頁。

『薬草書 Cruijde boeck』（一五五四）などがある。

一六世紀からヨーロッパの各地に薬草園が作られるようになった。薬草園はしばしば大学に付属して植物学の教授によって監督されていた。その多くは現在でも植物園として残されている。イタリアのピサ大学植物園（一五四四）が最も初期のもので、ドイツではライプツィヒ大学植物園（一五八〇）、スイスではバーゼル大学植物園（一五八九）、オランダではライデン大学植物園（一五八九）、フランスではモンペリエ植物園（一五九三）が古い。

医薬の処方の仕方を記した処方集は古くから書かれているが、公的な機関が作成したものは薬局方（英 pharmacopoeia、独 Arzneibuch、仏 Pharmacopée）と呼ばれる。ヨーロッパでは一六世紀から都市による薬局方が作られるようになり、その最初期のものに、フィレンツェ医師協会 Collegio dei Dottori di Firenze による『新複合処方 Ricettario nuovo composto』（一四九八）がある。各都市で処方集が作られる大きな契機となったのは、ドイツの医師コルドゥス Cordus, Valerius（一五一五―一五四四）による『薬品注解 Dispensatorium』である。コルドゥスはニュルンベルク市から報酬を得て、著作を提供し、イタリア旅行中に病死したが、市はこれを一五四六年に出版した。一五四六年に医師オッコ Occo, Adolf（一五二四―一六〇六）がアウグスブルク医師協会のための薬局方『必携 Enchiridion』（一五六四）を出版（一五七三年から『薬局方すなわちアウグスブルク協会のための医薬 Pharmacopoeia, seu medicamentarium pro. Rep. Augustana』と改題）して、版を重ねた。オッコの没後には、アウグスブルク医師協会 Collegium Medicum Augsburg が『アウグスブルク薬局方 Pharmacopoeia augustana』を一六一三年に出版し版を重ねた。その後、ドイツ・オーストリアだけでなく、イタリア、フランス、ネーデルランド、イギリスなどヨーロッパ各地の都市から薬局方が出されている。一八世紀に入る頃から、国の薬局方が作られるようになった。その最初期のものはドイツの領邦であるブランデンブルク選帝侯国（一六九八）とヴュルテンベルク公国（一七四一）のものである。一八世紀後半にはデンマーク（一七七二）と、スペイン（一七九四）、一九世紀初頭にはアイルランド（一八〇七）、オーストリア（一八一二）、ポーランド（一八一七）の薬局方がある。

一九世紀に入る頃から、植物薬から有効成分を抽出する試みが行われるようになった。その最初期のものはイギリスの医師ウィザリング Withering, William（一七四一―一七九九）がキツネノテブクロから抽出した心臓強壮薬ジギタリス digitalis である（一七八五）。アヘンは芥子の実から得た乳汁を乾燥させたもので、鎮痛などの目的で古代から世界各地で利用されていた。

アヘンの有効成分はドイツの薬剤師ゼルチュルナー Sertürner, Friedrich Wilhelm Adam（一七八三―一八四一）によって初めて抽出され（一八〇四）、ギリシャ夢の神モルフェウス Morpheus にちなんでモルヒネ morphine と名付けられた。植物などの天然物から抽出された有機化合物はアルカロイド alkaloid と呼ばれ、多くの場合塩基性で窒素原子を含んでいる。

一九世紀にはさまざまなアルカロイドが分離され、現在でも医薬や実験薬として用いられているものが多数ある。

薬理学 pharmacology は、医薬の生体に対する作用を研究する学問分野である。薬理学の先駆的な研究として、イギリスのフランスのマジャンディー Magendie, François（一七八三―一八五五）は、実験動物を用いてさまざまな医薬の作用を実験的に研究した。『多くの新薬の調製と用法の公式 Formulaire pour la préparation et l'emploi de plusieurs nouveaux médicamens』（一八二一）を著してモルヒネ、青酸、ストリキニーネなどの薬剤を扱い、改訂を重ねて広く用いられた。大学医学部で初めて薬理学の研究室を設けたのはドルパト大学（エストニアのタルトゥ）で、一八四七年にブッフハイム Buchheim, Rudolf（一八二〇―一八七九）が教授に就任した。

弟子のシュミーデベルク Schmiedeberg, Oswald（一八三八―一九二一）はシュトラスブルク大学の教授に着任し（一八七二）、薬理学研究室を設立して（一八八七）、薬理学という学問分野の創設者とみなされる。シュミーデベルクは、医薬の作用について数々の研究成果をあげ、ドイツおよび欧米各国から留学生を受け入れ一五〇人以上の薬理学者を育成して薬理学を世に広めた。主著として『薬物学基礎 Grundriss der Arzneimittellehre』（一八八三、第四版（一九〇二）から『薬理学基礎 Grundriss der Pharmakologie』）を出版した。

【参考文献】

青木歳幸『江戸時代の医学：名医たちの三〇〇年』（吉川弘文館、二〇一二年）
坂井建雄編『医学教育の歴史：古今と東西』（法政大学出版局、二〇一九年）
坂井建雄『図説 医学の歴史』（医学書院、二〇一九年）

第二章　舶載医学蘭書小考

吉田　忠

第一節　蘭学と蘭書

蘭学をいま簡明に概括するならば、江戸時代にオランダ船によってもたらされた西洋の文物に対する調査・研究の総称と言ってよいであろう。鎖国政策の結果、オランダ人との接触がきわめて限られていたから、直接教示を受ける機会はまれであった。それゆえ、『解体新書』の翻訳過程に如実に示されているように、同志の集まりか独力でこれに立ちむかわざるを得なかった。さらに、この直接接触に対する制限は、必然的に実習や実験の限定を促す。オランダ人から直接学べる機会は、医学の場合、安政四年（一八五七）の長崎医学伝習所《でんしゅうじょ》の開校まで待たねばならなかったのである。こうして、蘭学の作業は、オランダ語の書物（蘭書）の読解・翻訳が主になった。

この点で、医学蘭書の舶載は、江戸時代における西洋医学受容史の研究の上で重要となる。だが、この問題を扱ったモノグラフはない。その主な要因は関連史料自体の不足と、長期にわたり同一基準で記録された史料の欠如にあると思われる。それでも、近年の研究・調査により、上記の問題は残るものの、ある程度論議できる史料が整備されてきた。小論は、これらに基づき、舶載された医学関連蘭書に対し探りをいれるものである。

第二節　書籍の輸入

書籍も輸入品の一部として扱われた。大まかに言って、日蘭貿易は本方《もとかた》貿易と脇荷《わきに》貿易とに二分される。将軍への献上品や幕府高官への進物品を除けば、東インド会社が関わる本来の貿易である前者のほかに、一定額だけ許可された後者の個人貿易の仕組みがあった。船長、商館長を初めとする商館員それぞれが、ランクに応じて定められた上限額までの個人的取引を許されていた。これは低い給料、ことに下級商館員の給料補填策として機能する一面もあった。彼らは少なくとも給料と同額の上限枠まで各人交易ができたのである。小論で扱う書籍をはじめ、時計・望遠鏡などの嗜好品はこの脇荷に属していた。[*1]

オランダからの文物の輸入が進むと、欲しい品物が増えてくる。将軍家は別格として、幕閣、有力大名らの注文を長崎の奉行、代官、町年寄、通詞《つうじ》らがこれを仲介することになった。対中国貿易でもそうであったが、[*2]長崎奉行や地役人たちはそうした特権をもっていた。オランダ側は、こうした注文をその通り必ず果たしたわけではなく、たとえば文政八年（一八二五）

＊1　日蘭貿易については、永積洋子「オランダ商館の脇荷貿易について」（『日本歴史』三七九号、一九七九年一二月）五五―九〇頁、および、石田千尋『日蘭貿易の構造と展開』（吉川弘文館、二〇〇九年）を参照した。

＊2　大庭脩『唐船持渡書の研究』（関西大学東西学術研究所、一九六七年）二〇〇―二〇七頁。

の場合、前年度注文品数全体の四四％しか持ち渡り品はないという。通詞の注文だけを取り上げみても四五％とされるから、大体半分以下にするよう適宜コントロールしていたようである。[*3]

注文品は Eisch と呼ばれる注文帳に記され、持ち渡った物品は Factuur という「送り状」に記載され、商館長がこれからあらかじめ仕入れ値の記載を除き、日本側に渡したもの（提出送り状）が翻訳され「積荷目録」として残っている。これらの文書を各年にわたり精細に調べた石田千尋は、注文に応じてもたらされた物品を「誂物」というカテゴリーを設けて日蘭貿易の実態を分析した。[*4]

ところで、舶載蘭書に関しては、中国から持ち渡られた漢籍についてのモニュメンタルな大庭脩『唐船持渡書の研究』のような研究書はない。小論で活用したのは、舶載蘭書に関しデータを提供する次の三点である。まず、マクリーンの論文（J. MacLean, "The introduction of books and scientific instruments into Japan, 1712-1854" *Japanese Studies in the History of Science*, no.13 (1974), pp. 9-68.）が挙げられる。ハーグの国立公文書館に存在する Eisch や Factuur などの文書から、注文され、また誂物としてもたらされた蘭書を年次ごとに抽出した。彼は日本語文献が読めなかったから、このリストに出ない書はもたらされなかったかのような議論をするので注意を要するが、初めて詳細に舶載蘭書を報告したものとして評価できる。次は上述の石田千尋の『日蘭貿易の構造と展開』における綿密な考証である。この書には、先の

＊3　それぞれ、石田、前掲書、一三七、一三八頁。

＊4　以上の文書の種類や用語は、＊1石田前掲書を参考にした。

送り状と積荷目録を対比した表が、享和三年（一八〇三）から弘化四年（一八四七）まであり（文書がない年もあり、また各年精疎がある）、きわめて有益である。最後は永積洋子の科学研究費報告書（「一八世紀の蘭書注文とその流布」、一九九八年）である。表題に一八世紀とあるものの、この科研費報告書の真価は、一九世紀の四〇、五〇年代に船載された蘭書の膨大な書目と、その著者名や表題を同定したことにある。

以下、これら三点に記載される船載蘭書のデータを用いて、そのなかの医学関係書について若干考察を試みる。

第三節　一八〇〇年以前

ドドネウスの草木書、ヨンストンの動物誌、パレの外科書などが、その抄訳書や記録により渡来していたことは判明している。だが、これらの書は輸入関係史料には現れない。『解体新書』の原本クルムスの『解体図譜』や『暦象《れきしょう》新書』の原本キールの『真の天文学・物理学入門』も上記史料には出ない。このように、目下のところ参照した史料はこの期に対してはきわめて貧弱な情報しか与えない。

永積によれば、医学書としてはハイステルの外科書（L. Heister, *Heelkundige onderwyzingen*, 1741）が最も多く輸入された。[*5] マクリーンの調査と合わせて記せば、一七五七年、六一年

＊5　永積、科研費報告書「一八世紀の蘭書注文とその流布」（一九九八年）三頁。

（二部）、六二年、九三年、九四年である。[*6] 次がウォイトの医事宝函《いじほうかん》（J. Woyt, *Gazophylacium medico-physicum, of Schatkamer der genees- en natuurkundige zaken*, 1741, 1746^{2}）で、一七六五年、八六年、九三年、一八〇〇年に船載されている。[*7]

そこで初期の見在蘭書目録を参照し、先の欠を補うこととしたい。それは文化年間に書物奉行であった近藤守重《もりしげ》（正斎《せいさい》）の「好書故事《こうしょこじ》」巻七九―巻八一に出るものである。[*8] これは、文政二年（一八一九）初稿の「右文故事《ゆうぶんこじ》」といくらか異同はあるものの、ほぼ同じという。ただし、上記三巻に出る「蘭書」の項は後で正斎が附加したものとされる。「好書故事」はその「目録」（目次に相当）に「文政九年［一八二六］丙戌五月」とあるから、文政二年と九年の間に「蘭書」は成ったとまず考えられる。しかし、同書の本草書の一つとしてツュンベリの『フロラ・ヤポニカ（*Flora Japonica*, 1784）』を取り上げたなかで、「桂国寧云此書文政乙酉歳始テ船載シ今春西客ノ旅舎ニ於テ一看ス」とあるから、[*9] この「蘭書」は、最終的には、文政八年春から九年五月の間に成ったらしい。

実は「蘭書」は四部から成っているが、「蘭書一」に当る巻七八は欠本である。それはともかく辞書（蘭書二）、歴史・窮理・本草（蘭書三）、医書（蘭書四）と、当時存在したそれぞれの分野の蘭書のリストが記載され貴重な史料であることに変りない。医書は全部で三四点挙げられるが、クルムス、ハイステル、ブランカールツ、ホルテルなど蘭方医学史でお馴染みの蘭書が目につく。このリスト最古の書は「瘍科源流《ようかげんりゅう》」と題されたパレの外科書（一六三六）

＊6　MacLean, *op. cit.*, pp.15, 16, 21.

＊7　McLean, *op. cit.*, pp.16, 20, 21. 大庭前掲書には、天保一二年（一八四一）「書籍元帳」に九点、また同一五年の同帳に一五点の船載蘭書が挙っている。うち医学書は「治療書」「軍用治療書」「解体書」各一冊、それと「解体図書類画」一三四枚と八冊とある。以上それぞれ、大庭、前掲書、六〇六、六一一頁参照。

＊8　『近藤正斎全集』第三巻（国書刊行会、一九〇六年）、二四二―二五九頁所収。

＊9　同書、二五一頁。「今春」は翌年の文政九年とも考えられるが、早い時期を採った。

であり、最新はランゲンベックの「剖石新法《ぼうせきしんぽう》」（一八〇六）なる書である。[*10] いま刊年が記載されていない四点を除く三〇点のこれらの医学蘭書がいつ輸入されたかは判らない。刊年の分布を見ると、一七世紀の書三点（前記パレ、ブランカールツ増註の「外科十二手術精説、一六八五」、同「新修解剖法象、一六八六」）は別格として、一八世紀では七〇年代が最多で九点を数え、次が四〇年代の六点、そして三点が三〇年代と八〇年代、二点は一〇年代と六〇年代、そして一点が五〇年代であり、一七〇〇―九年、二〇年代、九〇年代に出版された書は見当らない。目録の成稿が文政八、九年、すなわち一八二〇年代なかばとかなり遅いが、これらのすべてが直前に舶載されたとする必要はない。一七六六年までに刊行された書はこのリストでは一七点になる。全三〇点の約半分である。後掲の如く、ハイステルの外科書のように一九世紀になっても舶載される書は存在するが、出入りがあるものとして、少なくとも半分の一五点程度の医学蘭書が一八世紀末までに舶載されたと推定できるのではないだろうか。

第四節　一九世紀前半（注文書と誂物）

注文書

一九世紀になると、まとまった史料も存在するようである。将軍、幕閣、長崎奉行と地役

---

*10　それぞれ、同書、二五七、二五九頁。C.J.M. Langenbeck, *Eenvouwdige en zekere manier van steensnijden*; met voorrede van J.B. Siebold, uit het Hoogduit. vert. door F.G. van Ingen, Amsterdam, 1806.

人、通詞らが物品を発注した注文帳（Eisch）が一八一〇年、一四年、一八―三〇年、四四―五六年に対し残っているという。いまこれらの注文書から永積が書籍に限り、抽出したリストより、さらに医学関係書を抜き出して考察してみよう。[*11] 無論、先にも触れた通り、注文帳に出たからといって舶載されたとは限らない。しかし、永積も指摘するように、どのような書籍に興味をもっていたか、あるいは入手を望んだかについて、大まかな傾向を示す指標として見てとることも可能であろう。

　当該期間に注文帳に出現する医学蘭書は六〇冊である。小論で用いる「冊」は、当該書が複数冊で成る場合も一冊と数えていることに留意されたい。また同時に複数冊発注した場合は、その冊数をそのまま加えるから、出現数はその分減る。著者、表題、発注年代、発注者を整理して示したのが表1である。

　ウォイト、ハイステルは上に見たように一七五〇年代後半から六〇年代にかけてすでにもたらされていたから、評判にしたがい注文されたものであろう。また、ホルテルの内科書は、宇田川玄真《うだがわげんしん》による『内科撰要《ないかせんよう》』（三巻は寛政五年〈一七九三〉、全巻は文化七年〈一八一〇〉刊）が出版されているから、その影響と考えられよう。プレンクやファン・スウィーテンは、新宮《しんぐう》涼庭《りょうてい》訳が出回るのはもっと後のことである。涼庭にはファン・スウィーテン内科書の翻訳があり、また彼が長崎で学んだ師、吉雄権之助《よしおごんのすけ》にはプレンク外科書の翻訳書が存在する。涼庭は文政元年（一八一八）長崎より帰郷したといわれるが、文化一〇年（一八一三）以後の

＊11　永積、前掲報告書、九―三六頁所掲。ただしここでは一八四四―五六年の注文書は記載されていないことに留意。

著者	タイトル（略称）	注文書所載年代
J.J. Woyt	*Schatkamer*, 1741[10]	1814b, 1814t, 1818t
L. Heister	*Chirurgie*, 1741, 1755[2], 1756[3]	1810t, 1814t ②
G. van Swieten	*Geneeskundig handboek*,	1814b, 1814t
J.J. Plenck	*Geneeskunde*, ?	1814b, 1818m ③
	Heelkunde, 1776 or 1783, 1800[3]	1814b, 1819t, 1819m
	Konstbewerking, ?	1818m, 1819b
	Venusziekten, 1781, 1787[2], 1792[3]	1818m
	Vloedkunde, 1801-2	1818m
	Geneesmiddelen [materia chirurgica], 1772 or 1779, 1808	1819t
D.van Gesscher	*Heelkunde*, 1781-86, 1803 or 06	1819t, 1821m, 1822m
G.W. Consbruch	*Geneeskundig handboek*, 1817-21, 1824-27[2], 1834[3]	1824t, 1829m
J.de Gorter	*Inwendige ziekten, Geneeskunde* 1744, 1761[3], 1773[4]	1818t, 1824t
C.W. Hufeland	*Journaal* ?	1824m
	Heelkunde ?	1830m
Bernsteen (sic)	*Geneeskunde* ?	1818m
J.A. Inser	*Arts of geneesheer* ?	1824t
Hannot ?	Boek of boeken geneeskunde ?	1824t
J.A. Tittmann	*Leerboek der heelkunde*, 1816	1830t
外科書		1814b, 1814t, 1818t 1825b, 1827d,1828d ② , 1829m
内科治療書	(小児用)	1814b
医学書・内科書		1814b, 1825b, 1827d, 1827t, 1828t, 1829m ②
解剖書		1814d, 1821t　1824m, 1825b, 1827d, 1828t
眼科書		1814b, 1821t
産科書		1814b
治療書		1821t
癰病攷		1821m

表1　注文書籍

＊発注者：b（長崎奉行）、d（代官）、m（町年寄）、t（通詞仲間）、r（幕閣）（以下同）
②、③はそれぞれ２部、３部同時に発注の意；刊行年は追加（以下同）

彼の長崎留学期間中にこれらの訳業は成ったと推測され、権之助の関心が、同僚の通詞や奉行所や会所関係者に知られていたことがこれらの注文につながったのであろうか。それにしても、文化一一年（一八一四）長崎奉行牧野大和守は二〇冊蘭書を発注するが、その半分はプレンクの内科及び外科書を初めとして新医学書、新外科書などの医学書一〇冊である。自分が読むわけではなかろうから、長崎奉行には蘭書入手の依頼がそれだけ多かったのであろう。

翻訳書により知られる以前に発注されているのは、二〇年代舶載のコンスブルックや三〇年代のフーフェラント、チットマンである。新刊書として期待されたものと考えられる。表1の外科書以下の欄は、著者名などが特定できず、ただ外科書などとあるのを集計したものである。これらの漠然とした注文には「新しい」(nieuw) という形容詞がつけられていることがしばしば見受けられる。解剖書は二〇年代に注文され、新刊を求めているが特定されていないことに留意しておきたい。以上は少なくとも学術進歩観はあったことを示している。もっとも、新刊の入手は仲介を要請した本来の発注者の願いでもあったろうし、穿った見方をすれば、仲介者にとって新刊は高く売れるという算段もあったかも知れない。

舶載蘭書（誂物）

以上の注文書がすべて長崎にもたらされたとは限らない。マクリーンは日本向け船の搭載目録から書籍と科学機器を書き抜いている。表2はそこから医学蘭書を抽出し、同一著者による著書が二冊（冊の用法に留意）以上船載された書物を、著者別に多い順に並べたものである。その際、入手者の区別についてはアルファベットを附して行った。*12

たびたび言及されるウォイト、ハイステルの書は、一八一〇年代後半にも注文されていたが、この記録では一八〇六年をもって舶載が止んでいるのが注目される。新刊の書が望まれたから、オランダ側も止めたのであろう。外科書ではハイステル、プレンク、ゲッセルの著書はもはや古く、新たにオンセノールト、セリウスが顔を出し、箕作阮甫《みつくりげんぽ》の訳稿の写しが流布したチットマンの外科教科書が一八三八年に二冊船載されているのが目をひく。チットマンの外科書は、天保一一年（一八四〇）長州藩医学館が開設された際の会読のテキストとして、ビスホフ『医療正始《いりょうせいし》』とともに指定しているし、佐渡出身の柴田収蔵《しばたしゅうぞう》が伊東玄朴《いとうげんぼく》塾で弘化初年に学んだ際おそらく写しとったと推定され、また嘉永三年（一八五〇）再度入塾した時には、原書の一部講読の指導を受けている。*13『医療正始』は伊東玄朴訳と同書にも記されているが、実際の翻訳は箕作阮甫が行ったと指摘されている。ビスホフの著書のこの翻訳は初編が天保六年（一八三五）とあるから些か早い。オンセノールトの白内障手術を記す眼科書は、杉田成卿《すぎたせいけい》が「内翳《ないえい》手術書」として訳し、天保一五年（＝弘化元年〈一八三五〉）写という写本が存在する。こう見てくると、天保末期から弘化にかけて参照すべき外科書の転換が現れているように見受けられる。

＊12　MacLean, *op. cit.*, pp.25-53. 表2の年代の後にアルファベットがないものは、マクリーン論文にも記載がないものである。また、Plenck, *Genees en heelkunde* の 1837r は一八冊と突出しているが、いまはマクリーンに従っておく。実は石田（前掲書）も誂物の送り状により物品の記録を載せているが、マクリーンの記載と必ずしも合致しない。年代によっては参照する史料の違いもあるのかもしれない。書籍についてのデータが多いマクリーンの記載を小論では用いた。

＊13　拙稿「柴田収蔵の蘭学修業―『柴田収蔵日記』に見る伊東玄朴塾―」『佐賀大学地域歴史文化研究センター研究紀要』一二号（二〇一七年）、二〇―二一頁、および二九頁注（一二）参照。

著者 J.J. Plenck 1738-1807	*Ontleedkunde,* 1777	1817b
	Heelkunde, 1776 or 1783	1819b, 1819t, 1835t
	Genees en heelkunde, ?	1819m, 1825b, 1835t, 1837r ⑲, 1837
	Materia chirurgica, 1772, 1808	1819b
	Verhandeling over de venusziekten, 1781, 1787^{2}, 1792^{3}	1835t
G.W. Consbruch 1764-1837	*Geneeskundig handbook*, 1817-21	1831m, 1838 ②, 1842m, 1849t
	Handboek der algemeene ziektekunde, 1817	1832t, 1842m
	Handboek der ziektkundige ontleedkunde, 1825	1838 ②, 1842m
I.R. Bischoff 1764-1850	"Leer der ontsteeking", 1826	1832t ②
	"Leer der koortsen", 1826[1828?]	*1831m*, 1832t ②
A. Schaarschmidt 1720-91	*Ontleedkundig tafelen*, 1781, 1801^{2}	1817t, 1825m, 1827m, 1835t
F. Swediaur 1748-1824	*De venerische ziekten*, 1820	1825b, 1826m, 1828t, 1835t
J.J. Woyt 1671-1709	*Schatkamer*, 1741^{10}, 1766^{14}	1801b, 1803b, 1805t, 1806t
L. Heister 1683-1758	*Heelkundige onderwijzingen*, 1741	1802, 1805t, 1806t
C.W. Hufeland 1762-1836	*Waarnemingen omtrent de zenuwkoortsen*…, 1808, 1809^{2}	1834m
	Kunst om het menschelijk leven te verlangen, 1799, 1846^{2}.	1837m
	Enchiridion medicum, 1837, 1838^{2}	1839r
A. van Onsenoort 1782-1841	*De operative heelkunde*, 1822-37	1839r
	Genees- en heelkundig handboek over de oogziekten…, 1839, 1840	1849t ②
G. van Swieten 1700-72	*Ziekte der heirleggers*, 1741	1803b, *1817b*, 1828t
	[no title given] 10 vols. ?	1819b
J.A. van de Water 1800-32	*Leer der geneesmiddelen*, 1829, 1834^{2}	1837m, 1839t, 1849t
M.J. Chelius 1794-1876	*Leerboek der heelkunde*, 1830-32, 34-36^{2}	1839m, 1849t
J.W.H. Conradi 1780-1861	*Handboek der algemeene ziektekunde*, 1828, 1833^{2}, 1842	1839m, 1842m
D. van Gesscher 1735-1810	*Heelkunde*, 1781-86, 1803 or 06	*1817m*, 1821
F. Home 1719-1813	*Geneeskundige proeven*, n.u. 1808	1820t, 1828t
A. Richerand 1779-1840	*Nieuwe grondbeginselen der natuurkunde van den mensch*, 4dln. 1835 [1821]	1839m, 1849t ②
J.A. Tittmann 1774-1840	*Leerboek der heelkunde*. 1816, 1819^{2}, 1827^{3}	1838 ②
J.B. Trommsdorff 1770-1837	*Leerboek der artseneimengskundige… scheikunde*, 2 dln., Haarlem, 1815	1829t, 1842m
A. Ypey 1749-1820	*Handboek der materies medica*, 1811	1831t, 1834d

表2　1801-1849 船載医学蘭書（誂物）

＊イタリックの年に関しては、石田千尋『日蘭貿易の構造と展開』により補充

もちろん、蘭書の舶載から、それを入手して熟読し、翻訳するまでには何がしかのタイム・ラグがある。誰がいつ当該蘭書を取り上げるかは偶然にかなりよっているから、この時間的懸隔は蘭書ごとにまちまちで一定しない。内科書関連では、ハンドブックを表題に冠し重宝されたコンスブルックやコンラージの病論書・内科総論は三〇年代末から四〇年代にかけてもたらされている。[*14] なお、外科書でもセリウスの書は安政元年（＝嘉永七年〈一八五四〉）の大槻俊斎《おおつきしゅんさい》『銃創瑣言《じゅうそうさげん》』に取り入れられ、リセランドの生理学書は広瀬元恭《ひろせげんきょう》『人身窮理《じんしんきゅうり》』として翌安政二年に出版されている。[*15]

薬学書を瞥見すると、イペイやトロムスドルフの名前は、むしろ化学の探求で文政年間（一八二〇年代）に有名であった。トロムスドルフは注文帳に出ないが、イペイの薬材便覧（*Handboek der materies medica*）はたびたび発注され（1819t ②, 1820t ②, 1824d, 1824t, 1827t, 1828d）、人気があった。さらには最初の国定局方《こくていきょくほう》たるバタフィア局方（1820t）、あるいは新オランダ局方、またはただ局方（apotheek）と記された書が注文されている（1814t ②, 1818, 1819, 1820t ②）。なぜか局方書が積荷目録には出ないが、注文の多さは処方の必携たる局方への関心の深さを物語っている。最後に『窊篤児《ワートル》薬性論《やくしょうろん》』として林洞海《はやしどうかい》により、天保一一年（一八四〇）に初稿が草せられ、改稿を経て、安政三年（一八五六）翻訳されたファン・デ・ワーテルの薬材論が三〇年代末に舶載されていることに留意しておこう。[*16]

＊14　オランダ語の ziektekunde の適訳はない。文字通りには病気(ziekte)の学(kunde)である。本来はラテン語の pathologia の蘭訳であるが、現今の病理よりもはるかに広い意味である。小論で医学蘭書の同定に活用したオランダ医学振興会蔵書目録（*Catalogus van de Bibliotheek der Nederlandsche Maatschappij tot Bevordering der Geneeskonst*, Amsterdam, ca. 1930, pp.157-287）でも、外科学の項はあるが、内科学はなく、「病気についての知識と処置」(kennis en behandeling der ziekten) として pathologie en therapie とカッコで添えている。それ故ここでは、病論・内科総論と記すことにした。

＊15　リセランドの書は、これに先立ち堀内素堂・黒川良安・青木研蔵訳「医理学源」として訳出され、天保一五年序の写本があるという。内山孝一「明治前生理学史」、『明治前日本

第五節　一八四五―五九（銘書帳）

一九世紀の四〇年代後半、五〇年代については豊富な関連データが存在する。それは「阿蘭陀船持渡候書籍銘書《おらんだせんもちわたりそうろうしょせきめいしょちょう》」（以下銘書帳と呼ぶ）なる文書で、天保一〇年（一八三九）、弘化二年（一八四五）、そして弘化四年（一八四七）から安政六年（一八五九）までは毎年分が残っている（武雄鍋島文書、東京大学史料編纂所蔵島津銘書帳）。ここには、全部で三五九二冊（同一書が複数年船載された場合でもそれぞれ冊数と数える）の蘭書の表題や著者名などがカタカナで記されている。厳密に言うと、これはオランダ船が持ち渡り、提出された蘭書のリストであって、すべてが売れたりして輸入されたわけではないだろう。輸入蘭書目録とただちに言ってよいかは、いささか疑問が残るが、大方の書は日本に入ったと見ても差し支えなかろう。永積はこれらカタカナ書き約三六〇〇冊の同定を試み、その半分弱の一七三三冊につき、著者名とタイトル、またはそのいずれかを明らかにし、著者名のアルファベット順に整理した「著者別目録」を示した。[*17] このなかから、医学関連書につき二六八冊（複数年に船載された書物もそれぞれ一冊に数えられていることに留意）を抜きだし、分析することにした。もちろん、表題から医学に関連するかどうか判断・抽出したのであって、該当書を実見したわけではないから、偏りが入り込むのは免れない。

医学史』第二巻（日本古医学史料センター、一九七八年）、二三八頁。なお、表2に出るSchaarschmidt と Swediaur の両者の著書は、管見に入る限り、訳書は見当たらない。

＊16　訳稿は嘉永二年（一八四九）に成っていたらしいが、同年九月の蘭書翻訳取締令により医学館の許可が得られず、出版が遅れた。

＊17　永積、前掲科研費報告書、二七〇―三一八頁所収。

概況

図1は、舶載された蘭書総数と医学関連蘭書の数が年次により相関しているかどうかをみようとしたものである。棒グラフは全体数だが冊数は十分の一にしてある。折れ線が医学蘭書の数であり、四五年と五〇年は一冊のみと特別の様相を示し、全体蘭書数が多い五三年と五七年では後者が大きな差をつけているが、医学書では前者の数のほうが多い。密接な相関がないのは予想されたことではあるものの、これらの年を除けば、全体の傾向はそれほど乖離していない。

図2は舶載医学蘭書の出版年代による分布を示す。舶載年とそれらの書籍の刊行年との関係を見たいがために作成した。横軸は舶載蘭書の刊行年で、一八二〇、三〇年代は一〇年単位で、四〇年以後は五年単位で集計した。縦軸は、舶載年を一八四五—五〇、五一—五四、五五—五九年の三期間（図ではそれぞれ山脈のように描かれている）に分け、それぞれの期間に舶載された蘭書総数に対する、上述の当該刊行期間内に出版された書の割合（パーセント）である。たとえば、一八四五年から五〇年に舶載された医学蘭書総数は四七冊、このうち三〇年代に刊行された書は二三冊、四八・九％でほぼ半分に当る、ことが示されている。絶対数は持ち渡り蘭書の総数にある程度関わるので、ここではパーセントを用いた。図2の山並みが次第に右の方に伸び、しかも、五〇年代後半に向かい割合が増えていることが読

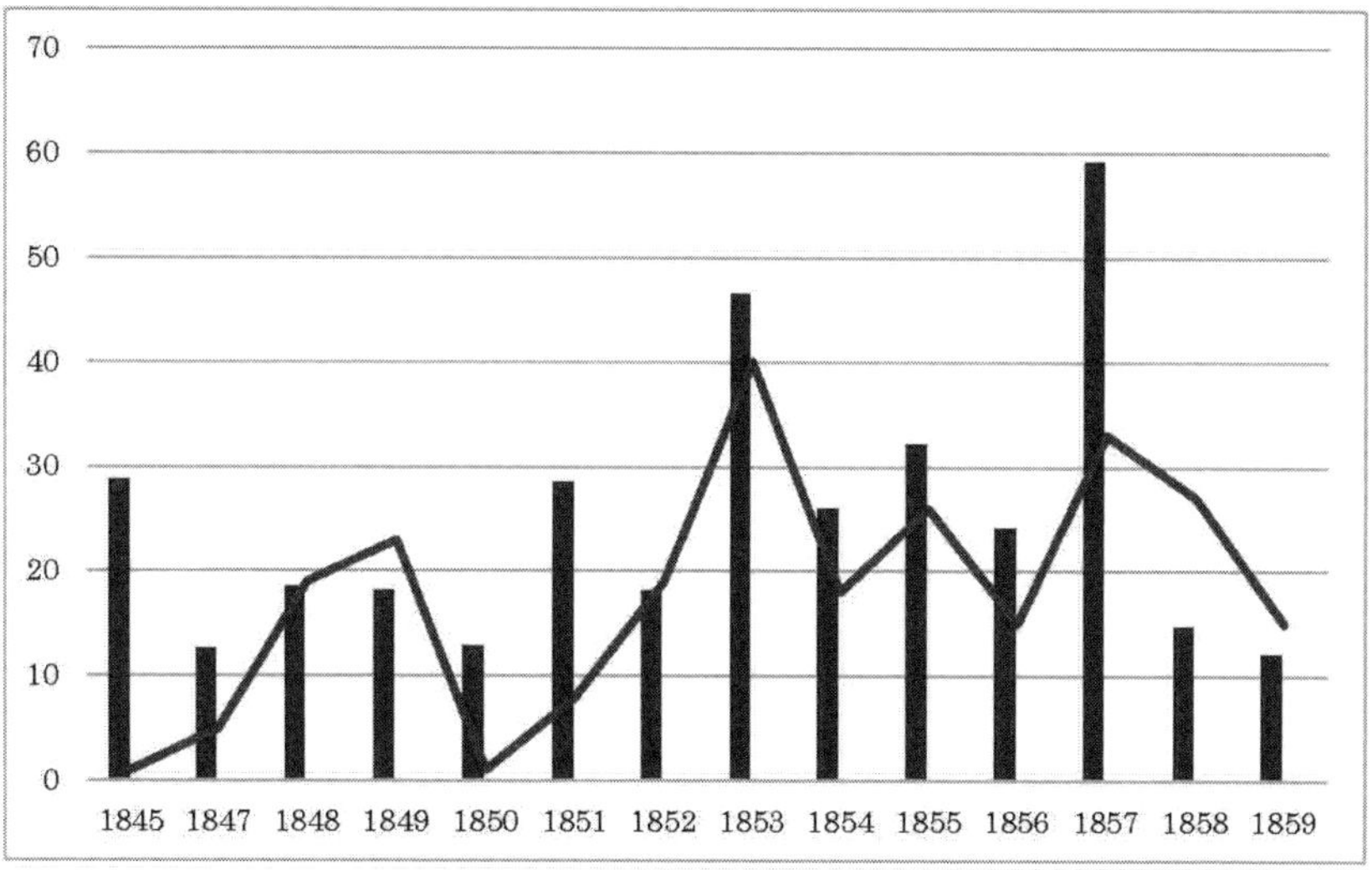

図１　舶載蘭書総数と医学蘭書（年次別）

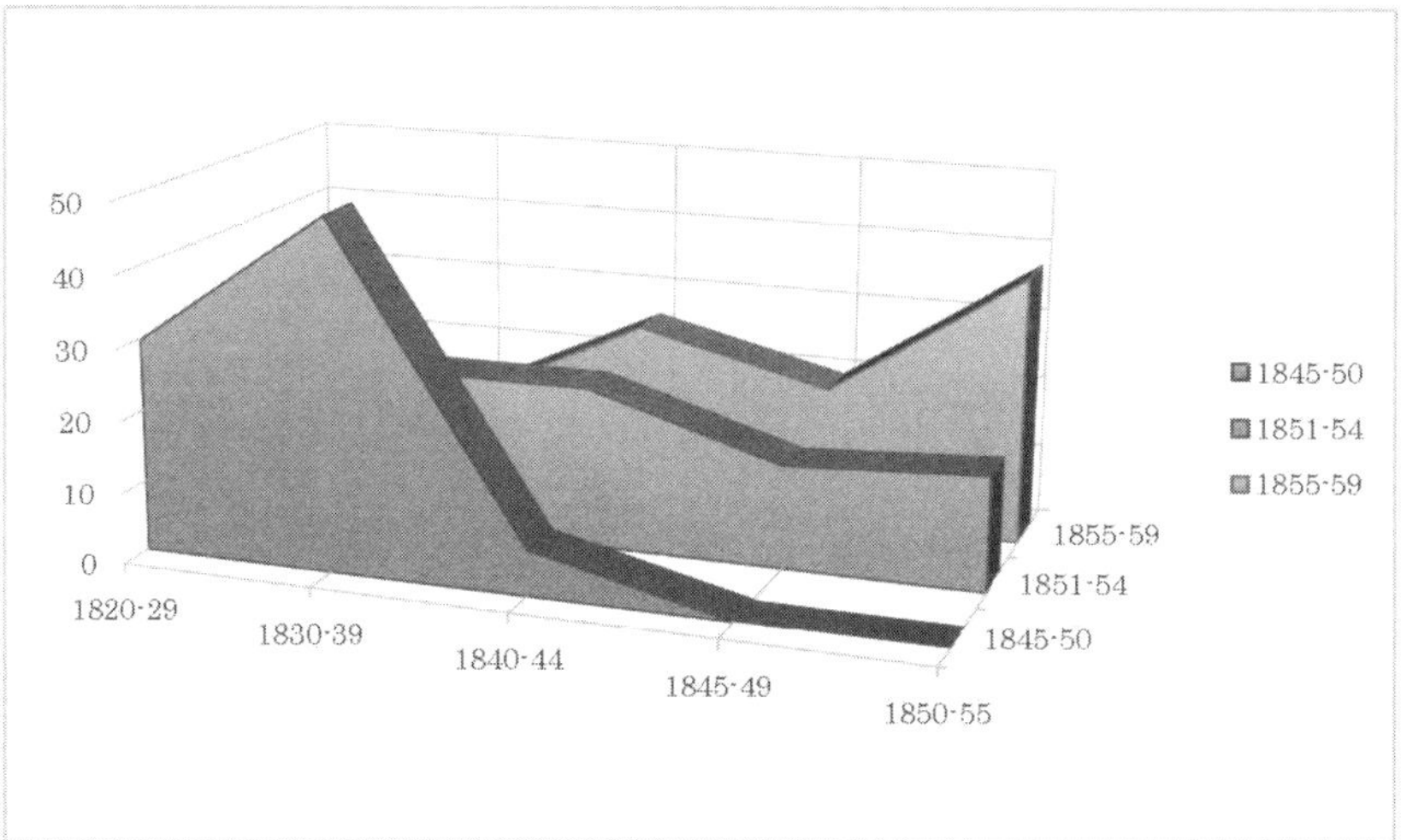

図２　舶載年と刊行年

み取れよう。当然のことながら、時代が下がるにつれ、船載蘭書の刊行年も下るのである。右のごとく、四〇年代後半にもたらされた医学蘭書のピークは三〇年代刊行の書であった。五〇年代初期では、三〇年代と四〇年代前半の書が同数で約四分の一の二二・六％ずつ、合わせると半分になる。五〇年代後半になると総数も一〇年前の四〇年代後半に比べ一・六倍と増えるが、ピークは五〇年代前半刊行の書に移り、三七・七％を占めている。五〇年代刊行の書が最初に持ち渡られた年は五二年である。当該書は五一年刊行とある。[*18] 五〇年代後半になると、船載年と刊行年のタイム・ラグは二、三年になるケースが毎年二、三ある。

船載医学書

表3は持ち渡られた冊数の多い順に上位一〇書を提示している。著者欄の分数は分母が同一著者により船載された書の数、分子が表中の当該書の数で、右端の船載年の数（二冊の場合はその数も）を合計したものである。したがって、分母と分数の数の差は、同一著者による他の表題書（単数または複数）の数を表している。なお、一八三九年については参考までに下線で示してある。コンスブルック、セリウス、フーフェラント、オンセノールト、コンラージがここに入っているのを見ると、四〇年代末から五〇年代にもたらされているから、当時の医者の間の評判が反映されたとも考えられる。これらは商品として売るためにもたらされたものであるから、売れそうなポピュラーな書物が多くなるのは自然なことである。モスト

＊18　刊行年は永積が報告するものをそのまま用いた。これらすべてが原史料にある数字か、あるいは永積が同定の際に補充したものかは不明である。実際、同一書が何版も出ると、当該年に船載された書が、何版（いつ刊行）なのか、原史料に記載がないと判らない。

Most, G.F. 1794-1845 9/10	*Encyclopedisch woordenboek der praktische geneesmiddelleer*, 2 dln., Amsterdam 1843-44	1839, 1845, 1847, 1848x2, 1851x2, 1853, 1857, 1858
Bock, C.E. 1809-74 6/11	*Handboek der ontleedkunde van den mensch,* 3 dln., Amsterdam, 1840-1841	1853x2, 1854, 1856x2, 1858
Consbruch, G.W. 1764-1837 6/8	*Geneeskundig handboek voor praktische artsen*, Amsterdam 1817-21, 1824-27^{2}, [1833], 1834^{3},	1839x2, 1848 1849x2, 1852, 1853, 1857
Chelius, M.H. 1794-1876 5/8	*Leerboek der heelkunde*, 5 dln., Amsterdam 1830-36, 1834-36^{2}	1839x2, 1848, 1849, 1852, 1853, 1857
Hufeland,C.W. 1762-1836 5/8	*Enchiridion medicum. Handleiding tot de geneeskundige praktijk*, 2 dln., Amsterdam 1837, 1838^{2}, 1841^{3}	1851, 1852, 1853, 1855, 1858
Onsenoort, A.G. van 1782-1841 5/12	*De operatieve heelkunde stelselmatig voorgedragen*, 3 dln., Amsterdam 1822-1836, 1836-37^{2}	1848x2, 1849, 1855, 1857
Osiander, J.F. 1787-1855 5/6	*Volksgeneeskunde, of eenvoudige middelen en raadgevingen tegen de kwalen en krankheden der menschen*, Leeuwarden 1835, 1839, 1850^{3}, 1851^{4}, 1854^{5}, 1863^{6}	1839, 1848, 1852, 1853, 1855, 1859
Moll, A. 1786-1843 4/7	*Leerboek der geregtelijke geneeskunde: voor genees- en regtskundigen*, 3 dln., Arnhem 1825	1850, 1853, 1855, 1856
Conradi, J.W. 1780-1861 4/5	*Handboek der algemeene ziektekunde*, 1828, 1833^{2}, 1842	1839, 1847, 1848, 1852, 1858
Valentin, G. 1810-83　4/4	*Natuurkunde van den mensch*, 2 dln., Gouda 1845	1854, 1855x2, 1857

表3　1845-59 舶載医学蘭書

の医学辞典がトップなのは、辞典という参照しやすいことが人気を博したからであろう。種痘、コレラ、眼科、薬論などの項が訳されている。表3中のモルの書は法医学に関わり江戸時代にあっては時期尚早だったためだろうが、ボックの解剖書、ファレンティンの生理学書の翻訳は管見に入る限り見当らない。

オジアンダーの『国民医学』は未見なので詳細は不明であるが、実は保健や衛生一般に関わる舶載蘭書は一五冊あり、今後の精査によりこの新しい分野の書の翻訳が出てくることが期待される。

表1にもボック、コンスブルック、コンラージの書物の表題にはhandboek（便覧、入門書）という言葉が見える。実用書が重宝されたのである。コンスブルックは開業医(praktische artsen)向けに著し、フーフェラントは医療実践のための手引きを謳っている。いまサンプルにした舶載医学蘭書二六八冊のうち、表題や副題の冒頭などにhandboek（便覧）を記す書が六〇冊、handleiding（手引き）が二一冊、leerboek（教科書）が二三冊、合計一〇五冊ある。これは全体の三九・一％、つまりほぼ四割にも及んでいる。オランダの当時の医学書出版状況の反映なのかどうかは調べないと判らないが、先のモストの辞典と併せ、入門書、実用書を求める日本側の事情をオランダ人がいくらか配慮したことにもよるのかも知れない。

小結

実は幕末にはとてつもない数の蘭書が舶載されていた可能性がある。永積によると、オランダ国立公文書館に「書籍売立勘定」と称せられる文書があり、それには安政三年（一八五六）一、三九四冊、安政四年三、七七九冊、安政五年一二、六一四冊、万延元年（一八六〇）七二四〇冊の蘭書が挙がっているという。*19 合計二万五千冊余と俄かに信じがたい数である。たとえば、安政五年（一八五八）にはウェイランドの文法書三〇〇冊が載る。一〇〇冊の書もざらにある。しかし、この売立帳で多くの部数が一度に載るのは、主として辞書・文法書、軍事関係書、航海術書である。医書は小部数で、三〇冊とあるのは同じ年に一件（産科書）があるのみで、医学書の多くは数冊程度である。長崎伝習所の開設やオランダ語学習の必要性が認識され始めた証であろう。だが、もともと軍事科学技術は幕府や藩といった公的権威のもとで導入されるのに対し、医学は私的営為で、公衆衛生的実践が成熟していない時代にあっては大量の書物は必要でなかったからであろう。

舶載書の次の課題は、こうしてもたらされた医学蘭書の行方である。長崎奉行や通詞らが仲介していたのは上で瞥見した通りである。これがどういう経緯で蘭方医家の手に渡るのか、ルートの具体的な事例を積み上げる必要がある。蘭学者の旧蔵書（京都大学図書館蔵の新宮家、

---

*19　永積、前掲科研費報告書・附録、三七三―四三六頁。この売立帳はオランダ側の史料で、上記の誂物や銘書帳のように日本側が関わった史料ではない。これには価格も記されているが、仕入れ値か売値かも判然としない。これだけ膨大な数の書物が売り切れることはまずあるまいが、持ち帰ってもしかたがなかろうから、二束三文に叩き売ってでも売り払おうとしたろうことは想像に難くない。

江間家、東京大学史料編纂所の箕作家など）の調査・発掘もその一助となろう。もちろん蘭書を手にしたからとて、読めるわけではない。オランダ語の修得、医学の修練の実態など、適塾や日習堂以外にも探究すべきであろう。それに舶載医学蘭書と翻訳書との関係、従来この点が一番研究報告が多いが、まだ掘り起こす余地はあろう。

以上の舶載医学蘭書についての考察は、利用できたデータをごく大まかに加工・分析したにすぎない。中国語の論文にまま見受けられる表現を用い、「舶載医学蘭書初探」としたほうが小論の表題によりふさわしいかもしれない。

【参考文献】
石田千尋『日蘭貿易の構造と展開』（吉川弘文館、二〇〇九年）
沼田次郎『洋学』（吉川弘文館、一九八九年）
日本学士院編『明治前日本医学史』全五巻（日本学術振興会、一九五五―六四年）

第三章　ベンジャミン・ホブソン著『全體新論』の持つ意味

中村　聡

はじめに

英国の医療宣教師ベンジャミン・ホブソン[*1]によって著された『全體新論《ぜんたいしんろん》』が東アジア、特に日本の西洋医学界に寄与したことは、医学史、科学史を学ぶ者、またその方面に関わりのある分野を学ぶ者にとってはよく知られていることであろう。この方面では有名な『日本医《にほんい》学史提要《がくしていよう》[*2]』にもその名が記されている。

日本における近代西洋医学は『蘭学事始《らんがくことはじめ》』に始まることは確かであろうが、純正な科学としての始まりはシーボルト[*3]の長崎渡来に始まると考えられよう。鳴滝塾《なるたきじゅく》を始めとする長崎の地から多くの西洋医学者が日本全国に飛躍していった。この時期、高野長英《たかのちょうえい》の『医原枢要《いげんすうよう》』天保三年（一八三二）、同年に緒方洪庵の『人身窮理小解《じんしんきゅうりしょうかい》』などが世に著された。その後、安政四年（一八五七）にオランダ海軍軍医であるポンペ[*4]が来日し、西洋近代医学を正式に伝えたが、まだまだ日本の医学界はきわめて幼稚なものであった。

＊1　Hobson, Benjamin（一八一六―一八七三）中国名は合信。イギリス、ノーサンプトンシャー出身の医療宣教師。ロンドン大学で学び、一八三九年に澳門に渡来し、以後広州に移って恵愛医館を設立。医療宣教師として活躍する傍ら、中国語による医学書、科学書、キリスト教布教書を著した。著書としては『全體新論』『博物新編』などが有名である。その医学書、科学書は幕末の日本に舶載され、日本の医学界、科学界に影響を与えた。

『全體新論』は人体の構造と生理を多くの図をまじえて解説した医学書で、全體新論とは「人体すべてについての新しい論」という意味である。日本の解剖学の始めは安永四年（一七七四）に著されたかの『解体新書』であろうが、中国では約七五年も遅れ、ホブソンの『全體新論』がその役割を担った。ホブソンは医療に従事する合間に医学講義を行い、自然神学の立場から西洋科学や医学を中国人に広めていった。

旧来日本史における『全體新論』の捉え方はあくまで医学書であり、遅れていた日本の医学に寄与する文献として日本に伝来したと考えられている。確かに内容も大概は医学分野であり、和刻本を作成するに値するものと考えられるが、『博物新編《はくぶつしんぺん》』に見られるようにホブソンは科学の紹介の中に多くのキリスト教布教の内容を含ませている。これは『全體新論』についても同じである。特に『全體新論』においては巻末に「造化論」「霊魂妙用論」という二論を設け、自らの意図を明確に示している。

第一節　日本への伝来と和刻本作成

ホブソンの著作がどのような経緯で日本に船載されたのかということについては、残念ながら体系的にその伝来を裏付ける記録は残っていない。『全體新論』には明治初期の所蔵本（中国から船載された清版）が二種存在する。一つは宮内庁書寮部古賀文庫で、これは広州恵愛《こうしゅうけいあい》

＊2　富士川游著、平凡社「東洋文庫」所収。

＊3　Philipp Franz Von Siebold（一七九六—一八六六）一八二三年に東インド会社所属の医師として渡来した。

＊4　Johannes Lijdius Catharinus Pompe van Meerdervoort（一八二九—一九〇八）長崎伝習所において西洋近代医学を伝えた。

医館蔵梓本《いかんぞうしぼん》であり、もう一つは国立国会図書館所蔵の上海墨海書館蔵梓本《しゃんはいぼっかいしょかんぞうしぼん》である。*5 古賀謹一郎《こがきんいちろう》旧蔵書が広州恵愛医館蔵梓本であることは注目に値する。『博物新編』と同様に、『全體新論』の発行所は広州恵愛医館↓上海墨海書館↓上海仁済医館と移動している。恵愛医館から墨海書館移譲が『博物新編』と同時期であるとするならば一八五五年頃と推定される。つまり、古賀謹一郎旧蔵の『全體新論』は一八五〇年代に同書が日本に伝来していたという可能性を示唆しているからである。*6 古賀は洋学所の頭取を勤めた洋学に造詣の深い儒者であった。外国使節とも面会の機会があったし、洋学書を優先的に入手できる地位にあったと考えられる。*7

『全體新論』和刻本成立の経緯を「開版《かいはん》見《み》改元帳《あらためもとちょう》」*8、ならびに「市中取締続類集《しちゅうとりしまりぞくるいしゅう》（書籍之部）」*9を参考にしてまとめてみよう。安政四年、大洲《おおす》加藤於菟三郎《かとうおとさぶろう》の家来である山本節庵《やまもとせつあん》*10が稿本を蕃書調所に提出した。改め済みとなった後、稿本を越智高崧《おちこうしょう》が譲り受け、安政五年（一八五八）二月に届出を行った。このようにして出版されたものが、扉に「安政四丁巳晩冬」「越智蔵版」とある三冊本の『全體新論』和刻本である。山城屋佐兵衛《やましろやさへえ》ほか計六軒を発兌書肆《はつだしょし》とする奥付には「安政四丁己《ママ》晩冬新彫」の刊記が見える。これが初版の板刻の時期であろう。この三冊本は図冊が分離され、本文丁に綴じられて二冊本となった。後になって、越智高崧が版権を放棄したためか、扉の「越智蔵版」が消え、「二書堂発兌」と直されたものが、幕末から明治にかけて流布した。

---

*5　このほか、国会図書館本と同版本が都立中央図書館の実藤文庫に所蔵されており、さらに同版ではあるが上海仁済医館後印本とされるものが静嘉堂文庫に確認されている。

*6　八耳俊文「幕末明治初期に渡来した自然神学的自然観――ホブソン『博物新編』を中心に――」（『総合文化研究所年報』第4号、青山学院女子短期大学、一九九六年）。

*7　このような状況は、蕃書調所時代の箕作阮甫などにも見られる。箕作阮甫は『聖書』を読んだノートまで残している。

*8　日本科学史学会編『日本科学技術史大系』第一巻　通史一（第一法規出版、一九六四年）六一頁―六六頁。

*9　国立国会図書館蔵。

*10　山本節庵　文政四年

『全體新論』和刻本では、自然神学に基づく人体の「造化論」と、キリスト教は霊魂の医師であるとする「霊魂論」のうち、「造化論」は全文削除された。漢訳西洋科学書を和刻するに当たっては、キリスト教と結びついた字句は削除された。その方針と方法には一貫した原則は見られないが、『全體新論』では「造化論」という一論（約一八〇〇文字）全文が削除の対象となった。明治六年（一八七三）にキリスト教禁制が解かれるまで、キリスト教文書の出版は認められていなかった。

したがって『全體新論』和刻本の対応は当然だといえるが、「霊魂論」はそのまま翻刻されており、ほかのホブソン五書[*11]のうち四書は全文翻刻されているなど、ホブソン著作の和刻本は全体に出版側も宗教的字句の雕版に細心の注意を払ったという痕跡は見られず、検閲も緩やかであったのではないかと思われる。

ホブソンの著作のうち、「ホブソン五書」以外はほとんどキリスト教布教書であるが、この五書は科学、医学に貢献する著作として特別扱いされていたのであろうか。ホブソンは清国滞在一八年、広東にもっとも長く滞在して活躍し、多くの著述を残した。後年のものを除いて、ほとんどすべてが広東から上梓されており、同時にキリスト教書であることが注目されるのである。

（一八一二）大洲藩医山本木庵の子として生まれた。幼名は鉾太郎、本名は正美、字は致美、号を有中といった。漢学を大阪梅花社篠崎小竹（一七八一—一八五一）に学び、伊東玄朴に蘭医学を学んだ。また、長崎に出てシーボルトに師事、帰藩して藩医を務めた。村田蔵六（一八二四—一八六九）とも親交があった。安政五年、ベルリン大学教授フーフェランド（一七六四—一八三六）著、蘭医ハーヘマン蘭訳本を和訳し、仙台藩医・幕府西洋医学所教授大槻肇（俊斎。一八〇六—一八六三）の校閲を得て『扶氏診断』（三巻）を翻訳出版した。また藩内に養蚕・製茶業をおこし地域産業に貢献した。明治二〇年七月一五日没した。〔「データベース「えひめの記憶」http://www.i-manabi.jp/system/regionals/regionals/ecode:2/54/view/7242による〕

*11　ホブソンの著作のうち、

第二節　『全體新論』に説かれるキリスト教

それでは、ホブソンは『全體新論』でキリスト教をどのような形で語っているのだろうか。海老沢有道は『維新変革期とキリスト教』の中で、「幕末に開版された科学書のうち、約半数は科学の仮面をかぶったキリスト教書であり、なかでももっともそれが明瞭なのは、レッグの『智《ち》環《かん》啓《けい》蒙《もう》』[*12]とホブソンの『全體新論』であった。またホブソンの著述は（中略）『全體新論』以外の書も多かれ少なかれ、キリスト教的言辞と思想とを盛っているのである。[*13]」と語り、『全體新論』それ自体が科学書ではなく、キリスト教の布教書であるという立場を鮮明にしている。

『全體新論』に説かれるキリスト教に関する部分を『全《ぜん》體《たい》新《しん》論《ろん》譯《やく》解《かい》』[*14]から拾ってみたい。ただ、この版も和刻本の常で、「造化論」が省かれている。「造化論」以外での内容検討ということにならざるを得ない。[*15]なお、本文中のフリガナ（読み）は訳者である高木熊三郎による。

(1)巻一　脊骨脇骨等論第四　第一冊17裏

（人骨の中には髄があって、骨を自在に動かすことができるのは）此レ以テ造化《てん》ノ人ニ於ルノ妙用《はたらき》ヲ見ル可キナリ。

人体の骨は関節によって自在に動く。それは、神がそのように人体を造られたのであ

『全體新論』（一八五一）、『博物新編』（一八五五）、『西医略論』（一八五七）、『婦嬰新説』（一八五八）、『内科新説』（一八五八）が主とされ、これらは互いに他を補い、全体に西洋科学と科学の基礎を学ぶ構成になっている。この五つの著作が「ホブソン五書」または「西医五書」と称されている。

＊12　スコットランド出身のイギリス人宣教師Legge,James（中国名は理雅各）が一八五六年に著した、中国語と英語による啓蒙的知識を紹介した著書。和刻本には『智環啓蒙塾課』『智環啓蒙和解』などがある。

＊13　海老沢有道『維新変革期とキリスト教』（新生社、昭和四三年）、二八二頁。

＊14　『全體新論譯解』高木熊三郎譯、浪速書肆 文榮堂 寶文軒梓、明治七年四月新刻。

り、ここに神が人間を造られた証拠を見出すことができる。

(2)巻一　肌肉功用論第七　第一冊30表

蓋シ天下萬國古今貴賤ノ人、其ノ始ニ溯リテ追ヒ論スルニ、一祖ヨリシテ生々トシテ來タル。造化《てん》ノ主ハ本源ニ二ツ無キコトヲ見ル可シ。古人ノ申スコトニ人ハ塵埃ヲ以テ造成ス。人死シテ土ニ歸ス。

古今東西の人類はその始祖を遡っていけばアダムとイブという一組の男女にたどり着き、そこから人類は営々として生を繋いできている。その人類を造られた神は唯一である。『聖書』には、神は土くれで人を造られ、人は死ねば土に帰ると言っている。

(3)巻一　肌肉功用論第七　第一冊30裏

然レドモ其ノ始メ實ニ何ニ從テ來ルヤ。何ニ由テ成ルモノゾヤ。蓋シ造化《てん》獨一《てい》の主《こころ》ニ由ルナリ。雛鴨《あひる》モ卵兒《たまご》モ覆ヒ煖《あたた》メ、扶翼ヲ致シ旬日ノ間ニ即チ毛骨ヲ成ス。造化（てん）生成ノ妙用ヲ著ス。恰モ吾人ノ日々ニ其ノ恩澤ヲ蒙《こう》被ムル者ノゴトシ。如何ニ欽崇シ感戴ス可キモノゾヤ。

生物の一番の始はどのようにしてできたのか。何によってできたものだろうか。考えるに、それは神の御心によってできたのである。鶏やアヒルも自分の産んだ卵を温め、孵化した後も親鳥が翼で雛をまもっている。十日も経てば雛はしっかりとし、毛も生えてくる。これは神の不思議なお力を現している。あたかも我々人間が神の恩沢をいただ

＊15　「造化論」の内容については、吉田寅『中国プロテスタント伝道史研究』（汲古書院、一九九七年）、二八一頁―二八五頁に訳補が作られている。再度、原文を確認したい。

いているのと同じである。

(4)巻一　肌肉功用論第七　第一冊35裏

（脳も使いすぎると疲れるので、休息させる必要がある。）上帝《てんてい》昼夜ヲ分ケ設ケテ、人ヲシテ昼ハ動作シ、夜分ハ休息セシムルハ正ニ此レガ為ナリ。

体の他の部分と同じように頭も使いすぎると疲れてしまう。神が昼夜の別を創り、人類に昼働き夜休息をとるようになさったのは、じつにこのためである。

(5)巻一　肌肉功用論第七　第一冊36表～裏

（人が意識して内臓を動かしていたのなら、疲れきってしまうだろう。）故ニ上帝《てんてい》モ其神智《ちえ》ノ全能ヲ以テ、之ヲシテ自カラ其ノ用ヲ行ハシム。困《くる》シマズ息マズ。困《くるし》ミ息メバ即チ死ス。上帝ノ鴻庥《おほいなるおかげ》大徳《おほいなるめぐみ》ヲ人ニ錫《たま》ヒ賦《く》バル者ハ、吾人皆ナ之レニ頼ルコト少間ヲ容レズ。深ク思ヒテ敬《つつし》ミ感佩セザルベケンヤ。

内臓は常に動いているものである。もし他の筋肉と同じように意識して動かすものであったら、人間は疲れきってしまうだろう。そこで神は知恵を絞って、内臓が自然に活動するようにしてくださった。だから人間は苦しむことなく休まず内蔵を活動させることができる。苦労して意識して内臓を動かさなければならなかったとすれば、それをやめた途端に人間は死んでしまう。神の大いなるお恵みと大いなる徳は全ての生き物に片時もなくお心配りされているのだ。我々はこのことを深く考えて謹んで神を敬うべきである。

(6)巻二　眼官妙用論第十　第二冊34裏

(人間以外の動物の目は、それぞれの生態に合わせた特徴を持っているが) 造物主《てんてい》均シク一大範《おほいなるいがた》ヲ以テ之ヲ造製ル。大同ニシテ小異ナリ。

人間以外の動物も各々その生態に合った目の形状を持っている。神は全ての生物に均等に生態に合わせた目を作ってくださったが、その働きはどの生物も大同小異である。

(7)巻二　眼官妙用論第十　第二冊36表

(人は時計や眼鏡など精巧な道具に感心しているが) 而シテ日用ノ妙機、造化主《てんのかみ》ヨリ獨リ人ニ鐘聚《あつま》ル者ヲ人反テ之ヲ疎忽《ゆる》カセニスルハ吁々良《まこと》ニ惜ム可キナリ。

人は精巧な機器に感心して、神が自分たち人体に備えてくださった精巧を忘れてしまっている。これはなんとも惜しむべきことではないだろうか。

(8)巻二　眼官妙用論第十　第二冊43裏

(動物が何かに恐れているときは、耳をそばだてて音を聞き、すぐ逃げるような態勢になっている。) 上帝の賦畀《くばりあたうる》ノ神《ふしぎ》ナル材能ハ此レ觀テ知ルベキナリ。

動物は耳をそばだてて身の危険を察知し、すぐに逃げられるような態勢を整えている。これを見れば、神が全ての動物にこのような身を守る才能を与えてくださっているのだということを知ることができるだろう。

(9)巻三　手鼻口官論第十二　第三冊11表
（脳漿は人間の殿のようなものであるから）善ヲ勧メ悪ヲ懲スハ萬國ノ同一情ナリ。本ヲ溯リ源ヲ尋ヌレハ四海ノ水一脈ナリ。願ハクハ諸君子ガタモ常ニ瓶城《へいじょう》ノ守リヲ凜《げんぢゅう》ニシテ脳殿ノ君ヲ汚シテ而シテ造物主ノ相ヒ容レ不ル所ト爲ルコト毋レ。

人間の脳漿は宮殿のようなものである。勧善懲悪は万国に通じる情である。水源を遡っていけば世界中の水の水源は一つの水脈にたどり着く。願わくは、あなた方も常にこのだいじな頭を守り、脳を汚さないようにして、神がお許しにならないような人間にならないようにすべきである。

(10)巻四　肺經呼吸論第二十六　第四冊10表
（地球上の人間が呼吸し、火を焚いて酸素を使い続ければ、最終的に空気中の酸素はなくなり、炭素だけになってしまうのではないか、という疑問に対して）答テ曰ク「肇テ開闢ヨリ以来地上ノ生気、古今皆ナ同ジ。呼ビ吸ヒ焚《や》キ燎《た》キテ日〻ニ耗《へ》ル所ニ有リト雖モ、而カモ秦《あき》涼《かぜ》ヤ、谷凱《はるかぜ》ヤ造化《てん》ノ工《たくみ》自カラ以テ之ヲ調《ととの》ヒ劑スルモノ有リ…。

この世の開闢以来、地上の空気は変わっていない。人が呼吸し、ものを燃やして空気を使ったとしても、秋風も春風もいつもどおり吹いてくる。これは神が常に地上の空気を調節してくださっているからだ。

(11)巻四　胎論第三十五　第四冊33表

（胎児は出産直後、泣いて肺の中に空気を取り入れ）血ニハカニ更改《あらたま》リテ、而シテ運リ行ワル。造化《てん》ノ工妙ナルコト此ノ如シ。

胎児は出産直後に産声をあげて、自然に空気を肺の中に取り入れ、体内の血液に酸素を取り込み、その血液が体中を巡るようにしている。このように、神は人体の不思議な働きを造ってくださっているのだ。

(12)巻四　靈魂妙用論第三十九　第四冊39表〜

諺ザニ之アリ。曰ク、親ノ生メル之ヲ身ト謂フ。天ノ命ズル之ヲ性ト謂フ。是ノ性即チ人ノ靈魂ナリ。人ノ貴《たつ》キ所ノ者ハ身ナリ。身ノ貴キ所ノ者ハ魂《たまし》ヒナリ。身ハ魂ノ宅《いえ》タリ。魂ハ身ノ機《からくり》タリ。魂ト身ト相ヒ附キテ而シテ人ト爲ル。誠ニ須臾《しばらく》モ離ル可カラザル者アリ。然レドモ既ニ身ノ以テ形チノ役ト爲ス。身ト魂ト終ニ相ヒ離ルルノ時アリ。故ニ身ノ以テ身ト爲ル所ト、魂ノ以テ魂ト爲ル所ト、端倪《はしくれ》ヲ窮究《おしきわ》テ以テ夫ノ禍福存亡ノ道ヲ明カニセザルヲ得ズ。蓋シ是ノ書ハ全身ノ百體ヲ分チテ叙ス。一切ノ功用部位ハ概ネ已ニ詳カニ言ヘリ。彼ノ善ク讀ム者ハ自ラ其ノ身ヲ以テ注スル所ヲ知リ、當ニ能ク部ヲ案シ以テ其ノ病ヲ治スベシ。第《ただ》恐ラクハ靈魂ハ形チノ象ドル可キナシ。人遂ニ以テ渺茫ニシテ憑リ所ナシト爲ス。而シテ其ノ病ノ尤モ其ノ身ヨリ甚シキヲ知ラザルナリ。凡ソ人ノ魂ハ、頭脳ノ中ニ居ル。靈妙ニシテ質ナシ。週身《からだじゅう》ノ脳氣筋ヲ借リテ以テ其ノ用ヲ運ラス。男女老少ヲ論ゼズ。彼レ此レ皆ナ同ジ。其ノ用タルヤ目ニ視ル所アレハ則チ意《こころ》之ガ爲ニ見ル。耳ニ聴ク所アレハ則チ意ロ之ガ爲ニ聞ク。言語モ亦タ之ノ如シ。行キ作《たつ》モ亦タ之ノ如シ。西洋國ハ其ノ用ヲ分チテ二ツト爲ス。一ハ覺悟ニ屬シ、一ハ心性ニ屬ス。覺悟ハ物ヲ格《いた》シ、理ヲ窮メ審《つまびら》カニ察シ、分チテ辨《わきま》ヘ、思ヒ慮パカリ、記憶スルノ類ノ如シ。心性ノ内ハ則チ分チテ四ツト爲ス。首《はじめ》ハ願想ト曰ヒ、次ハ性情ト曰ヒ、三ハ道念ト曰ヒ、四ハ志意ト曰フ。皆ナ中庸ヲ以テ良ト爲シ、偏僻ナルヲ以テ病ト爲ス。其ノ願想ノ中ニ又タ八端ヲ分ツ。一ヲ色慾ト爲ス。夫婦ノ情ヲ指スナリ。二ヲ財慾ト爲ス。營生《とせい》ノ計《つもり》ヲサスナリ。三ヲ勢慾ト爲ス。權面ノ榮ヲ指スナリ。四ハ勝慾ト爲ス。争ヒ角《きそ》フノ才氣ヲ指スナリ。五ヲ友慾ト爲ス。交接ノ誼ヲ指スナリ。六ヲ譽慾ト爲ス。聲聞《きこえ》ノ好ミヲ指スナリ。七ヲ識慾ト爲ス。見聞ノ想ヒヲ指スナリ。八ヲ行慾ト爲ス。作爲スル事ヲ指スナリ。此ノ八者ハ皆ナ身魂ノ無カル能ハザル所ニ屬ス。要スルニ皆ナ中ヲ得テ過ル及バザルノ弊ナキヲ貴ブ。之ニ非レバ即チ貪ト爲シ、之ヲ縦《はな》テバ即チ慾ト爲ス。適《まさ》ニ以テ其ノ身ヲ敗ルニ足ルノミ。又タ性情ノ中ニ分レテ六端ト爲ス。一ヲ公道ト曰ヒ、二ヲ仁慈ト曰ヒ、三ヲ誠信ト曰フ。皆ナ他人ニ施セル者ヲ指スナリ。四ヲ國ヲ愛スト曰フ。君臣僚友國人ヲ指シテ而シテ言フ。五ヲ家ヲ愛スト曰フ。父子兄弟夫婦奴僕ヲ指シテ而シテ言フ。六ヲ己ヲ愛スト曰フ。凡ソ一己ノ私シヲ保チ顧ミルヲ指ス。此ノ六者ハ皆ナ人心ノ宜ク有ルベキ所ナリ。人ノ以テ禽獸ニ異ナル所ノ者ハ、此レヲ以テナリ。道念モ亦タ然リ。一ニ曰ク善悪ヲ別ツ。二ニ曰ク主宰ヲ識ルス。三ニ曰ク報應ヲ懼ル。四ニ曰ク後ノ福《さいわ》ヒヲ望ム。上ノ六端ニ比スレバ尤モ要緊ナリト爲ス。人皆ナ當ニ自カラ惕《おそ》レ勵ムベキ者ナリ。何ゾヤ。蓋シ人類ノ靈魂ハ始メ有リテ終リ無シ。永ク生キテ滅ビズ。身死スルノ後ニ脱然トシテ以テ出ヅ。生レテ而シテ善ヲ爲セル者ハ上升シ、生レテ而シテ惡ヲ作セル者ハ下リ罰ス。永キ福ヒト永キ禍ヒト、此レ從リ判然タリ。乃チ善ハ靈魂ノ益ト爲シ、而シテ惡ハ靈魂ノ病ヒト爲ルナリ。或ルヒトノ曰ク、身體病ヒ有レバ、必ズ医薬ニ藉ル。靈魂ノ病モ亦タ救フ可キカト。答テ曰ク、吾人ハ天命ノ性ヲ受ケテ以テ人ト爲ル。皆ナ當ニ善ヲ盡クシ、仰ギテ天ノ福ヒヲ承クベシ。但ゝ積《つもる》習ヒ日ゝニ深ケレバ、致《おほむ》ネ惡ヲシテ其ノ魂ヲ汚サ令ム。身ノ厲疾ヲ得ルガ如シ。良医アラザレバ終ニ自カラ癒ヘ難シ。救世ノ主基督ハ靈魂ノ医師ナリ。新舊約ノ聖書ハ靈魂ノ方薬ナリ。人能ク其書ニ遵ヒ其ノ道ニ志サバ、上ミ天ノ徳ニ頼ル。農夫ノ雨ヲ望メルガ如ク、永ク靈魂ノ救ヒヲ得ン。其ノ道ヲ知ラズ、其ノ書ヲ識ラザル者ハ、斯ノ人モ亦タ具《つぶさ》ニ天ノ良キ性根アリ。果シテ能ク其ノ良心ヲ盡シテ以テ行ナハバ、魂モ斯《ここ》ニ善ナラン。是レヲ志意《こころざし》ノ大端ト爲スナリ。

「親の生んだものは身体であり、天が命じたものは性である」という諺がある。この性というのは霊魂のことである。人が尊ぶべきは肉体であり、肉体が尊ぶべきは魂である。肉体は魂の宿りであり、魂は肉体を働かせるものである。魂と肉体が揃ってこそ人となることができる。この二つは片時も離れられないものである。しかしながら、肉体は形という形而下的な役割を担っているだけだ。肉体と魂は最終的に離れてしまう。したがって肉体が肉体であることと、魂が魂であることは、本末終始を窮めつくして、その禍福存亡の道を明らかにしないわけにはいかない。そもそもこの書は人体全てにわたって説いたものである。体の各部位の働きの大よそは既に詳細に述べた。読者諸氏には自分の身体の注意するべき部分が分かったであろうし、それに合った適当な方法で病を治してほしい。ただ、おそらく霊魂には形というものがないので、どのようにして良いのか分からないであろう。したがって、魂（精神）の病が肉体の病より難しいということが分からないにちがいない。人の魂というものは頭脳の中にある。霊妙ではあるが質というものがない。肉体の各部分は脳からの指示で動く。このことは老若男女を問わない。その働きの原理をみてみると、目が何かを見たということは心（脳）がそれを見ているのであり、耳が何かを聞いたということは心（脳）が聞いたということになる。言語を聞き理解するのも同じ原理であるし、歩いたり何かをしたりという行動も同じ原理である。

西洋人たちはこの心の働きを二種類に分別している。一つは「覚悟」に属しており、一つは「心性」に属している。覚悟とは、物をよく知り、理を窮めて明確にし、分別し、思慮し、記憶する類のことをいう。心性はその中をまた四つに分けることができる。第一は「願想」といい、第二が「性情」、第三が「道念」で、第四が「志意」という。全て中庸であることが良いとされ、一方に偏った状態になると病気ということになる。

「願想」は八端に分けられる。一が「色欲」であり、夫婦の情を指す。二が「財欲」で、生計を指す。三が「勢欲」で、権威あることを指す。四は「勝欲」で、競争の才気を指す。五は「友欲」で、交友の誼を指す。六は「誉欲」で、評判の良いことを指す。七は「識欲」で、知識を得たいことを指す。八は「行欲」で、行動を指している。この八者は全て肉体や魂に無くてはならないものであり、中庸であって多すぎず少なすぎないことが肝要である。少ない場合は「貪」、多すぎる場合は「欲」となり、ともに健康を害することになってしまう。

「性情」は六端に分けられる。一を「公道」、二を「仁慈」、三を「誠信」といい、全て他の人に施すものを指している。四は「国を愛する」といい、君臣・僚友・国人に対していう。五は「家を愛す」といい、父子・兄弟・夫婦・奴僕に対していう。六は「己を愛す」といい、自分自身をきちんと保つことをいう。この六者は全て人が心の中に持っているべきものである。人間が動物と異なっているのは、この六者を持っているからである。

「道念」も同じである。一は「善悪を別つ」ことであり、二は「主宰を認識する」ことであり、三は「応報を懼れる」ことであり、四は「死後の幸福を望む」ことである。

上記の（性情の）六端は他と比較してもっとも緊要なものである。人は皆自ら惕れつつしみ、励まなければならない。それは、どうしてだろうか。人類の霊魂は始めがあって終わりがない。永久に生き続けて滅びることがない。肉体が滅んだ後にスッと肉体から出て行く。生前に善行をした者の霊魂は上に昇り、悪行をした者の霊魂は下に降って罰を受ける。永久の福と永久の禍は、これによって判然と分かる。善は霊魂の益となり、悪は霊魂の病となる。ある人が、「肉体が病気に罹ったら、必ず医師や薬にたよって治す。霊魂の病も治すことができるだろうか。」と聞いてきた。その答えはこうだ。「我々人は天命の性を受けて人になった。皆善行を尽くし、天を仰いで福を受けるべきである。ただ、毎日毎日の生活の中で少しずつ悪さが積もっていって、その悪が魂を汚してしまう。あたかも肉体がひどい病に罹るのと同じで、良い医師にめぐり合わなければ、自然に治ることはありえない。救世の主であるキリストは霊魂の医師である。新旧の聖書は霊魂の良薬である。その新旧約聖書にしたがい、神のお示しになった道を志すならば、天の徳に頼ることができる。農夫が雨を望むように、永久に霊魂の救いを得られるであろう。反対に神の道を知らず、聖書も知らないような者であっても、その人にも天からいただいた小さな善性の根が残っているはずである。だから、良心を尽くして善行を行うようにすれば、魂も善になっていく。これこそが志意の大端なのである。」

人心窮理を説くにあたっても「人体の不思議」を強調し、それによって「造化主」や「霊魂」の存在を示し、「靈魂妙用論」へと導いていく。「蓋シ天下萬國古今貴賤ノ人、其ノ始ニ溯リテ追ヒ論スルニ、一祖ヨリシテ生々トシテ來タル。造化《てん》ノ主ハ本源ニ二ツ無キコトヲ見ル可シ。古人ノ申スコトニ人ハ塵埃ヲ以テ造成ス。人死シテ土ニ歸ス。」「然レドモ其ノ始メ實ニ何ニ從テ來ルヤ。何ニ由テ成ルモノゾヤ。蓋シ造化獨一《てんてい》の主《こころ》ニ由ルナリ。雞鴨《あひる》モ卵兒《たまご》モ覆ヒ煖《あたた》メ、扶翼ヲ致シ旬日ノ間ニ即チ毛骨ヲ成ス。造化《てん》生成ノ妙用ヲ著ス。恰モ吾人ノ日々ニ其ノ恩澤ヲ蒙被《こう》ムル者ノゴトシ。如何ニ欽崇シ感戴ス可キモノゾヤ。」という調子で、無常観をもって「造化独一之主」の働きを説き、欽崇感戴を勧説している。さらに「靈魂妙用論」では、「或ルヒトノ曰ク、身體病ヒ有レバ、必ズ医薬ニ藉ル。靈魂ノ病モ亦タ救フ可キカト。答テ曰ク、吾人ハ天命ノ性ヲ受ケテ以テ人ト爲ル。皆ナ當ニ善ヲ盡クシ、仰ギテ天ノ福ヒヲ承クベシ。但ヽ積《つもる》習ヒ日ヽニ深ケレバ、致《おほむ》ネ惡ヲシテ其ノ魂ヲ汚サ令ム。身ノ厲疾ヲ得ルガ如シ。良医アラザレバ終ニ自カラ癒ヘ難シ。救世ノ主基督ハ靈魂ノ医師ナリ。新舊約ノ聖書ハ靈魂ノ方藥ナリ。人能ク其書ニ遵ヒ其ノ道ニ志サバ、上ミ天ノ德ニ賴ル。農夫ノ雨ヲ望メルガ如ク、永ク靈魂ノ救ヒヲ得ン」と述べ、明確にキリスト教へと誘っていくのである。このような明確なキリスト教への言及が当局の目に止まらなかったのも不思議である。書肆さえも気づかなかったということはあるまい。確かにそれまでにアジアに渡来した布教書に見られる「天主教」とか「切支丹」などという言葉は一語もなく、「基督」をキリストと読むという知識が無かったのかもしれない。しかし、医学書の中に「聖書」が出てくれば、背景にあるキリスト教に気づかないことはないと思われるのだが、果たしてその真実はどうだったのだろうか。

第三節　日本の近代における『全體新論』の反響

日本において医学書としての『全體新論』がどのような反響をもたらしたかは、和刻本作成の過程を辿りながら少なからず上述したが、その他の分野での反響はどうであったのか。ここでは特にキリスト教（プロテスタント）日本上陸に大反対の意を記した仏教界の反響を見てみたい。

東本願寺の僧、香山院《こうざんいん》龍温《りょうおん》*16が文久三年（一八六三）に時世を慨して同派の僧侶に檄した『急策文《きゅうさくぶん》』の中で『全體新論』に言及している。

> 『全體新論』ナドイヘル医書ノ終リニモ、靈魂ノ医師ハ耶蘇ナリ、靈魂ノ方薬ハ約書ナリ、凡慾看（約書ノコト也）者須敢取之トイフ。コレラノ書ハ世ニ数多ナルベシ

また、慶応元年（一八六五）と思われる『総斥排仏弁《そうせきはいぶつべん》』には、

> 又専ラ彼耶蘇宗ヲ明シタル書ノミニ非ズ、萬國ノ事ヲ書キ著シタルモノ数多アリ（中略）又医書モ又爾リ。『全體新論』ナド丶云ヘルモノ、終リニ別ニ一段アリ、専ラ耶蘇ノ宗ヲ述ブ。

として、注意を促している。

西派《にしは》の勝囶道人《しょうこくどうじん》*17も『護法新論《ごほうしんろん》』（慶応三年刊）に、

---

*16　香山院龍温（寛政一二—明治一八）真宗大谷派の僧侶。号は香山院。

*17　勝囶道人　禿安慧（文政二—明治三四）真宗西本願寺派の僧侶。

近来舶来ノ蛮書ヲ閲スルニ。其天文ヲ説キ。地理ヲ談ジ。医学ヲ述スルモノ。其皈趣スル所。耶蘇天主教ニ。誘引スルノ鉤餌ナリ。

と、『全體新論』が医学書の体裁をとったキリスト教布教書であることに対する注意を喚起している。換言すれば、『全體新論』の性格を的確に看破していたということだろうか。

さらに幕末に排耶論者《はいやろんじゃ》として活躍した靈遊《りょうゆう》＊18は『閑邪存識《かんじゃそんしき》』を著し、その中で次のように述べる。

近頃齎持スル所ノ『全體新論』ハ、解胞究理ノ医書ニシテ、スナハチ英吉利ノ合信氏ガ著スル所ナリ。ソノ乾坤二巻ノ中ニ、耶蘇教弘通ノ緒ヲ發スルコト、十有七八箇所ニモ及ベリ。而シテソノ巻末ニ至テハソノ此ヲ勸ルコト甚ダ切ナリ。先ズ人身解胞ノ説ヲ述テ愚医ノ耳ヲ却シ、漸漸ニ誘引シテ耶蘇法ニイラシメントスルノ筆勢ナルコト、茲ニ於テ思ヒ當レリ＊19。

この書が医学書であると同時にキリスト教書であることを強調し、有識者は本書に対する認識を改めるべきだと訴える。

故ニコノ『全體新論』ニハ必ズ隠顕アルベシ。ソノ顕説ニ就テ是ヲ見レバ解胞究理ノ医書タルニ似タリ。ソノ隠説ニ就テ是ヲ論ズレバ切支丹耶蘇教ノ書ナリ。隠顕対較スレバ隠義ヲ以テ正シス。然ルトキハ合信氏ガ此書ヲ著作スル本心ハ、偏ニ耶蘇教流伝ノ爲ニシテ、更ニ医方ノ爲ニセズ。

＊18　靈遊（?—明治二）真宗大谷派の僧侶。西洋天文学に対して、仏教の立場から須弥山説を擁護し、『須弥界図説』『日月西行觪』などを著した。

＊19　『閑邪存識』一七葉—

それでは医学界の発展に楯突くことになりはしないかとも考えられるが、『全體新論』をよしとする幕末期の医学界のあり方にも注文をつける。

然ニ蘭薬ヲ取扱フ医輩、此書（『全體新論』）及ビ『博物新編』ヲ嘆美スルコト聖賢ノ史典ニ過タリ。解胞究理ノ隠説ニ心肝ヲ蕩シ、此六端ノ法ヲ感賞シテ儒教ヨリモ約ナリトス。邪説ニ溺ル丶コト何ゾ此ノ如ク甚キ。爰ニ於テ愚医ノ輩、或ハイフ、孔子ノ仁義ノ名ヲ立ルハ甚ダ非ナリ。既ニ吾邦ノ如キハ、仁義ノ名有テ、仁義ノ心ナシ。西夷ハ仁義ノ名ナクシテ、誠信アリ。最モ信ズベキニ足ルト。或ハイフ、西洋ハ才能勝智ノ国ナリ。我皇国ハ不才少智ノ国ナリト。或ハ、亜墨利加ハ智フカシ。日本ハ欲フカシト。コレ西学ニ誇ル輩ノ常談トスル所ナリ。嗚呼何ノ謂ヒゾヤ。既ニ英国ノ合信氏ガ、日本へ耶蘇教弘通センニハ、医者ヲ以テ先途トスベシト曰ヒシハ口惜キ次第ニアラズヤ。[*20]

西洋にかぶれる医者は「愚医」である。ホブソンは日本にキリスト教を広める手立ての第一として、人を助ける医師を手なずけようとしている。本当にその通りであるならば、ホブソンは何と効率の良い手段を見つけたことだろうか。

これらの仏僧たちの言葉の中には、西洋近代科学と連携して伝道の体勢を作ろうとするキリスト教の発展に危機感を抱き、あらゆる方法手段を用いてこれを阻止しようとする意欲が見られる。

＊20　『闢邪存識』四三―

小結

『全體新論』は幕末から明治にかけて平易な近代科学、医学の入門書として中国、日本の知識人たちに歓迎された。当時のアジアの出版物としては珍しい正確な解剖図、それも身体の各部分を精密に描いた図と、その部位の解説は、新鮮な知識を与えたであろう。これを端として、新しい西洋科学、医学への知識欲が高まっていったことは、まず、間違いのないことであろう。

一方、同書の中に説かれる神とキリスト教の言説は天主教（カトリック）と対峙し、戦ってきた東アジアの人々にどのように受け取られたのか。当時の東アジアの人々は天主教と耶蘇教（プロテスタント）の差を認識していたのだろうか。当時の排耶書を見ると、その差に戸惑う仏教界の混乱が伝わってくるが、医学を志す人々はすべてキリスト教に染まっていったのだろうか。

仏教界の僧侶たちの論駁と鋭い舌鋒は、翻って捉えれば、幕末末期の東アジアの医学界並びにキリスト教布教に『全體新論』がいかに重要な働きをしたのかという証拠にもなりうるものなのではないだろうか。日本においては、耶蘇教は幕藩体制にそぐわなかった切支丹の延長線上にあったのかもしれない。西洋近代科学とキリスト教の分別は、この当時この問題に心を砕いた人々の思惑を超えて、やがて世界的な科学の発展とともに自然に解消していったのだと思われる。

【参考文献】

吉田寅『中国プロテスタント伝道史研究』（汲古書院、一九九七年）

研究の窓

福澤諭吉の科学啓蒙

武田時昌

　鎖国日本の終幕は、黒船来航に始まる。黒船は、西洋文明の象徴である。もっとも、欧米からやって来た黒船には蒸気船だけでなく帆船も含まれており、蒸気船も燃費が悪くて帆走が中心であった。蒸気タービンを用いた高速艦は明治三〇年代にならないと登場しない。それでも、船体をタールで真っ黒に塗りつぶし、黒煙をもくもくと立ちのぼらせて、日本沖に停泊する巨大艦隊は、日本人の心象風景に焼きつき、西洋世界への驚異と憧憬を喚起した。その後、欧米に渡った人物の大多数は、衛生的に整備された町並みに高性能の科学器機が稼働している姿を実見し、度胆を抜かれた。ところが、例外的な人物もいた。福澤諭吉である。

　彼は、明治維新までに三度も欧米に渡航し、数多くの啓蒙書を著した。伝統科学を終焉させ、文明開化の夜明けを告げた語り部であった。同行した周囲の騒ぎをよそに、諭吉は欧米の社会制度や文明の利器を鋭く観察しながら、適塾での出来事を回想した。その時に何を考えていたかは後回しにして、彼の足跡を辿ることにする。

　アメリカの使節ペリーが浦賀にやって来た時、福澤諭吉は一八歳だった。その事件は、中津藩で儒生だった彼に西洋の学問文化を開眼させた。翌年の安政元年（一八五四）二月に長崎に行き、翌年三月に大阪の緒方洪庵の適塾に入門し、漢学から蘭学、洋学へとシフトする。そして、万延元年（一八六〇）一月一九日に遣米使節団一行を護衛する随伴船（咸臨丸）に乗り込み、アメリカ合衆国へ渡った（五月五日に帰国）。二度目の渡航は、文久元年（一八六一）一二月から翌年一二月まで、遣欧使節団の一員としてフランス、イギリス、オランダ、ドイツ、ロシア、ポルトガルの六カ国を半年かけて巡った。三度目は、慶応三年（一八六七）の一月から六月まで幕府の軍艦受取委員の随員としてアメリカ東部諸州を訪れた。ずいぶん長い滞在期間であり、当世きっての西洋通になるのも当然である。

彼は、欧米での渡航体験に基づいて、あまたの著訳書を世に送り出した。アメリカ再訪の前年、慶応二年（一八六六）には早くも『西洋事情』の「初編」三巻を公刊する。続編である「二編」四巻の刊行は明治四年（一八七一）になったが、それ以前の慶応四年（一八六八）には「外編」三巻を出し、明治六年（一八七三）には、三部全一〇冊を合本にして刊行した。『西洋事情』は、積極的な啓蒙活動を繰り広げた原点とも言える編著である。

『西洋事情』の論述は、彼の創見だと思ったら大間違いである。かなりの意訳が含まれているにちがいないが、翻訳の域を出ない。「初編」巻一冒頭の小引によれば、その著述目的は、英米で刊行された「歴史、地理誌数本」から欧米主要国の社会情況に関する記述を抄訳し、史記（歴史）・政治・海陸軍・銭貨出納（財政）の四項目に分けて国別に紹介しようとしたものである。「初編」では二五項目を立てて各国に共通する梗概を「備考」として論述した後に、各論を展開する。「初編」「二編」で取り上げた国は、アメリカ、オランダ（「初編」巻二）、イギリス（「初編」巻三）、ロシア（「二編」巻二）、フランス（「二編」巻三、四）であり、さらに書ききれなかったポルトガル、ゼルマン（ドイツ）、プロシャを扱う「三編」の出版を予告したが、未定稿に終わった。

「外編」は、アメリカ再訪の旅から帰ってきて、「初編」での議論に不足を感じ、それを補完する目的で「チャンプルの経済書」を翻訳し、さらに他書からの抄訳を増補したものである。「チャンプルの経済書」とは、『チェンバーズ教育叢書』(Chambers's Educational Course) に収められた『（政治）経済学』(Political Economy, for

Use in Schools, and for Private Instruction, London & Edinburgh, 1852の1873年版）であり、著者は匿名であるが、スコットランドのジョン・ヒル・バートン（John Hill Burton）と判明している。諭吉は、その前半のソーシャル・エコノミーを訳出した。

　また、「二篇」巻一では、「初編」巻一の「備考」の追加説明として、「人間の通義」「収税法」を論述する。こちらも種本を自ら注記しており、前者がブラックストーンの「英律」（『英法講義』）（Sir.William Blackstone: Commentaries on the Laws of England, London, Oxford, 1765-69の簡略版）、後者はウェーランドの「経済書」（『経済学要論』）（Francis Wayland: The Elements of Political Economy, Boston, 1865）である。バートンやブラックストーンの著書は渡欧時に、ウェーランドの経済書は再渡米時に購入してきたものと思われる。新たに入手した洋書を読解し、要点を訳出して、最新情報を満載した欧米リポートに仕上げていったのである。

　以上のように、『西洋事情』には種本が存在する。しかしながら、他の啓蒙書に比べて格別の出来映えであるのは、入手した情報の豊富さに加えて、情報の選別、編集の方針に明確な意図が存在するからである。「初編」巻一の「備考」には、その一端が窺える。日本とはまったく異なる「西洋一般普通の制度風俗」を、二五条の項目に分けて選び出している。それこそ諭吉が見聞した欧米社会のエッセンスである。その条目を列挙すると、以下の通りである。

　政治・収税法・国債・紙幣・商人会社・外国交際・兵制・文学技術・学校・新聞紙・文庫・病院・貧院・唖院・盲院・癲院・痴児院・博物館・博覧会・蒸気機関・蒸気船・蒸気車・伝信機・瓦斯灯・附録

　政治、経済、軍事、外交から教育、医療、科学技術に至るまで、文明開化の道具はほとんど揃っている。日本の近代化を実現させる設計図が俯瞰されており、欧米文明社会の強烈なイメージを読者に植え付けた。

＊

『西洋事情』には、発刊以前に著述した写本がいくつか残っている。昭和三七年刊『福澤諭吉全集』(岩波書店)第一九巻には、慶應大学図書館架蔵本と大久保利謙氏所蔵本の二種の写本を校合した本文を掲載する。それによると、『西洋事情』初編、巻一とほぼ重なり合う構成であるが、項目や内容にかなり増減があるので、明らかに「初編」の未定稿であることがわかる。初編の執筆は、慶応二年七月の日付のある巻一、小引には同年三月から公務の合間に執筆し始め、六月下旬に脱稿した旨が記されている。一方、「写本」のほうは、大久保氏所蔵本は表紙の見返しに「慶応丙寅(二年)冬一一月写之」とある。それより遅れるが、富田正文氏の『考証　福澤諭吉』上(岩波書店、一九九二年)によれば、鹿児島大学図書館所蔵の写本の奥書に、もっと早い書写年代が記されている。すなわち、

元治元年甲子五月九日、駒井真栄并白石・芥川・河島・那須・南利・佐田之七子急写速終シタルヲ、同年師走中瀚於崎陽再写。

とあり(同書二三一頁参照)、元治元年(一八六四)五月九日に駒井真栄以下七人が速やかに書写し終えたものを、さらに同年師走中瀚(中旬)に崎陽(長崎)で再写したものである。したがって、初編成立より二年以上も以前に『西洋事情』と題する写本がすでに世に出回っていたのである。遣欧使節団の旅行から品川に帰ってきたのが文久二年(一八六二)一二月一〇日(翌日に上陸)であるから、それから一年数ヶ月の間に「初編」の骨子はほとんどできあがっている。その頃は攘夷運動が盛んで、洋学者には命を狙われかねない物騒な時期であった。だから、西洋紹介の翻訳書を公刊することがはばかられ、知人の間でこっそりと流布させたのかもしれない。

「写本西洋事情」(以下、「写本」)よりも前の西洋リポートとしては、渡米時の手帳(『西航手帳』)や渡欧

日誌（『西航記』）が残っている。「写本」「初編」いずれも、そこからの引用と思われる部分がかなりある。それぞれ比較すると、加筆修正の具体的様相が窺える。「写本」の条目は以下の通りである。

国政・紙幣・商社・軍制・学校・書府・病院・唖院・盲院・癩院・貧院・痴児院・博物館・製造局・蒸気車・伝信機・石炭瓦斯

「初編」と比べると、国政が政治・収税法・国債に分けられ、記載内容に増減もある。紙幣、商社、書府、盲院、癩院、痴児院、博物館はほぼ同じ記載、唖院は小さな訂正があり、逆に学校、病院では部分的なカットがある。一方、軍制、蒸気車、伝信機、石炭瓦斯は、大幅に改変し、新たな論述に差し替えている。「初編」で条目が脱落するは、製造局である。それは蒸気機関に書き改められ、蒸気船を加える。さらに「初編」で新たに立てられた条目には、外国交際、文学技術、新聞、博覧会がある。つまり、科学技術に関して、写本から初編に至る間に全面的な改訂を試みたことがわかる。

「文学技術」という用語は、「文明の政治の六箇条（の要訣）」として、「写本」では国政篇の冒頭に、「初編」では政治篇末尾の「ヨーロッパ政治家の説」に出てくる。「ヨーロッパ政治家」とは、ロンドンで出会ったシンモン・ペリヘンテという人物を指す。『西航記』には、彼に教えてもらった口述録がオランダ語で記されており、この六箇条がそっくりそのまま出てくる。

「写本」の国政篇には、初編にない論述がある。

英国は技術文学固より盛んなりといえども、国の風習にて学術の多くは疎漏に失し、真味を知る者少なし。故に古来欧羅巴にて諸件の発明あれども、多くは他邦の人の為せる処なり。然れども他邦にて発明することあれば、直ちにその法を取りその物を倣製し、かえって発明の国よりもこれを巨大にす。これ英国の軌模大なる処なり。

イギリスを発明模倣の国とする見方はユニークであ

るが、それを日本に置き換えることを目的とする立場からは不必要と思ったのか、「初編」ではカットする。その代わりに、「文学技術」の条目を立て、西洋の学術発展史を概観しながら、西洋文明を築きあげた科学技術の発展を略述する。そこでの「文学」とは「学問」という広い意味である。

説明文を要約すると、次のようになる。最初に古代ギリシャの学問をアラビア（イスラム）が回復させ、ヨーロッパに伝えたことを述べる。イスラム文化の流入による一二世紀ルネサンスの学説がすでに登場していることに少々驚かされる。この記述に続けて、ニュートンによる究理学（自然科学）の成立過程を以下のようにまとめる。中世では、ロージャー・ベーコンが実験（＝経験）の説を唱え、天文視学（天文観測光学）、化学、医学、器械学等を発明した。ただし、当時はなお草昧の世であり、この大学者も錬丹術、錬金術に力を費やし、占星術にも手を染めていた。一四二三年代に印刷術が発明された後には、文学（学問）は大いに進歩し、経学（政治学）、性理（哲学）、詩歌、歴史学は盛美を極めた。ところが、究理学（＝自然科学）だけがそうではなく、アリストテレスの学流に心酔し、附会奇異の神説を唱えて有用の実学に志す者はなく、一六〇〇年頃に至るまで依然として同じであった。ところが、フランシス・ベーコン、デカルトが出て、試験（＝実験）の物理論を唱えて古来の空談を廃し、ガリレオの地動説を立て、ハーベイの身体血液運行の理を発明した。さらに、千古不出世のニュートンが出て、万有引力の理を発明し、光線の効用を説き、物色（存在物と自然現象）の根源を明らかにし、造化（万物の生成）の秘訣は一つとして明らかでないものはなくなった。ニュートンの著わした『プリンキア』は、究理学の大本を説いたもので、世の学者はみなこれを宗とした。これにより西洋の学風は一変し、ニュートンの後を継ぐ人物が輩出して今日に及んでいる。

以上のように、西洋近代科学の成立史が、簡潔にまとめられている。この後に、一七〇〇年代のはじめより現今に至るまでの大発明を並べ立てる。

蒸気機関、蒸気船、蒸気車、伝信機、牛痘、麻布・綿布の染形、紡績織物の機関、石版、瓦児華尼（ガルハニ）鍍金（メッキ）、同模形、避電線、瓦斯光、空船等是なり。此外、越列機（エレキテル）・瓦児華尼（ガルハニ）の論説、視学、天文学に就て改正を加え、新器械を発明したること枚挙するに遑あらず。

エレキテル（越列機）、ガルハニ（瓦児華尼）とは、前者はガラスと金属を用いた摩擦発電機をエレキテルと呼んだことから摩擦によって生じる静電気であり、後者は電池による電気を指す。ガルハニはイタリアの解剖学者ガルバーニ（Luigi Galvani）のことで、彼が主張した流電気（動物電気）に依拠してボルタが電池を発明したのでそのような命名がなされている。静電気や電池を応用して動く電気器機が種々発明されていた。伝信機（電信機）が、その代表格であった。

このなかで、「初編」で条目を立てて説明するのは、蒸気機関、蒸気船、蒸気車（蒸気機関車）、伝信機（電信機）の四つに瓦斯灯を加えた五つの事項である。「写本」では製造局・蒸気車・伝信機・石炭瓦斯であったが、かなり大きな改訂がなされている。

以上のことから、「写本」を改訂し、『西洋事情』をまとめ上げた福澤の編集方針は明白である。情報探索の旅の記録をまとめた西洋世界のハンドブックから数多くの発明を生んだ技術をめぐる文明論、文明史へとスライドさせたのである。その結果、蒸気と電気の二大発明を中心に、再構成し直した。

蒸気と電気の二大発明の着想がはっきり明示されているのは、扉の挿絵である。真ん中にヨーロッパ上空から眺めた地球図があり、その円周上に放射状に電柱が立っていて電線が張りめぐらされており、さらに洋服を着た飛脚が電線の上を走っており、下方には波濤を渡る汽船、鉄橋を渡る汽車、山のはるか上空に飛揚する軽気球が描かれている。上面に「蒸汽済人電気伝信（蒸汽人を済（わた）し、電気信を伝う）」の八字がある。蒸汽（蒸気）を応用した乗り物は人力の助けとなって遠くまで迅速に人間を運び、電気を応用した通信システムは世界中に直ちに音信を伝えることができる、と

『西洋事情』扉の挿絵　個人蔵

いう意味だ。

蒸気と電気の原理的発見は、文明の利器を様々に生み出し、一九世紀以降の近現代社会を建設した立役者にちがいない。それを挿絵一枚に見事に描き出している。ここだけ蒸気の「気」に「汽」を用いる。『福澤諭吉全集』緒言によると、諭吉はスチーム訳語を一字に縮めたいと思って『康熙字典』を博捜し、「汽は水の気なり」とあるのを見つけて、「汽」字を用いることにしたのであり、汽車、汽船と言うのはそこに始まり、口絵に「蒸汽」とあるのは対句のために一字加えたと述懐している。「気」という用語は東アジア自然学の中心概念であり、蒸気や静電気も現象としては見慣れたものであった。しかし、百人力以上の動力に変換したり、遠隔地の交信に活用するという発想は東洋人に思いも寄らないことであった。したがって、蒸気と電気の発明品を武器にして利発で雄弁な啓蒙家に攻め立てられては、東洋の伝統科学に勝ち目はなかった。

西洋の発明品を珍重するのは、蘭学時代からそうであった。しかし、「初編」の備考で強調されたことは、それが西洋文明の水準の高さを証明するものであり、その文明の利器を生んだサイエンス、それを普及させた社会や経済の移植が文明開化に不可欠である、ということであった。蒸気と電気の文明開化は、日本の近代化に急務であることを人々に明示したのである。したがって、『西洋事情』は翻訳というスタイルであっても、きわめてすぐれた科学啓蒙書であった。そして、文明開化の理論武装を行い、理念を提供という点で、政治思想書に近い役割を果したのである。

*

文明の利器をめぐる文明論、文明史（開花史）への傾斜は、以降の著作に次第に顕著になってくる。それが最もまとまった論述になるのが、『民情一新』（一八七九）である。その緒言では、西東の文明開化の深浅が、徳教、文学によるものでも、理論によるものでもなく、「人民交通の便」にあるとする。交通の便を開くことが「人の身心を実用に導くの一大原因」であり、東洋諸国が開明に至らないのはその不整備による。一方、西洋においては、一八〇〇年代になって、蒸気船、蒸気車、電信、郵便、印刷の発明工夫を「あたかも人間社会を顛覆するの一挙動と言うべし」と論じている。そして、第三章には、「蒸気船車、電信、印刷、郵便の四者は千八百年代の発明工夫にして社会の進上位を心情を変動するの利器なり」と題して「蒸気船車、電信の発明と郵便、印刷の工夫」を詳論する。蒸気と電気の二大発明に郵便、印刷を加えた四大発明とする。

ただし、緒言で、印刷も蒸気機関を用い、郵便の配達に蒸気船車を用い、電気も蒸気によって実用をなすから、「人間社会の運動力は蒸気にあり」と言うことができ、一八〇〇年代は「蒸気の時代」、現代文明は「蒸気の文明」であり、「世界一新の紀元と称すべきものなり」と述べている。

以上のような技術文明論は、福澤諭吉の個性も発揮されているが、もちろん西洋の文明論に強い影響を蒙ったものである。『西洋事情』外編の種本であるバートンの『(政治)経済学』でも、蒸気機関や電信機の発明が経済の発達に大きな作用を及ぼしたことが力説されている。諭吉は、それを読んでさらに確信したことであろう。『民情一新』では、知性の開発という側面が強く主張される。その文明史観は、H.バックル(H.T. Buckle' 1821-61)の『英国文明史(開化史)』("History of Civilization in England")に強い影響を受けたものと思われる。

ともかく、福澤は、開国後の日本が文化的な遅れを取り戻すには、蒸気機関の乗り物と電信機の通信手段が必須のアイテムであることを痛感したにちがいない。そこで、その二大発明を文明の利器と喧伝することで、伝統社会も民心も一新してしまおうと企てたわけである。『西洋事情』から『民情一新』に至る啓蒙書によって、その目論見は見事に成功する。

ところで、福澤諭吉は自らの全集を刊行するにあたって第一巻の巻頭に掲げる緒言を著わし(明治三〇年九月脱稿)、刊行前に時事新報に明治三〇年(一八九七)一一月二日から二五日まで二一回にわたって連載した。『西洋事情』の解説で、緒方洪庵の塾での蘭学修行を振り返った後に、欧米旅行に言及する。その回想録にちょっと面白いことが記されている。すなわち、欧米諸国を巡回して、「文明の文物、耳目に新たならざるはなし」としながら、滞在中にいろんな人物に面会して教えを拝聴したが、相手が念入りに講釈する学術上のことは、先方が思うほどに珍しくなく、日本ですでに学習した了解済みのことであったとする。その具体例として、蒸気機関、汽船、汽車、電信を挙げている。その理由を述べて言う。

……蒸気、電気のごときは、日本に在るとき、出

> 来るだけの力を尽くしてその大体を考究し、当時最近のフハラデー電池の事なども既に原書を熟読して飽くるまでも了解しおることなれば云々

『福翁自伝』（一八九七）にはもっと詳しく述べられている。「始めてアメリカに渡る」章で「事物の説明に隔靴に嘆あり」と小見出しをつけて、カリフォルニアの製鉄所を見学した時のことを語る。

> 　アメリカ人の考えにそういうもの（電信、ガルヴァニの鍍金法）は日本人の夢にも知らない事だろうと思うて見せてくれた所が、此方はチャント知っている。これはテレグラフだ。これはガルヴァニの力でこういうことをしているのだ。また砂糖の製造所があって、大きな釜を真空にして沸騰を早くするということをやっている。ソレを懇々と解くけれども、此方は知っている、真空にすれば沸騰が早くなるということは。かつその砂糖を清浄にするには骨炭で漉せば清浄になるということもチャント知っている。先方ではそういう事は思いも寄らぬ事だとこう察して、懇ろに教えてくれるのであろうが、此方は日本にいるうちに数年の間はそんな事ばかり穿鑿していたのであるから、ソレは少しも驚くに足らない。

回想録においてフハラデー（ファラデー）の原書を熟読したというエピソードは、自伝とともに『福翁百余話』（一九〇一年）にも載っている（一七話、物理学）。両書の話をかいつまんでまとめると、次のようになる。

緒方洪庵の適塾で学ぶ蘭書は医書が中心で、物理書はSchool boek（教科書）又はVolfs Natuurkunde（自然科学入門）という小中学校の教科書レベルのものしかなかった。ところが、筑前の黒田侯（長博）が長崎で購入した近刊の蘭書を、大阪中ノ島の筑前邸（福岡藩の大阪蔵屋敷）に侍医として出入りする緒方洪庵先生が借りてきた。それは「ワンダーベルツ」と題する究理書であった。パラパラとめくると、新奇な電池の

図解が眼に止まり、一見で魂を奪われた。借用の期日は、黒田侯が大阪に滞在する二泊の間しかない。そこで、一〇〇〇ページのなかで末段のエレキテルの部分だけでも、塾生が交替で書写することになった。緒方塾では、会読の前に原書の書写をするのが日課で、原書を読み上るのを聞き取ってミスなく書き写せる能力をみんなが身につけていた。そこで、一人が読み上げた、一人が写すというういつものやり方で書写し、疲れたらすぐに交替して、二夜三日約六〇時間ぶっ通しで行って、百五六十に及ぶ枚数を本文も図も何とか書き写し、校正も終え、読み合わせもできた。購入価格は大金八〇両とかで、返却する時には幾多の貧書生はあたかも父母に離るる思いをして原書に別れを告げたという。コピー機で容易に複製が入手できる今日では、考えられないことだ。

さて、写本を熟読してみると、驚くばかりの内容だ。エレキトル（エレキテル）やガルハニに関する区別やボルタの電池に作り方に関する知識はすでに入ってきており、幕末の蘭学者には既知のことであった。ところが、書写したファラデーの新説は、それらとは隔絶した内容で、発電器を図解した新奇な説明に一同は心を奪われた。とりわけ、元素記号によるメンデレエフ周期表（当時は六二元素だった）はなんのことかわからずに、緒方の塾生の慌てさせたが、理解が進むにつれて驚嘆を増していった。

蘭書の「ワンダーベルツ」とは実は著者名であり、オランダの科学教育家フォン・デル・ブルク（Pieter van der Burg, 1808-89）が著した自然科学の基礎理論を解説した啓蒙書〝Eerste grondbeginselen der natuurkunde〟（一八四七、一八五四版もある）を指す。このエピソードは、福澤が塾長をしていた安政四年（一八五七年）の話である。あたかも緒方塾だけがファラディの新説を知っていたかのような書きぶりであるが、そういうわけではない。三田藩出身の川本幸民が『理学原始』と題して翻訳し、安政元年（一八五四）に鹿児島藩の島津斉彬に三田藩からに招かれた際に、それを種本にして教授している。田中綱紀が筆記した『遠西奇器述』第一、第二輯がその講義ノートであるが、田中の凡例に「多くは一八五二年（嘉永五）に撰した所のオランダ人ファン・デル・ベルグの『理学原始』より出ず」とあるのはこの蘭書にほかならない。

『遠西奇器述』に解説する器機は、第一輯（一八五四年刊）では直写影鏡（銀板写真機）、伝信機、蒸気機（排水ポンプ用の蒸気機関）、蒸気船、蒸気車、第二輯（一八五九刊）では電気模造機（電気メッキ装置）、写真器、燐柳（マッチ）、気球（軽気球）、気車（大気圧機関車）などである。福澤の『西洋事物』に取り上げた発明品が、すでにそこに紹介されているのだ。この頃にはすでに開国した後だから、蒸気船も電信機も模型や実物が入ってきていたが、蘭学書でそれらのメカニズムに論及したものとしては、もっとも早いほうに属する。彼が二大発明を基軸にした啓蒙活動には蘭学の知識が基礎になっており、それが自負できるほどに水準の高いものだった。しかも、『西洋事情』成立以前には、その西洋技術論と重なり合う先駆的な啓蒙書がすでに存在していたことも指摘できる。

その意味では、江戸の蘭学と明治の洋学は連続している。しかしながら、福澤諭吉は、自分史においては教養の基盤としての蘭学、洋学は認めるものの、そのような記憶をも消し去って前近代の学術文化すべてを捨て去ろうとするのである。江戸後期には、和算、天文暦学、医薬学や技芸のどの分野にも、漢方、和方と蘭方が次第に折衷的に混ざり合い、幕末にはハイブリッドな科学技術が醸成しつつあった。しかしながら、欧化政策の推進者は、江戸と明治に断層を意図的に創出させ、伝統科学文化の発展的継承を放棄し、蘭学、洋学の成果をもスポイルしてしまう。その結果、近代化路線を猛スピードで駆け抜けることができたかもしれない。しかし、自然科学の伝統意識は希薄であり、日本の技術的伝統が矮小化されるという弊害に陥っているように思われる。伝統科学文化の立場から欧化日本の「社会現象」を総括するならば、福澤諭吉の科学啓蒙や晩年の述懐は、また別の意味合いを持ってくるにちがいない。そのような視点の反転が、欧米偏重の近代化がもたらした現状の弊害を打破し、古今融合、東西統合による調和型文明を創出するために、不可欠であるように思われる。

第Ⅲ部　医学医療文化史

第一章　江戸時代の和算塾の様相

佐藤賢一

第一節　和算と漢学の接点

近世・江戸時代の日本で研究された数学のことを、現在「和算」と通称している。本章では、和算の教育が行われた場としての塾、あるいは藩校について、いくつかの事例に基づいてその実相を紹介したい。

江戸時代の日本には、中国から数多くの数学書や計算道具が伝来したが、ほかの学術技芸と同様、それらの伝来は必ずしも体系的、かつ順序立ててもたらされたものではなかった。偶然の結果、国内にもたらされた事物が独自の展開への準備となっていたことが、和算の歴史でも観察できる。[*1]

和算が明確に中国数学の影響を受けて展開した契機は、少なくとも三回ほどあった。第一の波は、近世初期に計算道具としてのそろばんとその解説書（程大位《ていだいい》『算法統宗《さんぽうとうそう》』一五九二年）が伝来したことである。これを参考にして吉田光由《みつよし》『塵劫記《じんごうき》』（一六二七年）が刊行され、国

＊1　本章の和算に関する全般的な情報については、佐藤賢一『近世日本数学史』（東京大学出版会、二〇〇五年）を参照。

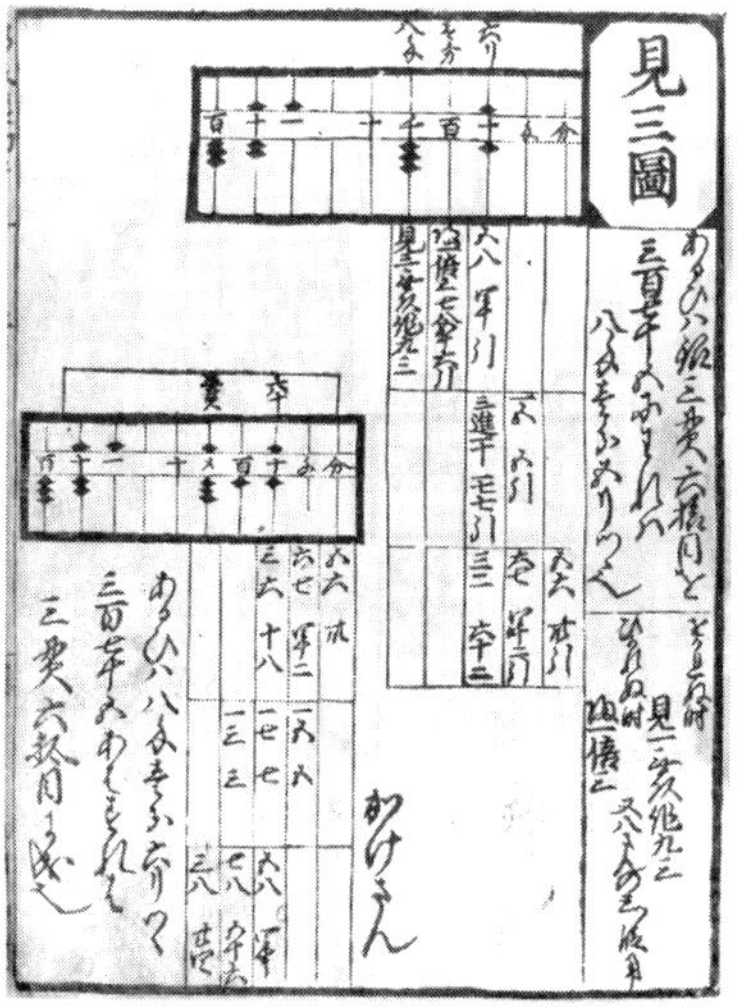

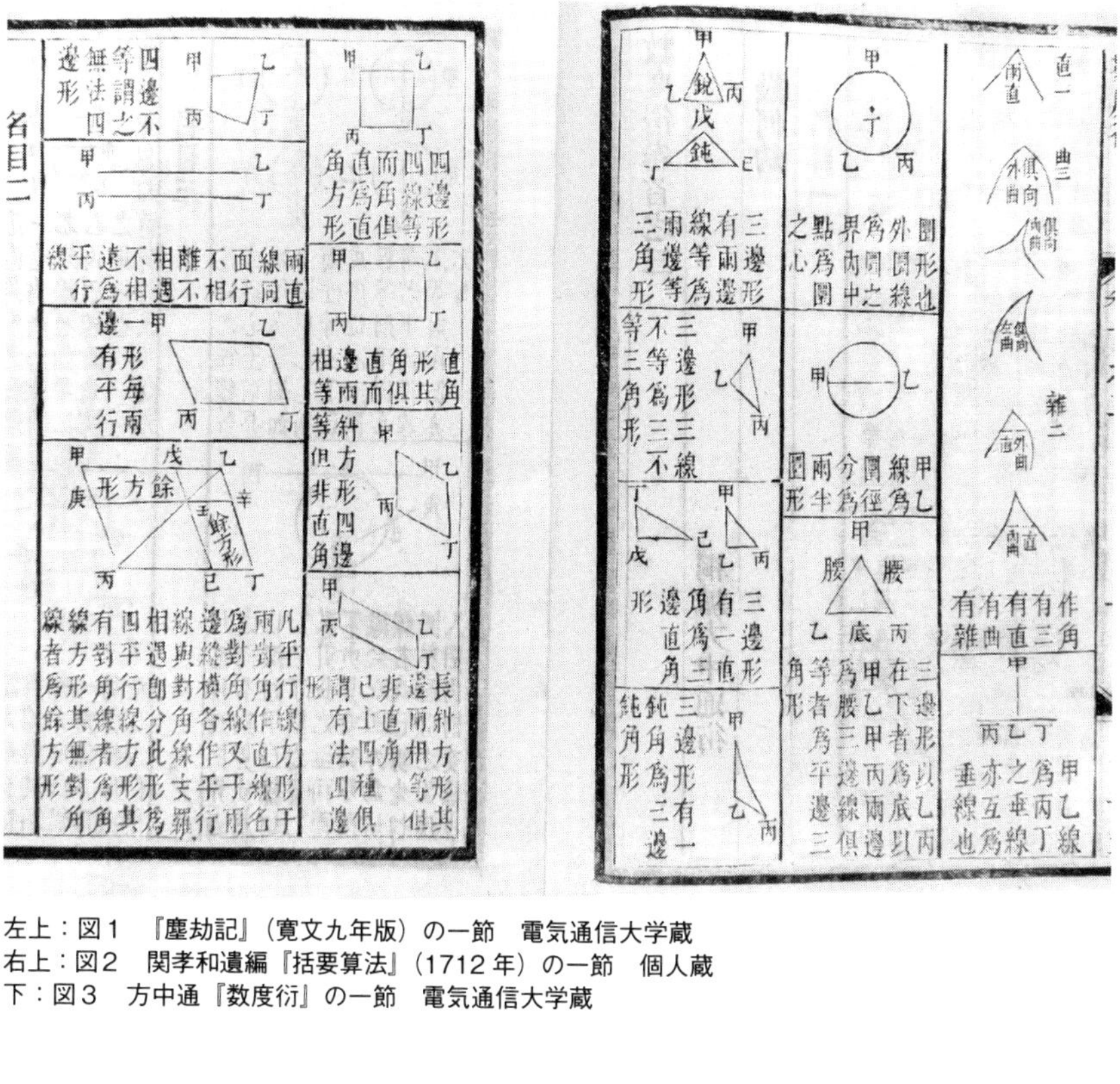

左上：図１　『塵劫記』（寛文九年版）の一節　電気通信大学蔵
右上：図２　関孝和遺編『括要算法』（1712 年）の一節　個人蔵
下：図３　方中通『数度衍』の一節　電気通信大学蔵

内にそろばんが普及する端緒となった。

『塵劫記』以後、和算は学術としての高度化を遂げ、問題解法の手詰まりが明らかになった。ちょうどその折、国内に渡来して残存していた、元代の数学書である『算学啓蒙』(一二九九年)によって、中国本土では忘れられていた数学の技法である天元術が再発見される。一六七〇年代のことであった。これが、中国数学の影響を受けた第二の波となる。

天元術の再発見によって、和算では現代でいうところの代数方程式を用いる問題を解くことができるようになり、数学研究の領域が一気に広がった。さらに、これを応用拡張して一般化を成し遂げたのが、和算家として著名な関孝和《せきたかかず》(?—一七〇八)である。*2

このように、中国由来の数学技法が和算に導入されたわけである。興味深い点は、天元術の開発は南宋末・元朝初期のことで、明代に普及したそろばんのほうが先に和算を刺激したということ、つまり、日本への影響が必ずしも歴史的な順序に従っていたわけではないことである。

第三の波は、八代将軍徳川吉宗の治世のうちに起きた。関孝和の弟子で、吉宗に重用された建部《たけべ》賢弘《かたひろ》(一六六四—一七三九)が改暦の準備のため、中国の暦算書《れきさんしょ》を輸入できるよう進言したことが発端となった。明朝末期以来、中国では暦作成の業務にイエズス会宣教師が関与していることから、建部と協力者であった中根《なかね》元圭《げんけい》(一六六二—一七三三)らは、この方面の情報の正確さを求めるには、イエズス会士らが関わった暦算書の輸入は不可欠として、

*2　関の事績については、上野・小川・小林・佐藤『関孝和論序説』(岩波書店、二〇〇八年)を参照。

禁書の緩和措置をとるよう吉宗に裁許を仰いだ。[*3] その結果として、たとえキリスト教関係者の著述であっても、純粋に内容が暦算書である場合は、その輸入を解禁する決裁が一七二〇年に下りたのである。[*4]

この緩和措置によって、従来、長崎で焼却処分されていたイエズス会士等の翻訳による数学書『幾何原本《きかげんぽん》』や、測量書『測量法義《そくりょうほうぎ》』などが国内でも流通する道が開けた。他にも、梅文鼎『暦算全書《れきさんぜんしょ》』（一七二三年）や方中通《ほうちゅうつう》『数度衍《すうどえん》』（一六六一年）が伝来し、国内で八線《はっせん》表《ひょう》（三角関数表）や西欧の幾何学が研究される端緒ともなった。

この享保期以降においても、西欧の科学技術や中国の暦算書が体系的に日本に伝来したわけではない。当初、八線表が『暦算全書』本体から分離した形で輸入されたという不測の事態もあった。そもそも、イエズス会士はその教義的な理由からガリレオ・ガリレイ以後の天文学の成果を中国にはもたらしてはいない。日本がガリレオ以後の天文学の成果を知るのは、オランダ貿易の副産物としてもたらされたオランダ語の書籍による情報からであった。

この第三の波は、正確を期すならば純粋な中国数学の伝来ではなく、中国語を介した西洋数学の伝来ということになる。それまで完全にキリスト教由来の言説を拒絶する建前であった幕府の方針が一部緩和された意義は大きく、今でいうところの科学技術分野における漢学と西欧学（限局すれば蘭学）の併存・折衷を許す国内の雰囲気を醸成したことは特筆すべきであろう。[*5]

＊3　渡辺敏夫『近世日本天文学史』上（恒星社厚生閣、一九八四年）第六章を参照。

＊4　大庭脩『徳川吉宗と康熙帝』（大修館書店、一九九九年）第四章を参照。

＊5　当時の実態に即した言い方をすれば、科学技術と言うよりは「実学」に資する情報が導入されたと見なされる。

このように概観すると、和算と中国数学の関わりは、そろばん計算に代表される日常算術から始まり、中国本土では失われてしまった技法（天元術）も取り込んで応用展開する。そして、中国的な暦算の最新情報を参照しようとしたところ、意外にも西欧数学との接点を見いだしてしまったという興味深い展開となっている。庶民的な算術から士大夫の知識である暦算まで、区別なく雑多に摂取して進められたのが和算研究であったという見方もできるだろう。通商関係はありながら、直接的な知識人同士の交流がなく、物と情報だけが移動していた日中間での学術交流（むしろ、中から日への一方通行）の帰結はこのようなものであった。

第二節　和算とその教育制度

それでは、和算はどのような教育体制の元で国内に普及したのだろうか。

近世日本における教育機関は、庶民の寺子屋、藩に設置された藩校、幕府の学問所など、複数の様態があった。しかし、いずれも正規のカリキュラムとして高等なレベルまで含めた算術を採用していたところは少なかった。寺子屋では、そろばん計算程度の算術を教える教場はかなりあったが、高度な和算まで教授することは稀であった。むしろ、そのように本格的な和算は専門の塾で学ばれることが一般的であった。ここでは、塾の実態を紹介する前に数少ない事例となる、藩校での和算教育を紹介しよう。

上：図４　武田真元『算法便覧』の一節（電気通信大学蔵)。和算塾の風景を描写していると考えられるが、実は『摂津名所図会』に収録されている古義堂の講義風景（下:図５　国文学研究資料館蔵）の構図に酷似している。この和算塾の描写に、どの程度のリアリティーがあるかは甚だ疑問である

近世期に多数設けられた藩校のなかでも、最初期に本格的に算術科を置いて和算教育を実践していたのは、仙台藩の養賢堂であった。一九世紀の初頭一八一一年には既に算術科を設置して関流の和算を二名のスタッフの元で教育している。受講生は四八名、常時出席しているのは二〇名弱ほどだった、と記録には残されている。[*6] なぜ、仙台藩がこのように算術に対して高い意識をもって取り組んでいたかといえば、一八世紀後半に関流の和算を修めた藩士・戸板保佑（一七〇八—一七八二）が仙台藩内に関流の和算を普及させたからである。[*7] さらに、戸板は関流とともに当時の暦を掌る家柄でもあった土御門家に入門していたこともあり、東アジア的な暦算の伝統にも意識的であった。それだけに、仙台藩の養賢堂では暦学の基礎としての和算という位置づけももっていたと考えられる。

さて、一般の和算家による塾での教育についてみてみよう。

近世前半期（一七世紀）は、塾の姿を伝える史料は思いのほか少ない。和算書の端々に「門人」との言葉が出てくるので、師弟の間で何らかの教育活動が行われていた形跡はうかがえる。和算家の個人宅での教授か、あるいは勘定方のようなそろばんを専門とする部署内での職場教育があったであろうと推測される。

近世後半ともなると和算を嗜む人口が増え、各地に和算塾が展開していく。多くの場合、それぞれの集団が流派を名乗り、その流派が家元を立てて塾運営をしていくという形式が定着していく。近世後期の最大の流派は、関孝和を元祖と仰ぐ関流であった。[*8] 家元が構えた塾

＊6　佐藤賢一『仙台藩の和算』（南北社、二〇一四年）第五章を参照。

＊7　戸板には『関算四伝書』『天文四伝書』という膨大な編纂物がある。東アジア数学史研究会編『関流和算書大成』（勉誠出版社、二〇〇八年）第一巻解説を参照。

＊8　紛らわしいが、関孝和存命の頃に彼らは「関流」を自称してはいない。孫弟子、曾孫弟子の世代から定着した名称である。

の経営は、門人として和算を趣味として嗜む階層の授業料・免許料が基盤となっていた。
塾の規模、運営様式はそれこそ各個各様、千差万別だったと考えられる。江戸・大坂に塾を構えた流派は大規模になったであろうし、地方では寺子屋も兼業していた小規模な和算塾もあった。たとえば、備中井手に居を構えていた和算家の小野光右衛門《おのみつえもん》（一七八五―一八五八）は、本職は村の名主であったが寺子屋も開いていた。*9

ここでは、和算塾の実態を垣間見させる史料をいくつか紹介したい。但し、史料は体系的・網羅的に残存しているわけではないので、紹介できる事柄は少数例であるということはあらかじめ断っておかねばならない。塾の運営を示す史料には、たとえば次のような種類がある。入門誓詞・門人録・免許状・教授目録・伝授料一覧表・通信添削をした書簡、などである。*10

最初に紹介をするのは、現在の石川県内で普及した関流の一派、瀧川有乂《ありはる》が主宰した塾の内規をまとめた『規矩亭式目《きくていしきもく》』（一八二九年）*11である。瀧川の塾では、門人を免状・中段・初段・五箇条・上徒・中徒・下徒の七段階に区分し、塾運営をこの区分に基づいて決定していた。たとえば、稽古日設定もこの区分ごとに決められ、塾から借り出せる書籍の冊数も同様に制限が設けられていた。

塾内には門人名を記した「懸札《かけふだ》」が用意され、年に四回昇級・降級の機会があった。初段以上の門人になると、懸札を塾内では削除されず、「勝負」もない。この勝負とは、五箇条までの門人に適用されるもので、月に一度、門人の成績を決定するために行われた。想像す

*9　この寺子屋に通っていたのが幼少期の金光教組・赤沢文治であったという関係から、現在、小野の遺品が金光図書館・博物館に残っている。

*10　国内で和算関係史料を網羅的に所蔵している機関は、日本学士院と東北大学である。それぞれ一万点規模のコレクションを誇るが、上述したような和算塾に関する史料は思いのほか少ない。

*11　日本学士院所蔵。請求番号五八二七。

るに、門人たちが発案、あるいは師範から提示された数学の問題の応酬で、この勝負の判定はなされたのであろう。

すべての和算塾が、『規矩亭式目』に記されているような塾内規則をもっていたわけではないが、現代の武術道場などにも継承されているシステム（昇級試験や懸札制）が和算の塾にも用いられていたことは、その雰囲気の一端を示してくれる。

家元を頂点とする塾の経済基盤は、門人からの入門料や伝授料で賄われていたが、和算とも関連のある測量術を教授していた塾には、免許の段階ごとに徴収する額を示す史料が残されている。内藤久賢『規矩術本伝』（一八三〇）[*12]に、次のような記載がある。

入門　金二枚（諸侯）／白銀五枚（旗本）／白銀二枚（平人）
本伝　金五枚／白銀二〇枚／白銀一五枚
別伝　金七枚／白銀三〇枚／白銀二〇枚
国図要録　金七枚／白銀三〇枚／白銀二〇枚
印可初伝　金七枚／白銀三〇枚／白銀二〇枚
印可奥伝　金一〇枚／白銀三〇枚／白銀二〇枚
指南書伝　金五枚／金三枚／金二枚
量遠里術　金五枚／金三枚／金二枚
中居真術　金七枚／金五枚／金三枚

＊12　日本学士院所蔵。請求番号六二〇七。ここでは本文の内容を整理して、箇条書きとする。

図6　明治45年、宮城県塩竈神社に奉納した算額を前にして記念撮影をする関流和算の社中の面々。奉納をしたのは、岩手県一関の和算家、千葉六郎　一関市博物館蔵

極伝　極秘

この一覧によると、内藤の塾では、入門・本伝から始まる段階的免許に対して、身分別の料金設定がなされていたことがわかる。諸侯・旗本・平人という三区分がその身分設定である。これをみると、各段階の料金設定がかなり高額だったのではないかという印象を受ける（極伝は極秘として伝授料が伏せられている）。このような額が支払える階層のみ入門を許したという実態もあるかもしれないが、当時、このような形式で伝授料が設定されていたという事例として紹介する。

一般に、和算を学びたい入門者は塾に対して入門誓詞を提出し、門人録に記名する。その後に入門料を支払い、塾内での教育・試験（前術のような勝負）を経て段階的に免許の高位まで上がっていく。最後は免許皆伝（印可ともいう）に到達するが、そこまでの間に支払われる稽古料・免許料が塾の収入となる。和算家のなかには、遠隔地の門人に対して出張教授をする遊歴和算家という人々もいた。また、同じく遠方の門人からの書簡に添削をする通信教育というべき形式も取られていた形跡も確認できる。このような塾の運営システムのなかで、頻繁に実践された対外広報活動ともいうべき習慣があった。それは、「算額」の奉納である。次に、これについて説明をしよう。

第三節　和算塾の対外広報手段――算額奉納

和算家が算術の問題と解答を絵馬に仕立てて寺社仏閣に奉納することが、江戸時代後半に習慣化した。この算術の問題を絵馬仕立てにしたものを「算額」と称しているが、主として塾の同門有志が、連名で地域の著名な社寺に奉納することが多かった。全国各地に和算家たちの奉納した算額は現存し、一〇〇〇枚近くを数えている。[*13]

この算額奉納の習慣は、和算塾の対外広報的な意味合いをもっていた。不特定多数の目に触れる機会の多い寺社にこれを奉納することで、地方の和算家たちはその算術修業の成果を

＊13　深川英俊『例題で知る日本の数学と算額』（森北出版、一九九八年）付録「全国算額一覧」を参照。

さほどの経費も掛けずに塾外にアピールすることができた。当時の和算書のなかには、算額の問題のみを収録したものも刊行されており（後述する『神壁算法《しんぺきさんぽう》』ほか）、地域の和算家とはいえ、優れた算額の問題を掲出すれば全国的な知名度を得る可能性も開けていた。

数多く奉納された算額であったが、和算塾の内情を示す興味深い史料がいくつか残されているので紹介したい。

最初に紹介するのは、『算額下書』[*14]である。この史料は一八四一年、常陸国戸塚和儀による序文をもつ一冊で、算額の問題がいくつか書き連ねられている。算額の奉納先は地元の鹿島神宮であったようだが、現在のところ、鹿島神宮への算額の奉納記録は残っておらず、実際にこの下書きの算額が奉納されたかどうかは確認できない。[*15]この史料の圧巻は、末尾に記された多数の門人名・関係者の一覧である。地元を中心とした六〇〇名以上の名前が確認でき、なかには若干の女性名も認められる。はたして、この算額に関わった関係者がこれほどいたのであろうか。疑問は残るが、ひとまずこの史料に目を向けてみよう。

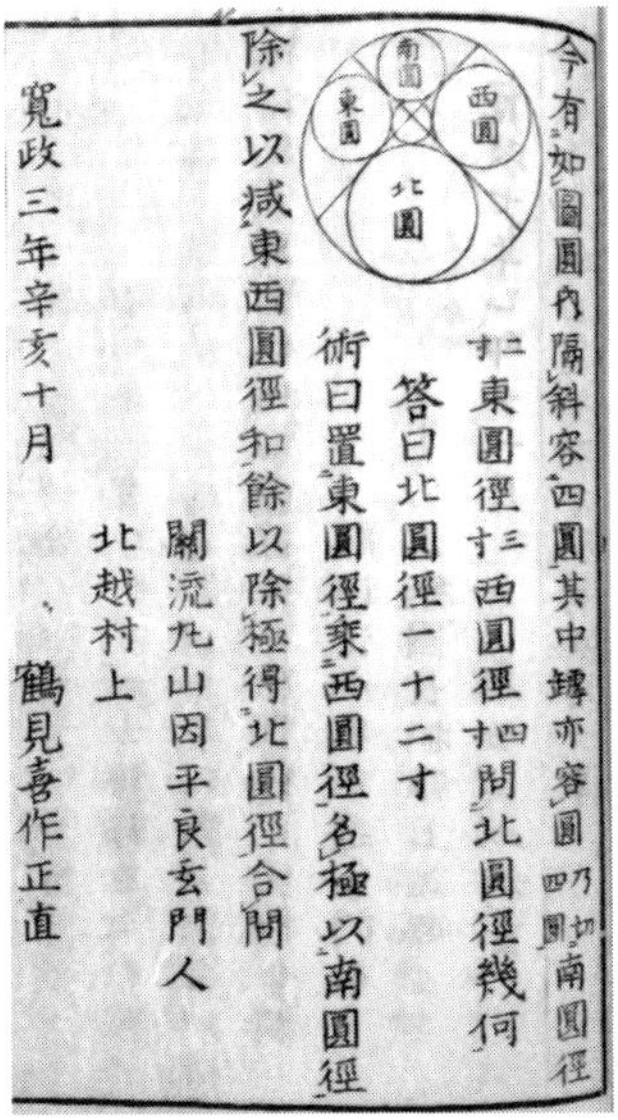

図７　藤田嘉言編『神壁算法』の一問。越後村上羽黒山に鶴見が寛政三年に奉納したとされるもの　電気通信大学蔵

下書きの問題を詳細に眺める

＊14　茨城県立歴史館所蔵、石川三郎家文書一六五六。この史料は表紙が破損し、原題が不明。『算額下書』は仮題である。

＊15　松崎利雄『茨城の算額』（筑波書林、一九九七年）を参照。

と、解答者の欄が空白であったり、付箋で後から解答者名を指示している痕跡が認められる問題もある。このような史料の状態を観察すると、最初に問題と解答を記し、その後に担当者を「割り振った」ことがうかがえる。つまり、この算額奉納は、主宰者側が問題設定から担当者の割り振りまでを差配して、門人らは直接出題と解答には関わっていない可能性が高いことになる。

この一例が特殊なのか、それとも和算の算額奉納では普通の事例だったのかをにわかに判断することはできないが、算額奉納の実例を検討する際には、このような作為が加えられた可能性も考慮しておかねばならないだろう。

この鹿島神宮の算額の下書きは、まだ穏当な事例かもしれない。算額を巡っては、競合する流派間での確執の火種にすらなることがあった。

一八世紀末から一九世紀にかけて、関流に対抗する流派として会《あい》田《だ》安明《やすあき》（一七四七―一八一七）率いる最上流が活動をしていた。会田とその門下は、盛んに関流を批判する和算書を刊行し、関流の一部もそれに応じて激論を交わすこととなった。

その余波というべき事件が、算額の問題の有無に関して勃発した。会田安明が記した『所懸越後国諸堂社算額之写《えちごのくにしょどうしゃにかけるところのさんがくのうつし》』*16のなかに、その顛末が記されているので概要を紹介しよう。

関流家元の和算家・藤田嘉言《よしとき》の著書に、『神壁算法』（一七八九年／増刻一七九六年）がある。本書は、関流の藤田門下が各地に奉納した算額の問題を収録した算書だったが、その一問に

＊16　東北大学附属図書館狩野文庫蔵。請求番号狩七―一九九〇六。

会田が疑問を呈したのが事の発端であった。その問題は、越後国村上羽黒山に、関流丸山因平の門人、鶴見喜作正直が一七九一年（寛政三年）に奉納したものであった。

この一問について、会田は次のように語る

> 此題術村上ノ羽黒山ニ懸ルト云コトハ偽リナリ。此術ハ其比（辛亥）藤田定資［引用者注・嘉言の父］得ルコト能ハザルノ術ナリ。其得ルコト能ハザル証ハ甲寅十一月予ガ門人市川（後改市野）金助茂喬ナルモノ此類題ヲ東都牛込神楽坂善国寺毘沙門天ニ捧テ関流ノ學士ニ其術ヲ問。然ルニ関流ノ学徒八箇月ヲ経テ終ニ其術ヲ得ル人ナシ。［中略］門人茂喬翌乙卯五月其答術ヲ自ラ毘沙門天ニ奉ルモノ也。

そもそも、この問題は一七九四年に自分の弟子の市野金助が算額に仕立てて善国寺毘沙門天に掲げたもので、これに対して関流は何も反応しなかった。だから、その三年前にこの算額があったという話はおかしいというのが会田の主張である。その主張を立証するために、会田は次のようにして現地調査を試みる。

> 此類術ヲ越後国村上羽黒山ニ懸ルト云モノハ甚アヤシク疑シキコトナリ。故ニ予、其疑ヒヲハラサンガ為ニ奥州二本松ノ門人渡部治右衛門方へ申遣シ、其虚実ヲ糺サシム。故ニ治右衛門其門人ヲ越後へ遣シ其算額ヲ見セシム。然ルニ村上ノ羽黒山ニ其算額アルコト無シ。仍テ社人ニ逢テ其有無ヲ問フ。社人ノ曰ク、当社ニ算術ノ額懸リシコトハアルコトナシ、ト云。故ニ関流ノ徒、此額ヲ懸ルト云モノハ虚偽ナリ。

会田は、奥州の二本松にいる門人・渡部治右衛門に調査を依頼した。要請を受け、渡部は自らの門人を越後国村上に派遣する。その門人が得た情報によると、「現在、その算額は羽黒山に存在しない」「その神社に算額が奉納されたことすらない」という事実であった。この情報を得るとともに、会田はさらに算額の奉納者の情報をも別ルートで探索する。

又曰、越後国ニアル所ノ予ガ門人等ニ其有無ヲ問フニ、無キコト明白ニシテ、其額主鶴見喜作正直ト云人モナシトナリ。又曰、丸山因平ハ其比藤田ガ門人ニアラズ。其後五年ヲ経テ乙卯年初テ藤田ノ門人ト成〔中略〕此ノ如ク人ヲ欺キ神仏ヲナヒガシロニシ虚偽ヲ以テ常トスルハ如何ナルコトゾ

越後に住む会田の門人に対して、鶴見なる人物がいるかどうかを会田は探らせる。結果は、「鶴見という人物はいないこと」、しかも、師匠筋とされる丸山は「この奉納時期には関流の藤田に入門していなかったはずである」という情報であった。一連の探索の結果、関流の側が算額を捏造していたことが明白になったわけで、会田が「神仏を蔑ろにした」と憤るのももっともであろう。

この事例は、一方の流派が算額を捏造したという疑惑をともなう事態にも発展してしまったケースである。現代の学術論文の捏造事件を彷彿とさせる気配もあるが、江戸時代の頃から、すでにこのような事件があったということは銘記しておくべきであろう。

単なる算額の捏造事件としてこの一件を取り上げるだけではなく、別の観点から和算塾の

話題と関連させて考えてみたい。

算額捏造の疑いがもたれたとき、会田は各地の門人に依頼して情報の探索を進めている。江戸の家元和算家と地方の門人たちの間に、このようなネットワークが形成され、師弟間の信頼関係が強固であったことをうかがわせる。この間のやりとりは、おそらく書簡でなされたのであろうが、普段からの和算に関するコミュニケーションの実績がなければ到底実現しなかったのではないかと思われる。同様の事情は、関流の側にもあったと予想される。『神壁算法』の題材になる情報源は、地方の関流和算家にも周知され募集されていたものだったはずである（ただし、編集の段階で改変・捏造が紛れ込む可能性を、現代に至るまで看過していた点は反省が必要である）。以上の事例は、和算塾内での具体的な人の動きがみえる格好の出来事であったともいえよう。

以上、いくつかの史料を紹介しつつ和算塾の様相を瞥見した。近世期の史料的な制約もあり、近代の学校制度史のようにカリキュラムや職員名簿のような情報が詳細にわからない点はやむをえない。数多く公刊されている和算塾の門人帖・門人録ですら、門人数を水増ししたりするなどの誇張のあった可能性は否定できない。今後も、できる限り複数の史料や和算家の残した直筆史料などを丹念に調べることで、和算塾の実態に迫るよりほかはなさそうである。

近世当時、専門家養成という観点から、塾での習得内容が塾生の生業に直結していた分野の筆頭は、医業の塾であろう。趣味のために医師の塾に入門するという事例は、ほとんどなかったのではないかと想像する。その対極にあったのが、和算塾である。塾生は必ずしも専門の和算家になるとは限らなかったわけで、趣味の領域の塾として認知されることが当時でも普通だったはずである。

このようにみると、社会的な権威をも担い得る医師・医業の養成機関と、趣味の和算家の養成機関が同じような「塾」形式だったということが、近代以前・近世の一つの特徴となるかもしれない。

中国数学から何度かの刺激を受けて歴史を編んできた和算だったが、その教育の場である塾は、近世日本に由来する土着の組織・家元制のもとで運営されていた。これも興味深い点で、今後の文化史的な考察の課題となりえると考える。

【参考文献】

佐藤賢一『仙台藩の和算』（南北社、二〇一四年）
東アジア数学史研究会編『関流和算書大成　関算四伝書』全二一巻（勉誠出版、二〇〇八―二〇一一年）
上野健爾・小川束・小林龍彦・佐藤賢一『関孝和論序説』（岩波書店、二〇〇八年）
佐藤賢一『近世日本数学史　関孝和の実像を求めて』（東京大学出版会、二〇〇五年）
渡辺敏夫『近世日本天文学史』上（恒星社厚生閣、一九八四年）
大庭脩『徳川吉宗と康熙帝』（大修館書店、一九九九年）
深川英俊『例題で知る日本の数学と算額』（森北出版、一九九八年）
松崎利雄『茨城の算額』（筑波書林、一九九七年）

第二章　医者と漢詩文——江戸後期から明治期を中心に

合山林太郎

はじめに

近世期の医学と漢文の知識とは、強いつながりを持っている。漢方医の場合、たとえば、『傷寒論《しょうかんろん》』や『金匱要略《きんきようりょく》』など、基本書が中国古典であり、その注解も多くの場合、漢文で書かれているからである。蘭方医であっても、たとえば、『解体新書』（安永三年〈一七七四〉刊）が漢訳であることからも、うかがえるように、学術語として、漢文の知識はひろく共有されていた。

また、こうした学問の基礎言語としての役割以外に、この時期の医者は、今日的な意味で文学の領域に属する詩や文を楽しみ、その制作を通じて、儒学者や漢詩人をはじめ、様々な領域の知識人と積極的に交流した。

本稿では、とくに幕末・明治初期の例を見ながら、このような、当時の医者と漢詩文との関わりについて考察する。[*1]

＊1　文学において、医者が描かれたか、あるいは医の知識がどのように文学作品が用いられたかについては、福田安典『医学書のなかの「文学」—江戸の医学と文学が作り上げた世界』（笠間書院、二〇一六年）や吉丸雄哉「近世文芸と医学に関する総合的研究」研究成果報告書（二〇一八年三月）などを参照。なお、本稿では、多紀家など、取り上げることができなかった学統も多く、あくまで一端を示したものであることを、あらかじめお断りしておきたい。

第一節　漢文によって医学に関する著作を行う――浅田宗伯と漢文

医者にとって、漢文とはまず標準的な学問言語であり、自らの考えを世に問う際に用いる道具であった。こうした意識は、明治時代の前半頃まで、医者の間で継続して保持されたと考える。

漢文とのかかわりを、幕末・明治期に大きな力を持った漢方医である浅田宗伯《あさだそうはく》（文化一二年〈一八一五〉―明治二七年〈一八九四〉、号は栗園）について見ることにしよう。

宗伯は、信濃に生まれ、京都などに遊学した後、天保七年以降、江戸において開業した。文久元年（一八六一）以降、幕府の侍医となり、フランス公使ロッシュの病を治療することによって名を挙げ、維新後は、漢方医学を代表する人物となり、東宮明宮《とうぐうはるのみや》（後の大正天皇）の侍医となった。[*2] 彼はまた、浅田飴の考案者としても、その名が知られている。

宗伯は、若年期から、文人と交わり、文社に参加し、漢文についての修行を重ねた。生涯にわたって、多数の医学書を漢文で著述し、また、漢文の序跋を人々に与えている。[*3]

とくに宗伯が漢文の力によって名声を獲得したのは、『皇国名医伝』及び『同続編』の出版である。彼は若年期から、古代から近世にいたるまでの日本の医者の事跡に関わる記事を集め、このうち、安土桃山時代の曲直瀬道三《まなせどうさん》以後の百数名について、『皇国名医伝』として（嘉

＊2　浅田宗伯の事跡については、赤沼金三郎『浅田宗伯翁伝』（寿盛堂、明治二八年〈一八九五〉）、矢数道明『近世漢方医学史』（名著出版、一九八三年）、長谷川弥人「栗園浅田宗泊先生の医学」（『浅田宗伯選集』第二集、一九八八年）、真柳誠「浅田宗伯の著述とその所在」（『漢方の臨床』三七巻九号、一九九〇年九月、ホームページ版〈二〇一八年三月九日修補〉より確認）。

＊3　浅田宗伯の著作の主要なものは、長谷川弥人編『浅田宗伯選集』全五巻（谷口書店、一九八七―八九年）、同『続・浅田宗伯選集』全三巻（一九九〇―九二年）に影印が収められているが、それ以外に、たとえば、国立国会図書館には、『栗園詩存』『栗園存稿』『栗園録稿』『栗園賸稿』など、多数の詩文稿が残る。

永五年〈一八五二〉に刊行し、また、飛鳥時代の善那《ぜんな》使主《のおみ》以下の古代・中世の医者の略伝を集め、安政三年（一八五六）に『皇国名医伝前編』としてまとめ、出版した。

この『皇国名医伝』および『同前編』は、漢文の「伝」として、体裁が整ったかたちになるよう、意識して執筆されていた。たとえば、『皇国名医伝』に付された喜多村栲窓《きたむらこうそう》の序文には、次のような逸話が記されている。すなわち、ある人物が、この『名医伝』を読み、江戸時代の儒学者の言行を記したものに、原念斎《はらねんさい》の『先哲叢談《せんてつそうだん》』（文化一三年〈一八一六〉刊）があり、『皇国名医伝』と似ていると述べた。これに対して、宗伯は、『先哲叢談』は「談」に過ぎず、自身の書が「伝」であると主張したと言う。*4

浅田はまた、松尾耕三『近世名医伝』（明治一九年〈一八八六〉刊）に対して感想を述べるなかで、歴史記述の文体の一つとしての「伝」には定まった書き方があるが、近年の「伝」と呼ばれる文章にはあまりにも雑多な要素が混じりすぎていると述べている。とくに、今村《いまむら》了庵《りょうあん》が著した蘭方医の伝記の集成である『洋方医伝』（明治一六年〈一八八三〉刊）に対し、人物を取り上げる際にも、卑近なことに筆を割きすぎるなど、「史伝」の体裁をなしていないと批判している。*5

漢文の文の一種である「伝」については、たとえば、明・徐師曾《じょしそう》『文体明辨《ぶんたいめいべん》』に、「紀載事迹以伝於後世（事迹を紀載し、以て後世に伝ふるなり）」とある通り、人々の事跡を記し、後世に伝えることを趣旨とした文章であるという認識があった。こうした発想を受けて、宗

---

*4　原文は「或謂近世有滙錄儒先言行、題曰叢談者。此書殆亦其類。識此艴然曰、我所編傳也（或ひと謂《いは》く、「近世に儒先の言行を滙録《くわいろく》せるもの有り、題して叢談なる者と曰ふ。此の書、殆んど亦た其の類なり」と。此《これ》を識りて艴然《ふつぜん》として曰く「我の編する所は伝なり」と）」となっている。

*5　原文は、「夫史之為傳、多係官選。而又有私史、如列女傳、列仙傳、高僧傳、醫林列傳、是也。然皆不失史之一體、如近人之傳、則不然。墓誌行狀叢談巷談相混、尨雜失體、僕甚憾之。（略）蓋亮之傳、采事卑近、辭不雅醇、恐非史傳之體、當擇耳（夫《そ》れ史の伝たる、多くは官選に係《かか》る。而るに又た私史有り、列女伝、列仙伝、高僧伝、医林列伝の如き、是れなり。然れど

伯は、とくに漢方医の立場から、取り上げる人物の長所、美点を簡潔に記すことを心がけていたように思われる。

医者の多くは、実用的な学術語として、漢文を記していたと考えられるが、それ以上に、漢文の伝統を踏まえる意識を持っていたことが、宗伯の発言からはうかがえる。

第二節　抱負や感懐を漢詩によって表明する――今村了庵と漢詩

医者にとっては、漢文だけではなく、漢詩も、自らの考えを述べるために、重要な手段であった。このことを考えるために、浅田宗伯と深い関係を結び、江戸・東京で活躍した今村了庵〈文化一一年〈一八一四〉―明治二三年〈一八九〇〉、名・了〉について見てゆこう。

了庵は、上野の伊勢崎に生まれ、多紀家で学んだが、その後、漢蘭折衷の華岡家において修業を行った。*6 江戸で開業していたが、維新後は、大学校の皇漢医学の講師をつとめている。

明治一一年〈一八七八〉、東京の表神保町《おもてじんぼうちょう》に官立脚気医院が開設され、漢方、洋方の医者が病棟を分かって脚気を診療し、治療成績を競うということがあった。最終的には、脚気の根本的な解決策を見つけるには至らず、病院は明治一五年に廃止されたが、このとき了庵は、遠田澄庵《とおだちょうあん》とともに、漢方の側の委員に選ばれている。

了庵は、佐藤一斎《さとういっさい》などに漢学を学び、その詩文は『了庵謄稿《りょうあんとうこう》』〈敬業館、明治一四年〈一八八一〉

も皆《み》な史の一体たるを失せず。近人の伝の如きは、則ち然《しか》らず。墓誌、行状、叢談、巷談、相ひ混りて、尨雑《ぼうざつ》として体を失す。僕、甚だ之を憾《うら》む。（略）蓋し亮（筆者注　今村了庵のこと、亮は了庵の名）の伝、事を卑近に采《と》りて、辞は雅醇ならず、恐らくは史伝の体に非ず、当《まさ》に択《えら》ぶべきのみ」（「復松尾□《ママ》斎書」『栗園遺稿』、『続・浅田宗伯全集』第三集、一九九二年、三四二―三頁）。

＊6　今村了庵の事跡については、蒲生重章『近世偉人伝義字集四編』（明治二二年〈一八八九〉）、安西安周『明治先哲医説』（竜吟社、一九四二年）「第九　今村了庵」、小曽戸洋「都下医家名墓散策八　今村了庵」『漢方の臨床』三五巻九号（一九八八年九月）、「杏林詩人今村了庵とその医業」『漢方の臨床』九巻一一・一二号、一九六二年一二月）などを参照した。

刊）に収録されている。その詩集には、様々な内容の詩が収録されているが、とくに目を引くのは、自らの医者としての意思や意気込みを詠った詩である。たとえば、先に述べたように、彼は脚気病院の医員に任命されたが、その際、「明治十一年六月五日拝命為脚気病院医員（明治十一年六月五日、命を拝して、脚気病院の医員と為る）」（同）という詩を作り、自らの所信を明らかにしている。

幸遇明時收異才、濫吹深愧上蘭臺。天公臨處無私照、不使遺賢伏草莱。
（幸《さひは》ひに明時に遇《あ》ひ　異才を収《おさ》む、濫吹《らんすい》　深《ふか》く愧《は》づ　蘭台に上《のぼ》るを。天公の臨む処《ところ》　私照無《な》し、
遺賢《いけん》をして　草莱《そうらい》に伏《ふ》せしめず。）

詩の前半は、よい政治が行われる時代の中で、優れた才能を持つ人物たちが、幸運にも脚気病院に雇われることになったと詠い、その中で、自身は、職に見合う実力がないのではないかと述べている。「濫吹」とは、斉の宣王が、笛の名手を集めた際、多くの優秀な楽人に紛れて、笛を吹けない男が俸禄を得ていた故事（『韓非子』内儲説上）を踏まえている。「蘭台」は政府の機関で、ここでは官立の脚気病院のことを指しているのであろう。

詩の後半では、天帝は公平無私であるため、自分のような「遺老」、すなわち、在野の年老いた人物についても、そのまま打ち捨てておくことはなく、活躍の場所を与えてくれるのだ、論じている。

この「遺老」の詩句はやや注意して考える必要があるだろう。洋医学中心の風潮が強まる

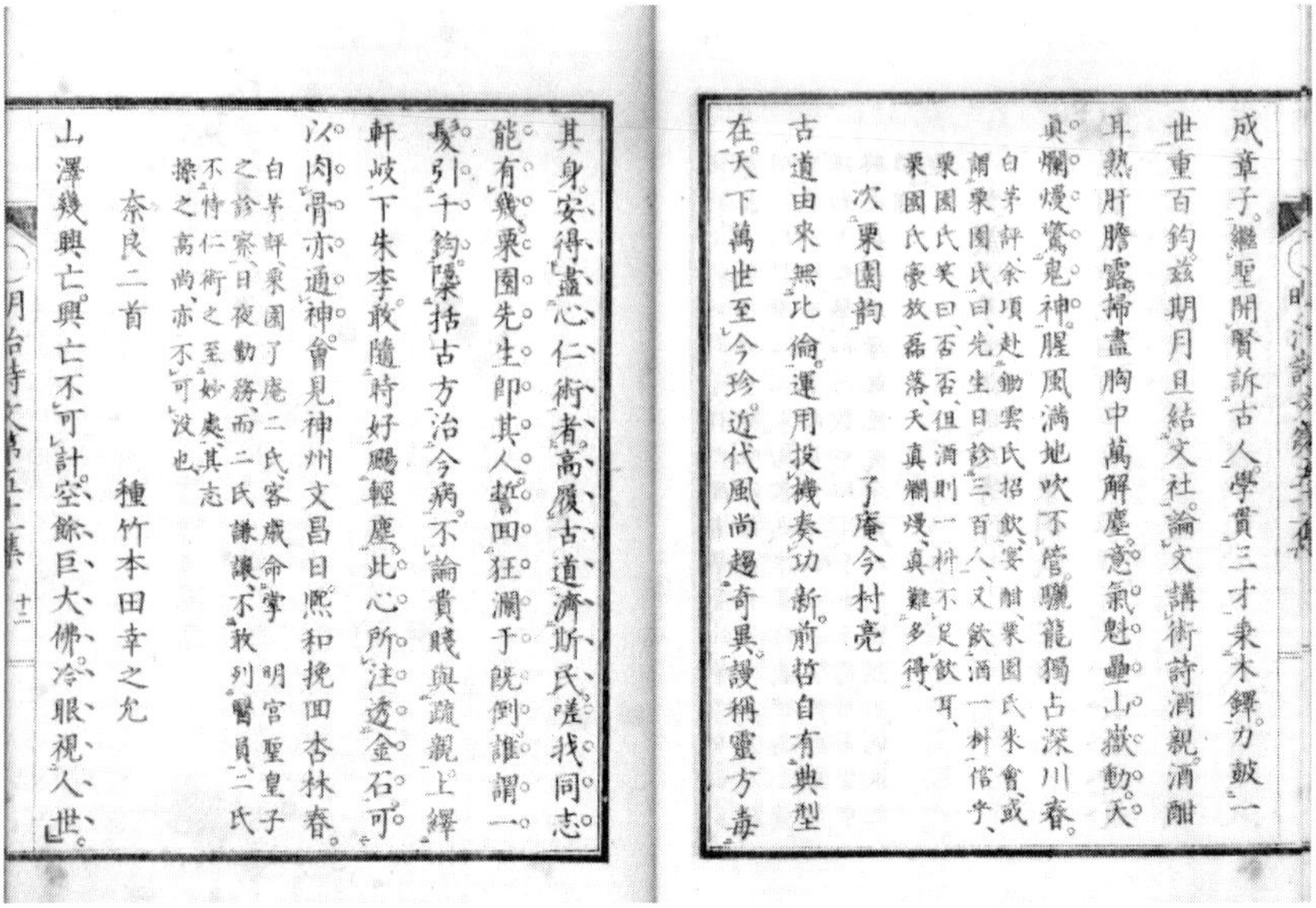
成章子繼聖開賢訴古人學貫三才秉木鐸力鼓一
世重百鈞茲期月且結文社論文講術詩酒親酒酣
耳熱肝膽露掃盡胸中萬解塵意氣魁壘山嶽動天
真爛熳驚鬼神腥風滿地吹不管驪龍獨占深川春
白芋評余項赴鉚雲氏招飲宴酣栗園氏来會或謂栗園氏曰先生日診三百人又飲酒一斛信乎栗園氏笑曰否否但酒則一斛不足飲耳栗園氏豪放磊落天真爛熳真難多得
次栗園韵　了庵今村亮
古道由來無比倫運用投機奏功新前哲自有典型
在天下萬世至今珍近代風尚趨奇異謾稱靈方毒
其身安得盡心仁術者高履古道濟斯民嗟我同志
能有幾栗園先生卽其人哲回狂瀾于既倒誰謂一
髮引千鈞檃括古方治今病不論貴賤與疏親上繹
軒岐下朱李敢隨時好颺輕塵此心所注透金石可
以肉骨亦通神會見神州文昌日熙和挽回杏林春
白芋評栗園了庵二氏客歳命掌　明宮聖皇子之診察日夜勤務而二氏謙讓不敢列醫員二氏不恃仁術之至妙處其志操之高尚亦不可沒也
奈良二首　種竹本田幸之允
山澤幾興亡興亡不可計空餘巨大佛冷眼視人世

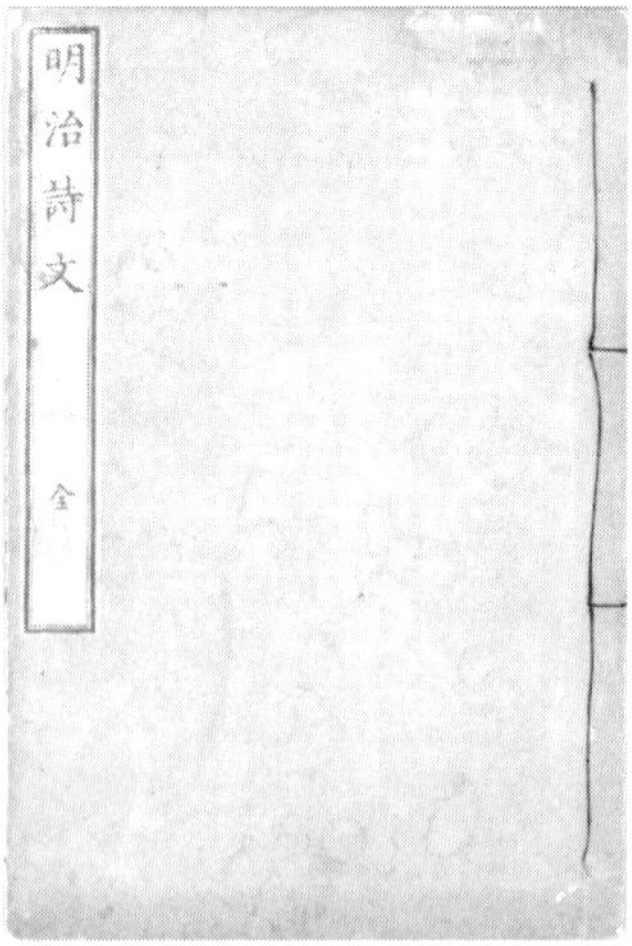

『明治詩文』（個人蔵）表紙（左）および51号所載今村了庵の詩（上）

なかで、脚気病院の担当に、漢方医が二名選抜されたこと自体が、当時異例のことと目されていた。了庵の感激は、彼個人のことにとどまらず、漢方医の領域全体について勢力挽回の光明が見えたことについてのものだったと考えられる。[*7]

このほかにも、了庵は、医学と関係した詩を多数発表した。たと

＊7　この詩について、長尾藻城「詩賦を透して観た浅田栗園と今村了庵」『医文学』二巻三号―五号、一九二六年三―五月）は、「その得意の程二十八文字の上に躍如として居る。しかも自ら擬して異才と云ひ、遺賢と呼ぶ。先生御天狗の鼻がムク〳〵蠢きしさま眼に見ゆるやうである。以て其抱負の大と自信の如何に強かつたかを、窺ふことが出来るではないか」と述べている。

えば、浅田宗伯への詩「和巌沢草堂講筵見寄作（巌沢草堂の講筵に寄せらるる作に和す）」（『明治詩文』五一集、明治一三年八月）」に次韻した「次栗園韻（栗園の韻に次《じ》す）」（同）*8では、明治一〇年代の医学の世界では、奇異な手法ばかりがもてはやされ、古来の医術を正しく運用されていないと説き、こうした誤った風潮を変え、医学が正しいかたちに復するよう努力すべきだと主張している。*9

この応酬は、いずれも、明治初年を代表する漢詩文雑誌『明治詩文』に掲載されている。儒学者や漢詩人らが多く読む漢詩文雑誌は、漢方医学についても関心を持つ読者が多かったなどの事情があったのだろう。

第三節　漢詩によって学祖を讃える――坪井信道のヒポクラテス賛詩

漢方医だけでなく、蘭方医にとっても、漢詩文は重要な知識であった。蘭方医の中で、漢学との関わりがとくに深い人物として、坪井信道《つぼいしんどう》（寛政七年〈一七九五〉―嘉永元年〈一八四八〉、名・道、別号・誠軒）を挙げることができる。信道は、もと美濃に生まれたが、後に江戸の宇田《うだ》川榛斎《がわしんさい》のもとで学び、江戸深川で開業した。評判が高く、長州の毛利家に召し抱えられた。*10

信道は、幼少時より、漢学を学んでいたが、とくに一九歳より数年間、日田に滞在し、その間、医を三松斎寿に、儒を広瀬淡窓に学んだ。この咸宜園における研鑽の甲斐あってか、信道は、

---

*8　了庵の詩を以下に掲げる。「古道由來無比倫、運用投機奏功新。前哲自有典型在、天下萬世至今珍。近代風尚趨奇異、謾稱靈方毒其身。安得盡心仁術者、高履古道濟斯民。嗟我同志能有幾、栗園先生即其人。誓回狂瀾于既倒、誰謂一髪引千鈞。櫽括古方治今病、不論貴賤與疏親。上繹軒岐下朱李、敢隨時好颺輕塵。此心所注透金石、可以肉骨亦通神。會見神州文昌日、熙和挽回杏林春（古道は　由来　比倫無し、運用し機に投すれば　功を奏すること新たなり。前哲　自ら典型の在る有り、天下　万世　今に至りて珍とす。近代の風尚　奇異に趨き、謾に霊方と称し　其の身を毒す。安んぞ得ん　心を仁術に尽くす者、高く古道を履み斯民を済《すく》ふことを。嗟《ああ》　我が同志　能く幾たりか有る、栗園先生　即ち其の人なり。狂瀾を既倒に回《めぐ》らさんと誓ふ、誰か謂は

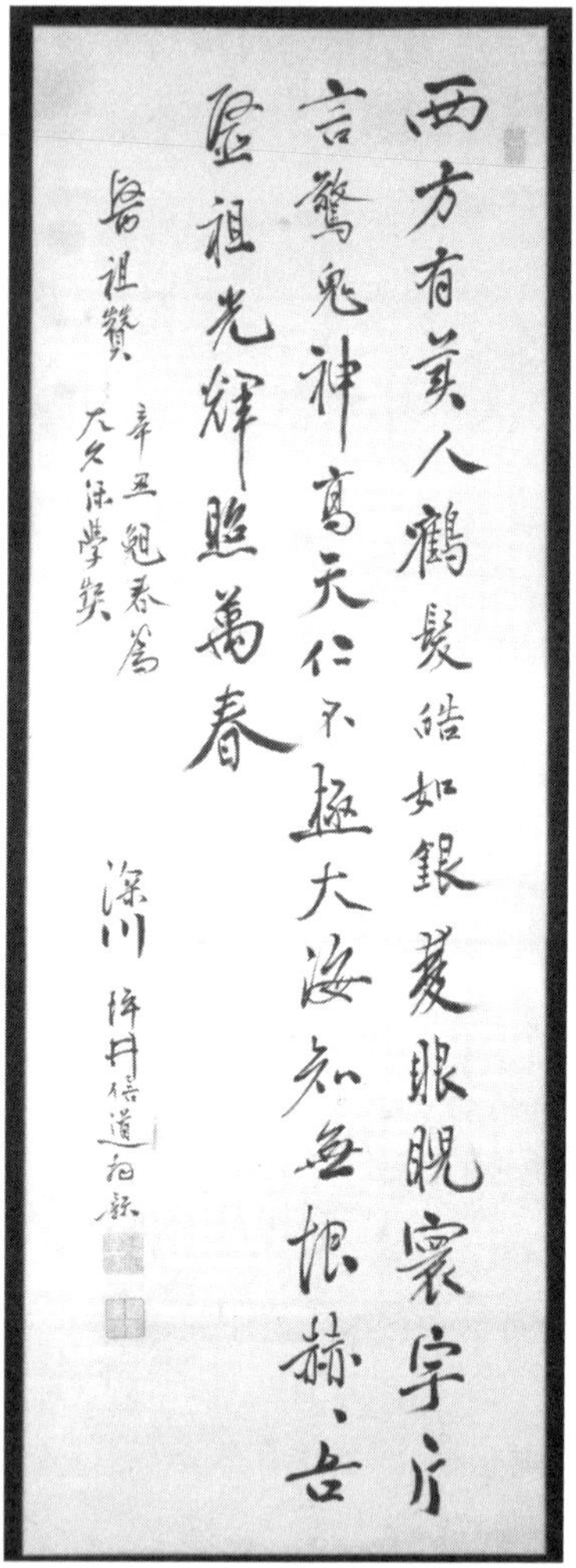
坪井信道筆ヒポクラテス賛詩　大阪大学適塾記念センター蔵

生涯にわたり詩を制作し、それらは今日、稿本のかたちで伝えられている。

　信道の詩の中で、有名なものとして、ヒポクラテスを詠ったものを挙げることができる。ヒポクラテスは、古代ギリシャの医者で、医学の臨床や倫理のあり方に大きな影響を与えたと言われている。江戸後期の蘭方医たちは、このヒポクラテスを西洋医学の祖と崇め、強い関心を持っていた。『重訂解体新書《ちょうていかいたいしんしょ》』などに、その生涯についての説明が載っているほか、江戸時代後期には、いくつものヒポクラテス像が描かれ、桂川甫賢《かつらがわほけん》ら、さまざまな蘭学者によって、画像への賛や詩が作られた。信道の詩は、その一つである。以下にそれを掲げよう。

　西方有美人、鶴髪皓如銀。雙眼睨寰宇、片言驚鬼神。高天仁不極、大海知無垠。赫々吾醫祖、光輝照萬春。

ん　一髪もて千鈞を引くと。古かん方を羅括して　今の病を治ん、貴賤と疎親とを論ぜず。上は軒岐を繹《たず》ね　下は朱李、敢《あへ》て随はんや　時好の軽塵を颺《あ》ぐるに。此の心の注する所　金石を透じ、以て骨に肉《にく》づけ　亦た神に通ずるべし。会《かなら》ず見ん　神州文昌の日、熙《き》和《わ》にして　杏林の春を挽回するを）。

＊9　浅井宗伯と今村了庵は、互いの詩集（了庵は、明治十六年に『洋方医伝』『栗園先生詩存』『了庵賸稿』）に序を記すなど、つねに詩文の交流があった。両者の詩のやりとりは、長尾藻城「詩賦を透して観た浅田栗園と今村了庵」（前掲＊7）などに詳しい。なお、両者の間には、意見の衝突などもあり、たとえば、了庵が明治一六年に発表した『洋方医伝』に対し、先に見たように筆法などの点から批判している（前掲「復松尾□斎書」など参照）。これについては別稿を期したい。

（西方に美人あり、鶴髪　皓《しろ》きこと銀の如し。双眼もて　寰宇を睨《にら》み、片言もて　鬼神を驚かす。
高天のごとく　仁は極まらず。大海のごとく　知に垠《かぎり》なし。赫々《かくかく》たる吾が医祖、光輝　万春を
照らす。）

詩は、ヒポクラテスの人徳の高さと学問の深さとを称賛している。首聯《しゅれん》は、西洋に優れた人物がおり、銀のような白髪を持つと述べている。「美人」は、徳の高い人物の意である。頷聯《がんれん》では、彼の両眼が、地球をにらみつけるかのように鋭く、また、その言葉は、短くとも鬼神を驚かすほど、含蓄に富んでいると論じている。頸聯《けいれん》は、ヒポクラテスの徳は、天のように高く、その知識は、大きな海のように限りがないと詠っている。尾聯《びれん》では、蘭方医の学祖であるヒポクラテスの威光は、赫奕《かくやく》と何万年も輝き続ける、と主張している。

このように、信道は、ヒポクラテスを詠うことによって、自身たちの学ぶ西洋医学の意義を確かめているのである。緒方富雄氏の研究[*11]によれば、この詩を記した信道の書幅が、七点確認できると言う。同様の書軸の発見は、その後も続いている。信道は、自らの学祖をたたえた詩を揮毫《きごう》し、弟子や知人など、関係の深い人々に与えていたのであろう。

さらに、信道の詩は、彼の弟子たちにも書き継がれており、後に適塾を開いた緒方洪庵（後述）や、その洪庵に学び、明治期日本の衛生政策を主導した長与《ながよ》専斎《せんさい》も、この詩を、画賛や書幅のかたちで揮毫している。

信道の詩からは、漢詩が、その学派の指針を示すものとしての役割を果たしていたこと、

＊10　坪井信道の事跡については、青木一郎『年譜で見る坪井信道の生涯―付美濃蘭学者の動静』（杏林温故会、一九七一年）および同編『坪井信道詩文及書翰集』（岐阜県医師会、一九七五年）を参照。

＊11　ヒポクラテス像と詩文については、緒方富雄『日本におけるヒポクラテス賛美―日本のヒポクラテス画像と賛の研究序説』（日本医事新報社、一九七一年）および青木一郎「江馬家にある坪井信道のヒポクラテス賛詩」（『日本医史学雑誌』一九巻一号、一九七三年三月）、斎藤祥男『蘭医家坪井の系譜と芳治』（東京布井出版、一九八八年）、大阪大学適塾記念センター編『新版緒方洪庵と適塾（大阪大学社学共創叢書２）』（大阪大学出版会、二〇一九年三月）などを参照。

さらには、漢詩が、学統の継承に際しても、一定の貢献をなしていたことが分かる。

第四節　塾主についての銘文――緒方洪庵と大坂の漢詩人たち

適塾の始祖として知られる緒方洪庵《おがたこうあん》（文化七年〈一八一〇〉―文久三年〈一八六三〉）、同じ蘭方医であっても、坪井信道の場合とやや事情が異なっている。洪庵は備後足守藩に生まれ、大坂において中天游《なかてんゆう》、江戸において坪井信道らに就いて蘭学を修めた。長崎に遊学した後、大坂に適塾を開き、福沢諭吉、長与専斎ら、多くの門徒を育てている。[*12]

まず確認しなければならないのは、洪庵は、必ずしも漢学を得意としていなかったと考えられる。『扶氏《ふし》経験《けいけん》遺訓《いくん》』（安政四年〈一八五七〉刊）や『虎狼痢《ころり》治準《ちじゅん》』（安政五年〈一八五八〉刊）などの洪庵の代表的な医学書は、漢文ではなく、漢字片仮名交じりの漢文訓読調の文章で書かれている。また、彼は和歌を嗜んでいるが、漢詩の作は確認できていない。

しかし、洪庵の生活が漢文と無縁であったかというと、必ずしもそうではない。すでに述べたように、彼の周囲にいた大坂の漢詩人たちが、様々なかたちで、洪庵に詩文の知識を提供し、彼を支えたのである。

洪庵と関係の深かった詩人として、広瀬《ひろせ》旭荘《きょくそう》や篠崎《しのざき》小竹《しょうちく》、後藤《ごとう》松陰《しょういん》などの名を挙げることができる。[*13] ここでは、小竹との関わりについて見てゆく。

＊12　緒方洪庵の事績については、緒方富雄『緒方洪庵伝』（岩波書店、一九四二年）、梅渓昇『緒方洪庵と適塾』（大阪大学出版会、一九九六年）、同『洪庵・適塾の研究』（思文閣出版、一九九三年）、同『続 洪庵・適塾の研究』（思文閣出版、二〇〇八年）などを参照。

＊13　広瀬旭荘と洪庵の交流については、梅渓昇『緒方洪庵と適塾生―「日間瑣事備忘」にみえる』（思文閣出版、一九八四年）に、また、篠崎小竹との交流は、同「緒方洪庵画像四点の賛について」『洪庵・適塾の研究』（前掲）に詳しい。なお、後藤松陰との関係については、同「『洪庵・適塾の研究』補遺四題」（『適塾』二六号、一九九三年一二月）中に、洪庵から詩の依頼があったことを示す松陰の書簡が紹介されている。

一定の功績のあった医者が、その人の事跡や性質を述べた銘文を作り、肖像画とともに書画幅に記し掲げることは、漢方、蘭方を問わず、頻繁に行われている。たとえば、幕末の大坂において、漢方の塾として大きな勢力を誇った合水堂《がっすいどう》の塾主たちは、多くこうした軸物を残している。*14

洪庵に関しても同様の銘文があり、それは、小竹の手によって作られ、画家である南譲によって描かれた洪庵の肖像画の上に、次のように記されている。*15

生長武家、辭武入文。初従漢學、辭漢入蘭。蘭書難讀、勤苦忘食。東西追師、奥秘獨得。試之醫術、壯歳成名。投劑起痼、授業育英。今纔四十、繪此肖像。我以自鑒、人自瞻仰。

（武家に生長するも、武を辭《じ》し文に入る。初めに漢学に従ひ、漢を辞して蘭に入る。蘭書は読

緒方洪庵肖像（篠崎小竹賛）　大阪大学適塾記念センター蔵

＊14　和歌山市立博物館編『特別展　華岡青洲の医塾春林軒と合水堂』（和歌山市教育委員会、二〇一二年）に、華岡青洲、鹿城（青洲の弟）の肖像に詩が記された書幅、また、華岡南洋（青洲の養子）の肖像に四字の銘が書かれた書幅が掲載されている。

＊15　この銘文をはじめ、小竹と洪庵との漢文を媒介とした交流については、合山林太郎「適塾をめぐる詩と書（第三回）事に臨んで為すこと無きは賤丈夫なり　篠崎小竹」（『適塾』四六号、二〇一三年一二月）において論じた。なお、この書画幅の画像は、『浪華の書家五十人展　併催緒方洪庵と適塾生の書』（産経新聞大阪本社、二〇〇四年）に掲載されている。

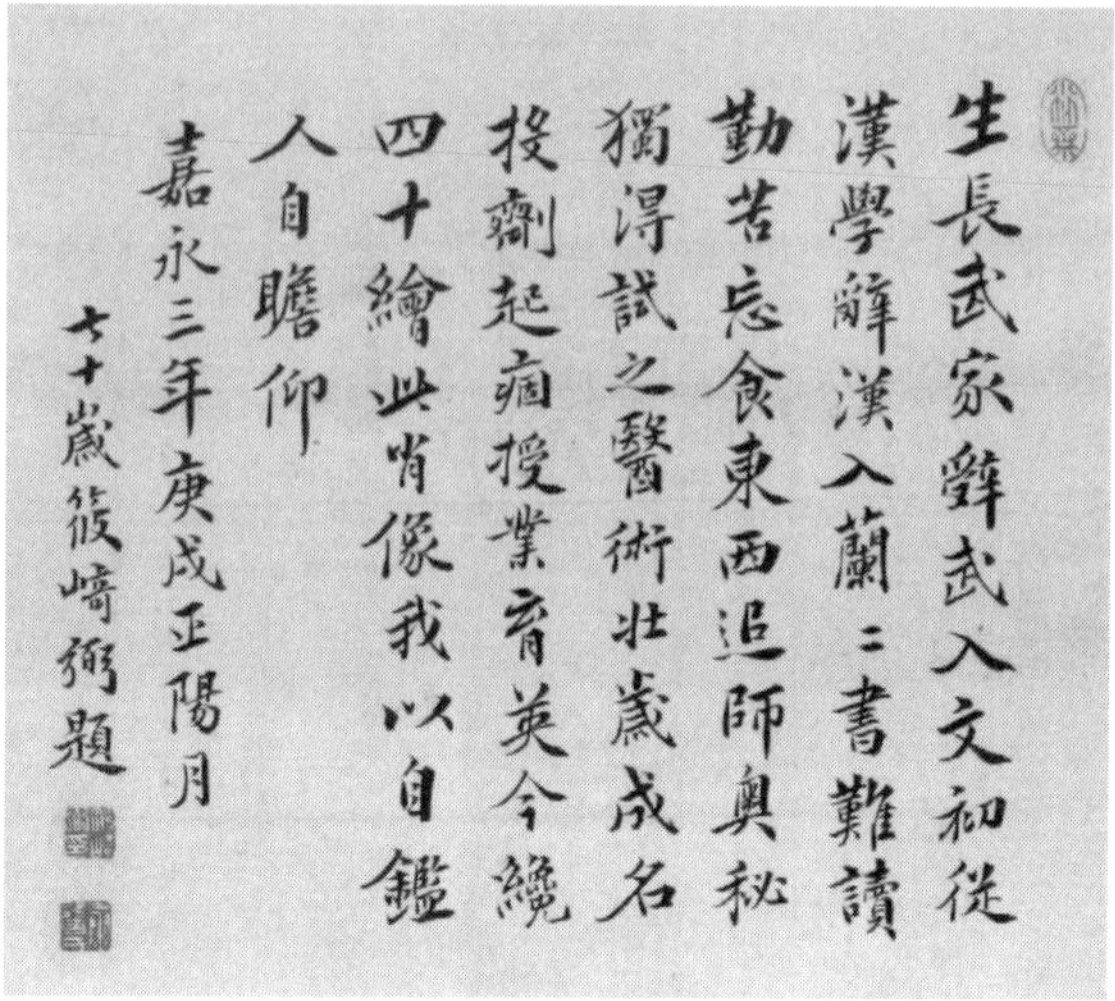
生長武家辭武入文初從
漢學辭漢入蘭ニ書難讀
勤苦忘食東西追師奥秘
獨得試之醫術壯歳成名
投劑起痼授業育英今纔
四十繪此肖像我以自鑑
人自瞻仰
嘉永三年庚戌正陽月
七十歳篠崎弼題

緒方洪庵肖像（篠崎小竹賛）　銘文部分拡大

み難《がた》く、勤苦して食を忘る。東西に師を追い、奥秘　独《ひと》り得たり。之を医術に試《こころ》み、壮歳にして名を成す。痼《こ》を起し剤を投じ、業を授《さず》け英を育《そだ》つ。今　纔《わず》かに四十にして、此《こ》の肖像を絵《えが》かしむ。我は以て自《みずか》ら鑑《かんが》み、人は自《おのづ》から瞻仰《せんぎょう》せん）。

この賛は、嘉永三年（一八五〇）の四月に、七〇歳の小竹が、不惑を迎えた洪庵に贈ったものであり、洪庵が熱心に医学を修行し、一家を成したことをたたえている。具体的には、洪庵が、武家に生まれたが、文の道を志し、また漢学を辞めて、蘭学を修行することとなったことから説き起こし、その後、洪庵が文献読解のため、多大な努力をし、各地に師とすべき人物を求め、学問の奥義を得るに至ったと述べている。

その上で末尾において、洪庵が、医学の領域において、わずか四〇歳にして名を成し、後輩を育成し、肖像が描かれることとなったことを言い、その肖像を、自身は省察のための、人は敬仰のための具とするだろうと述べている。

銘文には、洪庵の半生の業績について、分かりやすくまとめられている。この文章は、弟子には、師の学問の精神を思い起こさせ、また、師にあっては、自身の姿勢を反省するための拠り所となったのであろう。

このように、漢文は、学舎における生活の中で、さまざまな役割を担っており、洪庵は、それを懇意の儒者や詩人の協力を得て整えていったと考えられる。

第五節　生活の中での詩作とその史料的価値
――野口良陽の種痘を詠った詩

最後に地方の例を見てゆきたい。ここで取り上げるのは、佐賀藩の支領諫早領の医者であった野口良陽《のぐちりょうよう》（文政元年〈一八一八〉生か、没年未詳）の詩である。良陽は、明治初期の新政府の官僚であった野口松陽の父であり、明治中期に活躍した漢詩人野口寧斎の祖父にあたる。[*16] 良陽は、京や福井に留学するなどして、吐方を学び、その後、諫早侯の侍医となった。彼は、職務に励む一方で、詩文を熱心に制作し、その内容は、今日、関西大学図書館中村幸彦文庫に残る彼の詩文稿によって知ることができる。

良陽の詩の中で興味深いのは、自らが種痘に携わった際の詩を作っていることである。周知のとおり、モーニッケによって、西洋からもたらされた牛痘種痘は、またたく間に全国で

＊16　野口良陽の事跡については、青木歳幸『佐賀医人伝』（佐賀新聞社、二〇一七年）の野口良陽の項、及び、合山林太郎『幕末・明治期における日本漢詩文の研究』（和泉書院、二〇一四年）第四部第一章を参照のこと。なお、本節の良陽の種痘への関与については記述の多くは、青木氏の論考に拠っている。

実施されるようになる。[*17] 天然痘への対抗手段として、それ以前の日本においても、中国から伝来した人痘による種痘は行われていたが、実施には危険が伴い、効果も十分ではなかった。牛痘種痘は、種痘への抵抗力を付けるための、より安全な画期的手法であった。

佐賀藩では、嘉永二年（一八四九）から、藩内での種痘政策を実施していたが、その波は諫早領にも及び、同年一一月に、諫早領における種痘医として六名の医者とともに任命され、良陽もその一隊に関わっている（諫早市立諫早図書館蔵『諫早家日記』）。

良陽の牛痘種痘関係の詩の一つに、「深海村民請種痘、賦此自嘲（深海村民、種痘を請ふ、此を賦して自嘲す）」（『野口良陽詩稿』、関西大学図書館中村幸彦文庫「野口家関係稿本」資料番号L24 - 1-966-B）というものである。

才薄已無方起虢、青嚢蕭索二毛時。浮名何事餘身累、人喚官家種痘醫。

（才　薄くして　已《すで》に方の虢《かく》を起《た》たしむること無く、　青嚢　蕭索《せうさく》たり　二毛の時《とき》。浮名　何事《なにごと》ぞ　身に餘《あま》る累《わづら》ひ、人は喚《よ》ぶ　官家の種痘医と。[*18]）

詩の前半は、自身が医師としてそれほど力を持たないことを詠っている。起句の「起虢」とは、名医扁鵲が虢の国の太子を蘇らせたという故事を踏まえる。承句の「青嚢」は薬袋のこと。「蕭索」は寂しい様。「二毛」は、黒い髪の毛に白髪が混じること。大意は、「才能が乏しく、扁鵲のような奇跡は起こすべくもない。自分は、白髪まじりとなり、老いを迎えており、薬袋の中身も乏しく、なし得る処方も限られている」となろう。

＊17　牛痘種痘の日本への伝播については、アン・ジャネッタ（廣川和花、木曾明子訳）『種痘伝来―日本の〈開国〉と知の国際ネットワーク』（岩波書店、二〇一三年）などを参照。

＊18　この詩は、『幕末・明治期における日本漢詩文の研究』（前掲）に掲載しているが、翻刻・訓読について、一部改めた箇所がある。

詩の後半は、村民から、種痘医として、過剰な期待を受けていることへの当惑が記されている。村民たちは、自分のことを領お抱えの種痘医と呼ぶが、それは自分にとっては虚名であると説いているのである。

なお、詩題にある「深海村」とは、諫早領内の村のこと。この詩からは、当時の村民がいかに種痘に対して、強い関心を持っていたかがうかがえる。

良陽は、詩人として名が知られたわけではなく、自身の娯《たの》しみのために詩作していたと考えられるが、その詩に、種痘という新しい事象に関わった際の、彼の感情が活写されている。今後、こうした詩についても、歴史的な研究に活用してゆくことが求められるだろう。

おわりに

本稿では、幕末から明治期を対象として、医者と漢詩文の関係について論じてきた。漢方、蘭方の別にかかわらず、漢詩文は、医者としての生活を送るのに必要不可欠なものであった。たとえば、漢文の力は、著述の質を決定し、医者としての名声に直結するものであったし、漢詩は、自らの思想や信念を示すための有効な手段であった。このほか、漢詩文は、医者の学派の継承や塾の運営に、重要な役割を果たしている。

また、漢詩文には、彼らの事跡、交友、折々の感情などが記されており、史料として大きな価値を持っている。そのさらなる発掘と総合的な分析が求められている。

【参考文献】
富士川游『日本医学史綱要』（一九三三年刊、克誠堂書店、後に平凡社東洋文庫として再刊〈一九七四年〉）
富士川游『富士川游著作集』（全十巻、思文閣出版、一九八〇―八二年）
日本学士院日本科学史刊行会編『明治前日本医学史』（全五巻、日本学術振興会、一九五五―六四年）
町泉寿郎「近世日本の医学にみる「学び」の展開」（『日本漢文学研究』七号、二〇一二年三月）

第三章　近世後期における地方医家の学問修業
――吉益塾に学んだ人々から

清水信子

第一節　近世後期の遊学――吉益塾と門下生

近世後期の遊学

近世後期、地方在住の町医、在村医など医家の多くは、京都、大坂、江戸に遊学した。入門先については、遊学地に到着後に決めることも少なくなく、その選択の基準は時々の評判によるところが大きかった。また、入門先は一つに止まらず、内科、外科、産科、蘭方など必要に応じて複数の塾に通い、さらには中国古典医書の読解のために漢学の素養を身につけるべく漢学者に入門することもあった。

遊学にはまた書物の収集という目的があった。書物は書肆《しょし》、古書肆《こしょし》から購入したほか、師、同門の蔵書を借覧し、書写することにより、自身の蔵書を構築していった。それについては当時の医家の旧蔵資料により推察される。

吉益塾と門下生

　近世後期、京坂で隆盛を誇った医学塾のひとつは古方《こほう》派の吉益東洞《よしますとうどう》（一七〇二―一七七三）を嚆矢とする吉益流であった。古方派とは実証を重んじ、古典医学への復古を掲げ『傷寒《しょうかん》論《ろん》』を基礎とし、近世中期に台頭してきた一派である。代表する人物に後藤艮山《ごとうこんざん》（一六五九―一七三三）、艮山の門人の香川修庵《かがわしゅうあん》（修徳《しゅうとく》、一六八三―一七五五）と山脇東洋《やまわきとうよう》（一七〇五―一七六二）、そして、東洋の知遇を得て世に出た東洞がいる。東洞は独学により、すべての病はひとつの毒に由来するという「万病一毒説《まんびょういちどくせつ》」を提唱し、著に『類聚方《るいじゅうほう》』（明和元年〈一七六四〉刊）、『薬徴《やくちょう》』（天明五年〈一七八五〉刊）、『医事古言《いじこげん》』（文化二年〈一八〇五〉刊）などがある。京都で開塾すると全国から多くの入門者が集まり、門人録[*1]によればその数は、東洞は宝暦元年（一七五一）から没年の安永二年（一七七三）までに五四五名、その子南涯《なんがい》（一七五〇―一八一三）が東洞没年から自身の没年文化一〇年（一八一三）までに七〇五名、次いで南涯養子北洲《ほくしゅう》（一七八六―一八五七）が南涯没年から天保一四年（一八四三）までに六七四名、そして北洲養子復軒《ふくけん》（一八一九―一八九三）が天保一五年（一八四四）から明治四年（一八七一）までに三六三名となっている。

　一八世紀末から一九世紀初頭、寛政から文化年間に地方から京都に遊学し、吉益塾で学んだ医家に、備前の中島宗仙《なかしまそうせん》（一七七四―一八四一、宗仙は医名）と友玄《ゆうげん》（一八〇八―一八七六、友玄は医名）父子[*2]、難波抱節《なんばほうせつ》（一七九一―一八五九、名は経恭《つねやす》、字は子敬《しけい》、通称立愿《りゅうげん》、抱節は号[*3]）、

＊1　町泉寿郎翻刻「吉益家門人録」（一）―（四）（『日本医史学雑誌』第四七巻第一・二・四号、第四八巻第二号、二〇〇一―二〇〇二年）。（一）一六三―一七七頁、（二）三九四―四一〇頁、（三）八二七―八四三頁、（四）二二六―二五八頁。

＊2　宗仙、友玄の中島家の歴史に関しては、中島医家資料館・中島文書研究会編『備前岡山の在村医　中島家の歴史』（思文閣出版、二〇一五年）にまとまっている。

＊3　難波抱節に関しては、中山沃『備前の名医　難波抱節』（山陽新聞社、二〇〇〇年）に詳しい。

信濃の伊藤忠岱《いとうちゅうたい》＊4（一七七八―一八三八、名は祐義《すけよし》、字は忠岱、鹿里と号す）がいる。中島家と難波家とは友玄と抱節の嗣子経直《つねなお》（一八一八―一八八四、立愿・東里《とうり》と号す）の間で交流があり、それについては後述する。寛政一二年（一八〇〇）に中島宗仙、文化元年（一八〇四）に伊藤忠岱、同八年（一八一一）に難波抱節が南涯に入門し、南涯没後の天保四年（一八三三）に中島友玄が北洲に入門した。＊5 ただし、忠岱は宗仙よりも早く寛政三年（一七九一）にはすでに吉益家に出入りし、その学には触れていたようである。＊6

ほぼ同時代に吉益塾に学んだ彼らであったが、吉益塾以外にもそれぞれ別の塾に通うこともあり、その修学状況は異なる。また京都遊学を終えた帰郷後は、中島父子は郷里周辺にてもっぱら医療に従事し、抱節も医家として郷里に開業し、新たに習得した種痘の普及に努める一方、家塾を開き、医学漢学を教授し、忠岱は学問を主として医学漢学さらに蘭学と学究活動に邁進した、というように一口に「地方医家」と言ってもその実像は一様ではない。

各人の修学の過程、状況については、宗仙、友玄の中島家、難波抱節、伊藤忠岱にはいずれも旧蔵資料が残されており、＊7 それら蔵書の構成、資料に見える識語、書入からそれぞれその一端を窺い知ることができる。以下、近世後期、吉益塾に学んだ地方医家について旧蔵資料とその周辺状況を参照しつつ、それぞれの学問修業を概観していく。

＊4　伊藤忠岱に関しては、青木歳幸『在村蘭学の研究』（思文閣出版、一九九八年）の「第六章　在村漢学者伊藤忠岱と蘭学―漢学と蘭学の接点―」（一八七―二四二頁）に詳しい。

＊5　＊1同書。

＊6　＊4同書。

＊7　各目録は、中島家蔵書については、清水信子編「中島家蔵書目録」（中島洋一・松村紀明・清水信子編『中島家蔵書目録』（財）中島醫家資料館、二〇一五年）、難波家旧蔵資料については、「難波抱節（立愿）旧蔵書「温知堂文庫」目録」（『労働科学』第五四巻一一号―第五六巻第二号、労働科学研究所、一九七八―一九八〇年）、伊藤忠岱については、清水信子編「伊藤忠岱書写日本漢文関係資料目録」（『日本漢文学研究』第1号、二松學舍大学21世紀COEプログラム、二〇〇六年）がある。

第二節　中島宗仙・友玄

中島家とその蔵書

中島家は備前邑久《おく》（現、瀬戸内市邑久）に宝暦年間より現代（現在は岡山市で開業）まで一〇代続く医家で、宗仙は第三代、友玄は第四代にあたる。代々の蔵書は約四五〇点にのぼり、医書のほか四書五経《ししょごきょう》をはじめとした中国古典や日本漢学日本漢詩文など漢学関係、そのほか和文資料がある。それらは資料に見える書入や署名、また書簡や日記など文書類に見える記録から、宗仙と友玄の旧蔵が中心と思われる。*8

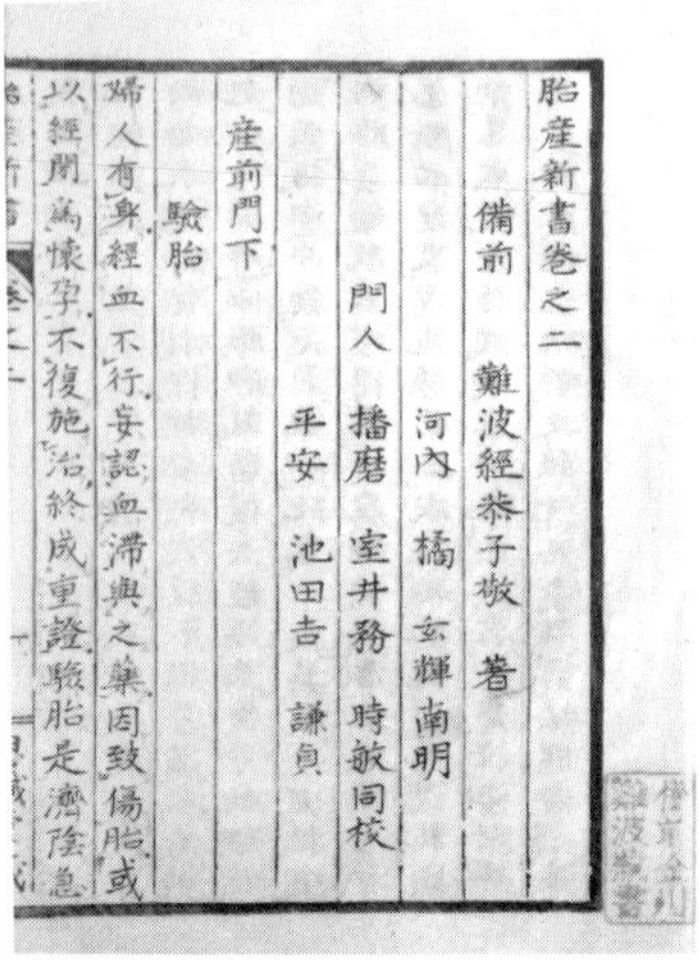

図１『胎産新書』財団法人 中島医家資料館蔵

宗仙、友玄時代の蔵書について、医書は、『傷寒論』など中国古典医書、日本では吉益流古方、華岡流外科、産科婦人科、痘科など各科目にわたる医方書類、処方集類、そして『解体新書』『医範提綱《いはんていこう》』など蘭方、西洋医書がある。なかでも難波抱節が著した産科書『胎産新書《たいさんしんしょ》』全九冊中の第二冊巻二は、難波家の蔵書印「備前金川／難波蔵書」（朱文長方印）があり、難波家旧蔵書である。該書は全一〇巻からなる未刊の大著で、伝本も少なく難波家旧蔵資料中にも現存せず、稀少なものである（図1）。

---

*8　そのほか明治期に岡山医学校、愛知医学校を経て軍医となった第六代一太《かずた》（一八七〇―一九二八）時代の講義録、近代医学書類も散見する。

これらの医書の中には、既存の版本の移写や抄録、講義聞書や稿本などもあり、そこからは意欲的な修学態度が窺える。また医方集、処方集類は中島家が在村医としてどの診療科目にも対応するために収集したものと考えられる。

漢学関係には四書五経から史書、諸子類、字典辞書類、そして詩文集類など経史子集四部にわたる漢籍関係、また『辨名《べんめい》』『辨道《べんどう》』『訳文筌蹄《やくぶんせんてい》』など日本漢学関係がある。漢籍については比較的古くより日本において漢学の素養を身につけるべく必須の文献で、それらは近世以前の知識人として平均的な蔵書と言える。

中島宗仙

次に宗仙と友玄の修学状況について具体的に追っていく。

宗仙は、天明六年（一七八六）、はじめ備前西大寺《さいだいじ》の河野意仙《こうのいせん》に学び、次いで寛政一二年（一八〇〇）に岡山藩医木畑貞朴《きばたていぼく》に入門し、続いて同年京都に遊学し、吉益塾に入門し南涯から古方を学んだ。そのほか宗仙旧蔵書として華岡青洲《はなおかせいしゅう》『外療聞書《げりょうききがき》』、池田瑞仙《いけだずいせん》『周陽《しゅうよう》池田瑞仙痘科口授記聞《とうかくじゅきぶん》』などがあることから、華岡流外科、池田流痘科*9も学んだと推察されるが、おそらく入門まではしていないだろう。

華岡青洲（一七六〇―一八三五）とその弟鹿城《ろくじょう》（一七七九―一八二七）の華岡流の塾には、紀伊に青洲の春林軒《しゅんりんけん》、大坂・堺に鹿城の合水堂《がっすいどう》があり、当時大いに流行り、吉益塾と同じく

＊9　池田流痘科は、池田瑞仙（一七三五―一八一六）にはじまり、二代瑞仙（霧渓）（一七八四―一八五七）は上毛に生まれ、江戸に出て初代瑞仙の門に入り痘科を修め、のち養子となり瑞仙を襲《つ》ぐ。

全国から入門者が集まった。なお、青洲も南涯に学んだひとりである。

　遊学した翌年、享和元年（一八〇一）に帰郷した宗仙は、しばらく備前邑久周辺地域の診療に従事したが、文政二年（一八一九）に長崎に遊学した。この遊学については中島家に長崎までの道中を記した『筑紫《ちくし》行雑記《こうざっき》』が伝わる。そのほか長崎遊学時には『吉雄《よしお》先生《せんせい》聞書《ききがき》』『吉雄流金瘡《きんそう》筆記《ひっき》口伝《くでん》』『紅毛流《こうもうりゅう》崎陽《きよう》吉雄《よしお》献作《けんさく》先生〈膏薬／油薬／水薬〉方書《ほうしょ》（和蘭流エンフラースト方書）』などオランダ語通詞で蘭方医吉雄耕牛《こうぎゅう》（一七二四―一八〇〇）関係やその子である権之助が訳した布斂吉《ふれんき》（己）（フレンキ）関係（『布斂（冷）吉癥毒《ちゅうどく》論』『布斂吉外科書　第一篇　金瘡篇』『布斂己外科書（潰瘍《かいよう》篇）』『布斂己外科書第六篇巻下（骨病《こつびょう》篇）』『布斂己梅毒薬剤篇』『布斂己瘍科書第三篇巻之上』の写本が残り、長崎では吉雄関係はじめ蘭方を学んだ。そのほか遊学時の書写として『三字話』と題された中文三字句に日文訳を付した中国語覚書があり、語学習得にも関心を持っていたことが察せられる。

　宗仙の漢学について、その修学状況は明らかにはなっていないが、京都に遊学中に交流のあった漢学者に折衷学派の猪飼《いかい》敬所《けいしょ》（一七六一―一八四五）がいる。敬所は経書をはじめとした文献に詳しく、のちに津藩儒となった人物である。交流の経緯は不明ながら、天保四年（一八三三）、敬所からその前年に刊行された自著『論孟《ろんもう》考文《こうぶん》』が送られ、中島家にはその時の書簡とともに残されている。

　前述の通り中島家には漢学の基本的文献は揃っているため、京都遊学前には漢学の基礎知識、漢文読解については身に着けていたのであろう。

中島友玄

友玄には京都遊学時の通塾の様子や購入した書籍を記録した日記『京遊備忘《きょうゆうびぼう》』や出納帳『京遊厨費録《ちゅうひろく》』があり、それにより当時の日常が明白となっている。また父宗仙からの書簡も残され、そこからも友玄の京都遊学時の状況、学問の様子、翻って宗仙の関心事も窺い知れる。

『京遊備忘』によれば、友玄は天保四年（一八三三）一月、郷里を出立し、二月一〇日に初めて吉益塾を訪れ、その翌日には緒方塾を訪れている。緒方塾とは同郷の産科医緒方《おがた》順《じゅん》節《せつ》（一七八七―一八四〇頃）の塾である。その後は連日「吉益会」「緒方会」と昼夜にわたる会読や「緒方塾写書」などと塾で蔵書を借覧書写したことが記録されている（図2）。「写書」という語は日記に頻出し、遊学には講義を受講することは当然ながら、師などの蔵書を書写し、それによって書物をより多く収集しようとする目的もあったと推察される。

遊学時に収集した書物類については、友玄が書写したものに吉益南涯著『傷寒論精義』、賀川蘭斎《かがわらんさい》（一七七一―一八三三）[*10]『産科内術』などの抄録『産科要略』などがある。『傷寒論精義』は南涯が講義に際して教科書として用いたもので、出版はされず写本として伝わるが、現存は少ない。なお、難波家旧蔵資料には、抱節が校訂を加えたものが伝わる。また『京遊厨費録』には「傷寒論」「金匱要略《きんきようりゃく》」「京都人物誌」「内科撰要」「小刻温疫論《しょうこくおんえきろん》」「和蘭医話《おらんだいわ》」「産科

＊10　蘭斎は明和八年（一七七一）、京都に賀川玄悦《げんえつ》（子玄）の次男として生まれ、父の産科術を継ぎ、あごをひき出す産科器具探頷器を考案。

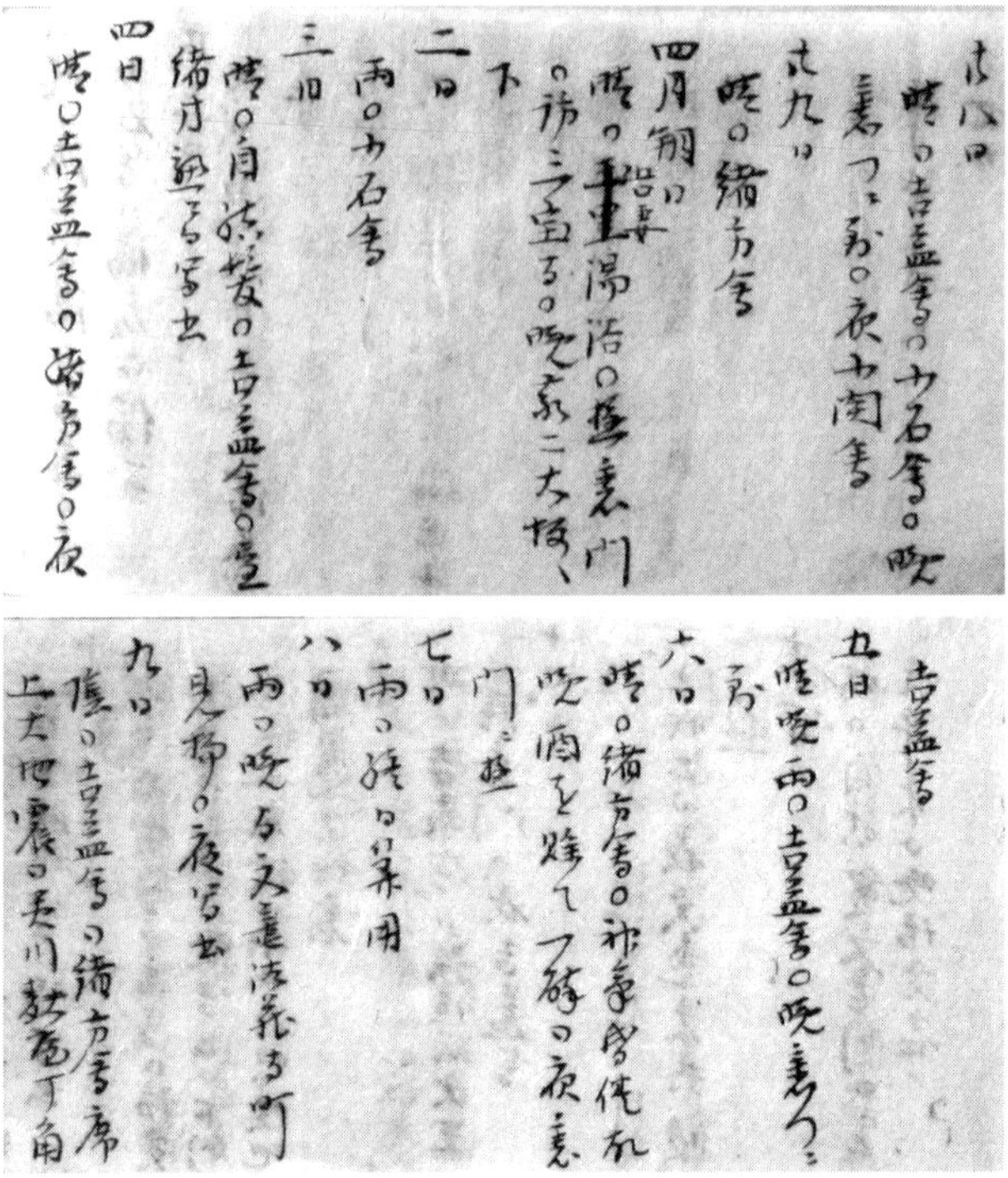

図２『京遊備忘』 財団法人 中島医家資料館蔵

発蒙」「名物考」（『遠西医方名物考』）と、購入した書物が記されている（図3）。

友玄は蘭学にも関心を持ち、三月には小石元瑞《こいしげんずい》（一七八四―一八四九）に、七月には藤林《ふじばやし》普山《ふざん》（一七八一―一八三六）に入門している。小石元瑞は江戸で大槻玄沢《おおつきげんたく》、杉田玄白らに学び、京都で父元俊の医学塾究理堂《きゅうりどう》を継ぎ、新宮凉庭《しんぐうりょうてい》とともに京都の二大蘭方医と言われた人物で、藤林普山は稲村三伯《いなむらさんぱく》（海上随鷗《うなかみずいおう》）に学び、『訳鍵《やくけん》』などの著書により蘭学の普及に貢献した人物である。

一方、漢学に関しては京都遊学時の記録には特に記述はなく[11]、父宗仙と同じく特に師につくことはなかったのであろう。

友玄はその後、種痘も学んでいる。その詳細は不明であるが、自身の記録[12]によれば、嘉永七年（一八五四）には備前国児島郡の医師横山元長（詳細未詳）から学んだとする。難波抱節の子経直とはこの種痘の関係で交流があり、明治九年（一八七六）、友玄と経直はともに救助種痘を県令に願い出ている[13]。

第三節　難波抱節

抱節とその子経直

難波抱節は、寛政三年（一七九一）に備前金川篠野家に生まれ、のちに難波家経寛《つねひろ》の養嗣子となる。京坂に遊学し、吉益流ほか賀川流産科、華岡流外科を学び、帰郷して開業する一方、郷里備前金川の妙覚寺《みょうかくじ》に家塾思誠堂《しせいどう》を開き、その学を広めた。また、緒方洪《こう》

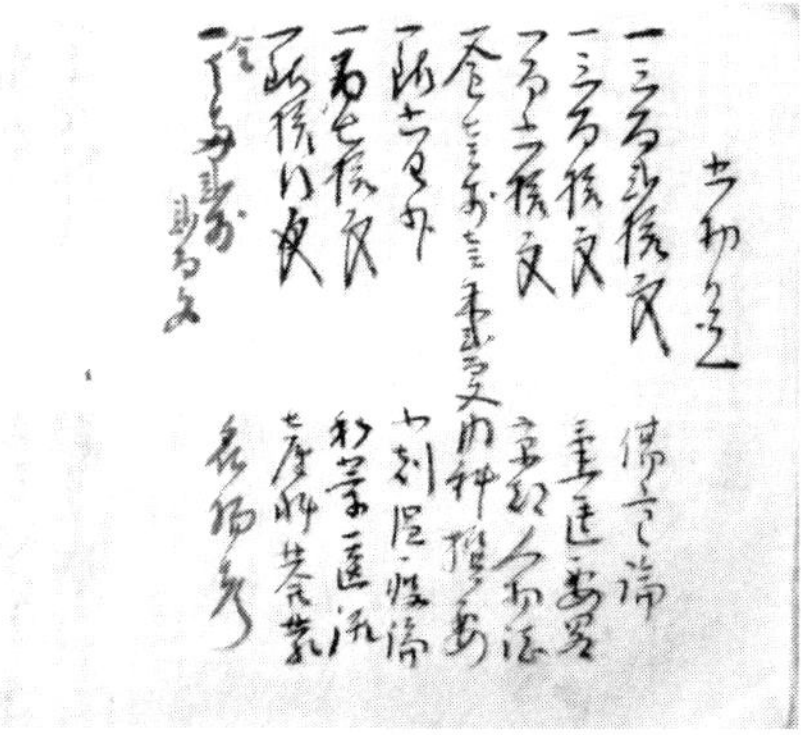

図３　『京遊厨費録』　財団法人 中島医家資料館蔵

＊11　日記には、父宗仙と交流のあった猪飼敬所を訪ねたが会えなかったことは記されている。

＊12　中島家には友玄が記した種痘に関する記録「種痘諸事留」中「種痘履歴書」による。

＊13　木下浩「中島友玄と岡山県邑久郡における江戸末期から明治初期の種痘」（中島医家資料館・中島文書研究会編『備前岡山在村医　中島家の歴史』〈思文閣出版、二〇一五年〉）九六―一一〇頁。

庵《あん》（一八四九―一八六三）[*14]から種痘術を学び、種痘の普及にも努め、安政六年（一八五九）にコレラの治療中、自らも感染し死去した。主な著に吉益東洞の『類聚方』を補正した『類聚方集成』（安政五年〈一八五九〉刊）、産科書に賀川有斎（一七三三―一七九三、賀川玄悦の長男、蘭斎の兄）『産術』を漢文訳改訂した私家版『産術辨』、未刊の大著『胎産新書』、種痘書に『散花新書《さんかしんしょ》』（嘉永三年〈一八五〇〉刊）、『種痘伝習録《でんしゅうろく》』（明治九年〈一八七六〉刊）などがある。

子の経直も父と同様に京坂に遊学し、吉益塾に学んだほか華岡流外科、賀川流産科を修め、郷里にて父の業を助けた。漢学は大坂で藤沢東畡《ふじさわとうがい》（一七九五―一八六五）に、博多で福岡藩儒亀井昭陽《かめいしょうよう》（一七七三―一八三六）に学び、その昭陽からその父南冥《なんめい》と交流がある豊後日出《ひじ》の帆足万里《ほあしばんり》（一七七八―一八五二）の評判を聞き、万里の西崦精舎《せいあんしょうじゃ》にも学んでいる。著に『傷寒論新註』（嘉永六年〈一八五三〉序、未刊）、『外科小補』（安政四年〈一八五七〉序、未刊）などがある。

難波家旧蔵資料

抱節と経直の蔵書を中心とする難波家旧蔵資料は、元来、労働科学研究所に「温知堂文庫」（「温故堂文庫」）として一〇九一点（医書七七〇点、医書以外三二一点）が所蔵されていたが、その後市場に出され、現在、医書の多くと漢学資料の一部が武田科学振興財団杏雨書屋《きょううしょおく》に収蔵されている（二〇一七年七月現在、六三七点〈医書六二五点、漢学一二点[*15]〉）。

＊14　洪庵は大坂にて中天游《なかてんゆう》、江戸で坪井信道《つぼいしんどう》に入門。長崎に遊学ののち、大坂に適塾を開く。

＊15　漢学関係資料については、二松学舎大学で一〇点収集したほかは、現在、特に一括して収蔵されておらず、散逸している状況である。

旧蔵資料は、吉益流古方関係、賀川流産科書、華岡流外科書のほか、蘭方、洋方書も少なくなく、また、抱節や経直の稿本や写本、書入のあるものが多くあり、難波家の医学修学過程や同時代の医学の受容状況が知られる。

抱節の修学

抱節は文化八年（一八一一）に京都に遊学し、吉益南涯に古方を学んだほか賀川蘭斎（一七七一―一八三三）に産科を学び、それら修学の成果は著書や旧蔵資料に現れている。吉益関係では、著書に東洞の『類聚方』を補正した前掲『類聚方集成』があるが、旧蔵資料にはその嘉永二年（一八四九）の校正稿本『補正類聚方』がある。校本はほかに南涯の『観証辨疑《かんしょうべんぎ》』に抱節が校異を施した文化一一年（一八一四）の自筆本『（校本）観證辨疑刪補《さんほ》附言《ふげん》』（図4）、そして既述の通り南涯の講義時の教科書『傷寒論精義』の校本がある。ほかにも遊学時に書写したものに東洞の『医事古言《いじこげん》』がある。

賀川流産科書関係も多く、著書として前掲の『産術辨』があるほか、賀川玄悦（一七〇〇―一七七七）『子玄子産論』、賀川玄迪《げんてき》（一七三九―一七七九、玄悦養子）『産論翼《さんろんよく》』の眉欄には各種文献からの引用を中心とした詳密な書入をしている。

文化一一年（一八一四）には大坂堺の華岡鹿城の合水堂に入塾し外科を学んだ。ここでも書写は行われ、旧蔵資料には木村蒹葭堂《けんかどう》『一角纂考《いっかくさんこう》』、唐・顔師古《がんしこ》の訓詁の書『匡謬正俗《きょうびゅうせいぞく》』

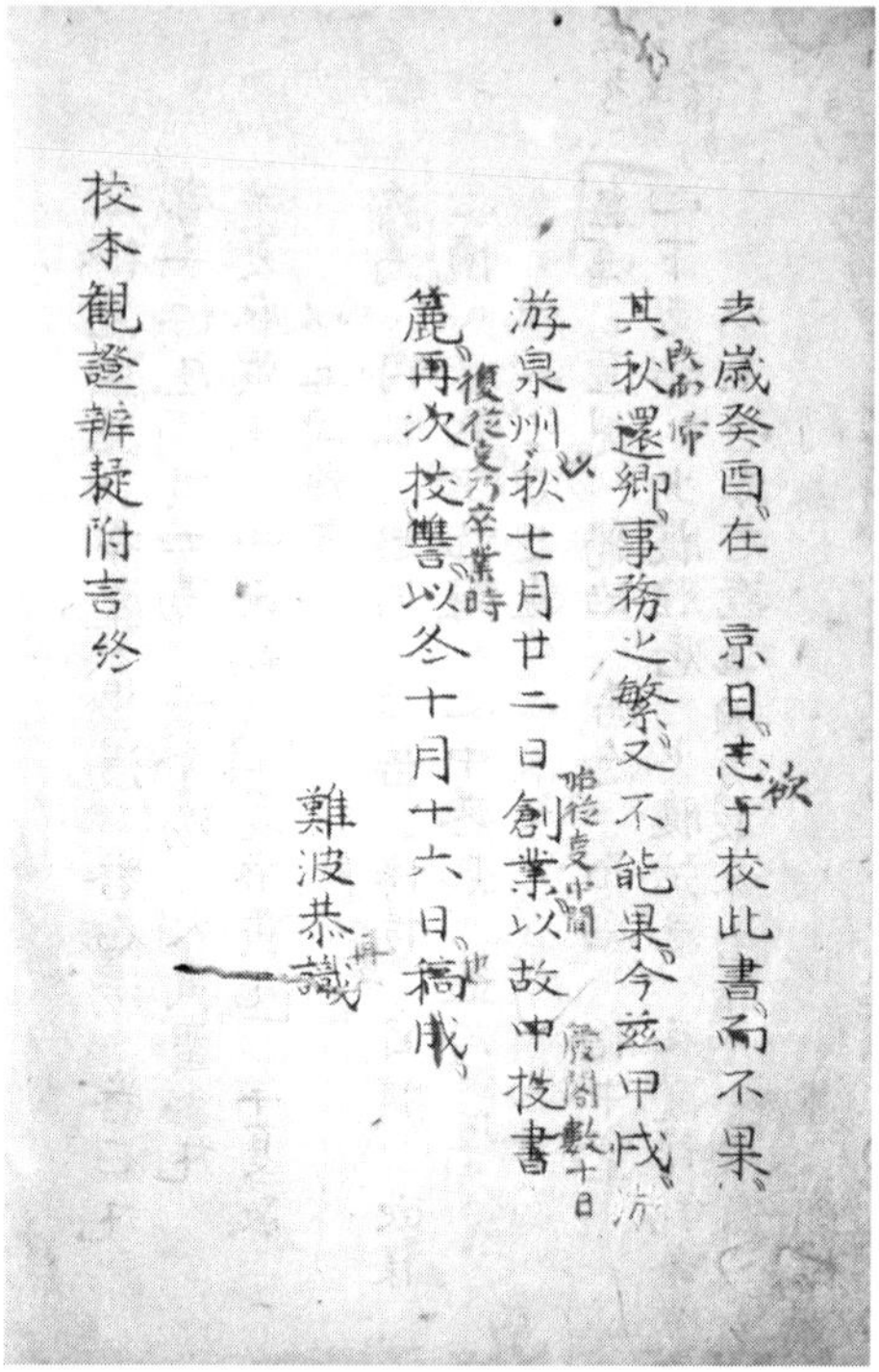

図４　『（校本）観證辨疑刪補附言』武田科学振興財団杏雨書屋蔵

の抱節写本、また抱節と同時期に入塾した中《なか》邑玄瑞《むらげんずい》が同年に合水堂で書写した『春林軒膏《こう》方便覧《ほうべんらん》（春林軒法方録）』が残る。

　漢学については、京都遊学時に服部大方《はっとりたいほう》（一七七〇―一八四六、通称星渓）に学んだ。大方は信濃に生まれ、京都で私塾を開いたのち、岩代二本松藩藩校敬学館の教授を務めた儒医である。大方には抱節は自著『胎産新書』に「源宜」の名で序をもらっている。

　抱節における漢学の中で、子経直の師帆足万里の存在も看過できない。万里は豊後日出に生まれ、京坂に遊学して漢学を学び、日出藩校の教授となるとともに私塾西崦精舎を開き、また一方蘭学を修めた人物である。万里とは経直がそのもとに遊学したことから交流が始まり、万里も抱節のもとへ門人を送り出している。『胎産新書』には万里からも序が贈られている。*16 旧蔵資料には万里の自然科学書『窮《きゅう》理《り》通《つう》』の抱節校写本や前掲『（校本）観證辨疑刪

＊16　『胎産新書』には、このほか幕府医官多紀元堅《もとかた》（茝庭《してい》）（一七九五―一八五七）も序を呈している。

補附言』には万里による朱筆訂正書入があるなど、書物を介した交流のあとが見える。
文化一二年（一八一五）に帰郷すると医療に従事する一方、妙覚寺内に家塾思誠堂を開き、医学とともに漢学も教授した。その門弟は東海北陸から九州を中心に百余名にのぼった。嘉永三年（一八五〇）、かねてより懸案であった疱瘡の治療として、緒方洪庵から種痘術を学ぶ機会を得ると、同年には種痘書『散花新書』を著した。
抱節は医家として実際に診療もしていたが、家塾で教授をしつつ、学者としての活動も併行し、その成果として著書のほか各種校本が今に伝わる。

第四節　伊藤忠岱

忠岱と旧蔵資料

伊藤忠岱は信濃・春日村（現、長野県佐久市）に生まれ、始めは家業の呉服商を継ぐも、学問意欲が旺盛で行動力もあったため、家業は弟に譲り、まずは京都で吉益南涯に古方を学び、江戸に出ては三輪東朔《みわとうさく》*17（一七四七—一八一九）に刺絡《しらく》を、そして漢学を大田錦城《おおたきんじょう》*18（一七六五—一八二五）に学んだほか、池田流治痘、華岡流外科なども修め、地元信濃周辺を中心に各地に出講し、その学を広めた。また出講先のひとつ上毛吾妻地域では高野長英《たかのちょうえい》*19（一八〇四—一八五〇）門下の人々と交流を持ち、そこからさらに蘭学も学んでいる。

---

*17　東朔は延享四年（一七四七）常陸に生まれ、刺絡を荻野元凱《おぎのげんがい》に学び、江戸で開業した。

*18　錦城は、明和二年（一七六五）医家である父玄覚の七男として加賀に生まれ、はじめ山本北山に師事するも一年で離れ、次いで多紀元徳《もとのり》、元簡《もとやす》父子をはじめとした多紀家と親密な交流を持つ。吉田藩、加賀藩に仕官し、藩邸に出講した。

*19　長英は文化元年（一八〇四）奥州胆沢郡水沢に生まれ、江戸に出て杉田伯元、吉田長淑《ちょうしゅく》に学ぶ。

著は医学漢学両面にわたり、三輪東朔の口述を筆記した『刺絡聞見録《しらくぶんけんろく》』〈文化一四年〈一八一七〉刊〉ほか、『傷寒論張義定本』〈文政元年〈一八一八〉刊〉、『孝経国字解』〈文化一四年刊〉、『中庸莛撞《ちゅうようていとう》』〈文政四年〈一八二一〉刊〉、『大学国字解』〈天保七年〈一八三六〉刊〉、『老子国字解』〈天保九年〈一八三八〉刊〉など刊本六点のほか、稿本三〇点あまりを残している。そのほか旧蔵資料には自身が受講した講義の聞書〈講義筆記〉が多く残る。

忠岱の旧蔵資料は約六〇〇点一〇〇〇冊以上にのぼり、その大半は師や知人の蔵書を借覧書写したものや聞書類など自筆資料である。[*20] その多くには書写年月日、書写地、借受した資料の所蔵者などの基本的書写情報が記された識語あり、その中には同時期の自身の活動状況について詳述されているものもある。よってそこから忠岱の修学状況を知ることができる。

文化文政期の忠岱——京都・江戸時代

忠岱は家業の呉服商のため京都に出る機会が多く、その際に吉益東洞の「万病一毒説」とそれに基づく古方に触れ、関心を持った。寛政三年〈一七九一〉頃より吉益家に出入りするようになり、その後、文化元年〈一八〇四〉、二七歳にして東洞の子南涯に正式に入門する。なおそれより以前の寛政一一年〈一七九九〉には江戸の大田錦城に入門しているが、錦城のもとを頻繁に訪れるようになるのはのちのことである。

文化一三年〈一八一六〉、三九歳の時に弟に家業の呉服商を譲ると、学問に専念できるよ

＊20　旧蔵資料は、現在、ご子孫により管理されている。

うになり、その年に江戸に出て、刺絡の三輪東朔に入門した。「刺絡」とは皮膚に鍼を刺して血液を瀉出させる療法のことで、忠岱は知人から刺絡の効能とそれを東朔に学んだことを聞き、さっそく浅草北馬車道の自宅を訪ね、入門に至った。*21 その後は東朔宅にしばしば身を寄せ、ここを拠点として意欲的に学究活動に励んだ。当時の修学状況については忠岱の書写資料に記された識語から窺い知れる。例えば以下の通り。

文化一四年（一八一七）九月、錦城からその著『梅本増多原《ばいほんぞうたげん》』の巻一を借り写し始めた。しかし、自身の著書『傷寒論張義定本』の刊行にとりかかっていたため移写の時間が無く、一一月に終えた（『梅本増多原』巻一識語）。そして翌年三月から四月は、自著『傷寒論張義定本』刊行のため再び江戸に出て東朔宅に寄寓し、錦城から『梅本増多原』巻一に引き続き巻二と錦城の著『壁経辨正《へきけいべんせい》』巻一から巻三を借り書写した（『梅本増多原』巻二、『壁経辨正』巻一識語）。その間、治痘の池田霧渓《いけだむけい》*22（一七八四―一八五七）から明の朱巽《しゅそん》著『痘科鍵《とうかけん》』の講説を聴き、幕府医官杉本樗園《すぎもとちょえん》（一七七〇―一八三六）の塾を訪ねては『温疫論』の会読に参加し、錦城のもとでは『左伝』『周易』『詩経』『孟子』『論語』の講義を聴講した。

またその合間には、江の島、鎌倉方面に出かけ、弁財天、鶴ヶ岡八幡宮、金沢など名所旧跡を歴遊する（『梅本増多原』巻二識語）など、学問に限らずさまざまな見聞を広めていった。

また、文化一五年（一八一八）五月、文政元年に改元したこの月、同じく東朔宅で池田霧渓の義父瑞仙の著『痘疹精要』（痘科辨要）を書写している（『痘疹精要』識語）。

---

*21　三輪東朔口述・忠岱筆記『刺絡聞見録』文化一四年（一八一七）忠岱序。

*22　霧渓は天明四年（一七八四）上毛に生まれ、江戸に出で池田瑞仙（一七三五―一八一六、名は独美）の門に入り痘科を修め、のち瑞仙を襲ぐ。

これらのことから、忠岱は漢学と医学を区別なく併行して修めていたことが察知される。

錦城に『老子』『孟子』『論語』『中庸』『荀子』『書経《しょきょう》』『周易《しゅうえき》』などの講義を受講した忠岱であるが、それと同時期に錦城の第三子晴軒（一七九五―一八七三）の『荘子』『呂氏春秋《りょししゅんじゅう》』、錦城第四子晩成《ばんせい》（一八〇一―一八六七）の『孝経』『孟子』の講義を受講している。これらの講義にはそれぞれ聞書が残るが、その中には錦城の高弟で近世後期に活躍した考証学の海保《かいほ》漁村《ぎょそん》（一七九八―一八六六）の聞書を移写したものもある。忠岱の漢学の修学にあたっては、この漁村の存在も大きい。

海保漁村は寛政一〇年（一七九八）、上総国武射郡北清水村（現、千葉県山武郡横芝光町）に医師恭斎《きょうさい》の三男として生まれ、文政四年（一八二一）に江戸へ出て多紀元簡《もとやす》（一七五五―一八一〇）[*23]の長男元胤《もとつぐ》（一七八九―一八二七）の知遇を得て、多紀家と関係が深く元胤の漢学の師である大田錦城に入門し、のちに医学館直舎儒学教授となった。漁村は忠岱より二〇ほど年少になるが、同門としてともに錦城の講義を筆記し、それら聞書類を互いに賃借しあったほか、忠岱著『孝経国字解』『大学国字解』には序を呈し、忠岱の墓碑銘を漁村が撰するなど生涯にわたって親密に交流している。

忠岱の修学過程において、錦城、漁村の学問の背景にある多紀家の存在も重要である。錦城は多紀元徳（一七三二―一八〇一）、元簡父子をはじめとして多紀家と親しく、同家の貴重書や清人の新著など豊富な蔵書を閲覧する機会を得られた。このことは忠岱の書物収集に影

＊23　元簡は宝暦五年（一七五五）、幕府医官で多紀家第六代元徳（藍渓）の長男として江戸に生まれ、のち奥医師、医学館助教となる。

響をもたらしたことであろう。

江戸に出て来た際の忠岱は、貪欲なまでに精力的に活動したが、これらの行動はあるいは彼に限ったことではなく、地方在住で知識欲のある人間ならば、多少の差はあれ、みな同様の行動をとったのかもしれない。地方に比し、江戸、京都、大坂など学問環境が整った地に出た際には、誰しもその滞在期間中は積極的に評判の学者を訪ねてはその講筵に連なり、また可能な限り購入なり借覧して移写するなりして書物を収集したりし、そして合間には物見遊山にも出かけたことであろう。その傾向は備前の中島友玄、難波抱節にも少なからず見られ、京都遊学時代は一日に複数の塾に通い、書物を購入するほか、日々書写に励んでいたことは既述の通りである。

天保期の忠岱―大坂時代

忠岱は天保二年（一八三一）八月から翌年五月まで大坂在番の禰津《ねづ》領主六代松平忠侃（一七八八―一八四二）[*24]に随行した。大坂滞在中も日々書写は続けられ、中川壺山《なかがわこざん》（一七七一―一八五〇、通称は修亭）[*25]の著『噎膈胃反論《いっかくいはんろん》』『舌診考《ぜっしんこう》』『菊圃漫筆《きくほまんぴつ》』『女病帯下考《にょびょうこしけこう》』『治労要訣《ちろうようけつ》』『用汞談《ようこうだん》』『六経新論《りくけいしんろん》』『医方新古辨』『春亭医話』のほか、大田晴軒講説『左伝聞書』、和田東郭『含章斎《がんしょうさい》経験方』、恵美三伯《えみさんぱく》『晩成堂方函《ばんせいどうほうかん》』、奥劣斎《おくれっさい》『達生園方轂《たっせいえんほうこく》』、新宮涼庭『痢《り》論《ろん》』、後藤椿庵《ちんあん》『一家稿《いっかこう》』、和田東郭『黴瘡一家伝《ばいそういっかでん》』、華岡青洲『春林軒禁方集』、猪飼敬所

＊24　松平忠侃は、江戸に生まれ、但馬守、百人組頭、小百姓組番頭、西丸書院番頭、書院番頭、大番頭を経て、天保二年（一八三一）大坂在番、五年二条在番、同八年大坂城在番となり、同十年家定側勤となった（東部町誌編纂委員会『東部町誌　歴史編　下』東部町誌刊行会、一九九〇年）。

＊25　壺山は明和八年（一七七一）近江に生まれ、華岡青洲の食客となり、のち京都で吉益南涯に古方を、稲村三伯（海上随鴎）に蘭学を学ぶ。

『九経談辨駁標記《きゅうけいだんべんばくひょうき》』など、中川壺山の著を中心に、漢学を含め多分野にわたる医書二〇点あまりを書写している。[26]

　壺山の著書は忠岱旧蔵資料に大田錦城に次いで多く存している。壺山は寛政四年（一七九二）に南涯に入門するが、その時代に交流があったのであろう。

忠岱と上毛・吾妻地域の医家

　大坂から帰郷後は、忠岱は次第に周辺地域に出講することが多くなった。その中で『中庸章句』『大学章句』などの講義に出向いた上毛吾妻中之条地域の人々との交流は、忠岱にまた新たな修学の契機となった。次は蘭学である。

　出講宅のひとつに医家の柳田鼎蔵《やなぎだていぞう》（一七九六―一八五五）がいる。鼎蔵は高野長英門人であり「長英の最もよき後援者で、長英門下の吾妻地方での元締め的存在」[27]であったとされる。長英と中之条の関係は深く、長英は同地域に出講し鼎蔵宅でもしばしば講義している。そのひとつである天保四年（一八三三）七月から八月にかけて開かれた『医原枢要《いげんすうよう》』の講義には忠岱も受講し、それにともない長英の高弟の一人で吾妻蘭学の中心的人物の医家高橋景作（一七九七―一八七五）が筆記した聞書を移写している。それは「総病論」「蘭説聞書」と合綴して一冊とされ、「総病論」末の書写識語は、柳田鼎蔵らその講筵に連なった長英門下の人々が列記されている。[28]

＊26　書写識語はほぼ一様にして、「天保二年…於摂州大坂御城内玉造口東御小屋松平但馬守様御在番中写之／伊藤祐義忠岱書」と記される。

＊27　金井幸佐久『高野長英門下　吾妻の蘭学者たち』（上毛新聞社、二〇〇一年）。同書によれば鼎蔵の長英への入門時期については不明ながら、おそらく天保二年（一八三一）、長英が沢渡温泉の医師福田宗禎五代浩斎の招きで中之条に来遊の頃とされる。

＊28　「柳田鼎蔵、根岸秀蔵、望月俊斎、及小生、遠藤玄亮」

鼎蔵宅ではそのほか長英の『眼科精要《がんかせいよう》』『泰西薬性備要《たいせいやくせいびよう》』を借覧書写している。一方、鼎蔵も忠岱から『賀川有斎口訣《くけつ》並《ならびに》手術解《しゅじゅつかい》』や吉益南涯の『方庸《ほうよう》』『金匱要略聞書』などを借受し移写しており、相互に蔵書の賃借があった。

景作も忠岱同様勉学に熱心であったため蔵書も多く、人と賃借することが日常であった。それについては文政九年（一八二六）以降に賃借した資料について記録した「書籍出入帳」がある。それによれば忠岱には前出の聞書のほかリサルトの『人身窮理』、チットマン外科書などを貸している。このようにして忠岱は吾妻中之条地域で医学、漢学を講授する中で、鼎蔵、景作はじめ同地域の長英門下の人々と交流し、そこから長英の学に触れ、また資料の借覧書写を通して蘭学を修めていった。[＊29]

第六節　それぞれの学問修業

近世後期、ほぼ同時期に京都に遊学し吉益塾に学んだ備前の中島宗仙友玄父子、難波抱節、そして信濃の伊藤忠岱は、いずれも吉益塾への入門から本格的な学問修業が始まった。遊学中はみな吉益流以外の学問習得にも熱心でそれぞれ複数の塾に通い、また塾ではもうひとつの目的である書物収集のため、師あるいは同門の蔵書を借覧し、書写活動にも力を入れていた。

吉益塾以外の修学や京都遊学後の学問状況についてはそれぞれ異なるが、その相違には、

＊29　柳田鼎蔵、高橋景作等上州中之条医師群と高野長英、そして忠岱との交流については、＊4青木氏同書、及び同氏「草莽の蘭学」（竹内誠編『日本の近世　第一四巻　文化の大衆化』中央公論社、一九九三年所収）に詳しい。

ひとつには各家業との関係、もうひとつには各在住地域との関係があろう。

中島家と難波家は元来医家であり、修学の第一の目的は従事する医業のためであった。遊学後は郷里にて開業し、その後は新たな修学もあまり叶わなかったであろう。ただし難波家の場合は家塾を開き学者としての側面もあったため、開業後も日々学問と向き合うことができた。他方、伊藤忠岱の場合は家業が呉服商であったため医業に就くことは既定ではなく、またその家業も弟に譲ったため学問に専念することができ、修学は純粋に知識欲によるものであった。よって自身の関心の赴くところに応じ、学問を修めることが可能であった。

忠岱は京都遊学後さらに吉益流以外の医学、またそれと併行して漢学を修めるため江戸に向かった。信濃在住の忠岱にとって江戸行は、漢学の師大田錦城に学ぶためでもあるが、やはり京坂よりも距離的に近いことも影響しているであろう。そして錦城の学を受ける中で未知の学に出会い、さらに学を追究していった。また、忠岱にとって信濃は、蘭学修学の上で大きく影響した。忠岱が信濃から出講に出向いた周辺地域のひとつに蘭学が盛んな吾妻中之条地域があり、そこの高野長英門下の人々との交流したことが、忠岱にまた新たな学問領域を広げる契機となった。

一方、備前の中島家難波家の場合、江戸とは距離が遠いこともあってか、直接江戸の地で学問を修める機会はなかった。抱節の子経直が漢学を学んだのは京坂と九州地域で、大坂の藤沢東畡、博多の亀井昭陽、豊後の帆足万里であった。そして中島家の家仙は蘭方の知識を得るため長崎に出向いた。

これらの相違はもちろん教えを請いたい師の存在もあるが、在住地域の影響も否めない。

【参考文献】
町泉寿郎翻刻「吉益家門人録」（一）～（四）（『日本医史学雑誌』第四七巻第一・二・四号、第四八巻第二号、二〇〇一年―二〇〇二年）
中島医家資料館・中島文書研究会編『備前岡山在村医　中島家の歴史』（思文閣出版、二〇一五年）
中山沃『備前の名医　難波抱節』（山陽新聞社、二〇〇〇年）
青木歳幸『在村蘭学の研究』（思文閣出版、一九九八年）「第六章　在村漢学者伊藤忠岱と蘭学―漢学と蘭学の接点―」

研究の窓

清医と幕府医官の筆談について
——清医胡兆新『問答』『筆語』

郭　秀梅

はじめに

日本の漢方医学は、中国医学を基にして発展した伝統医学で、六世紀頃までに朝鮮半島経由で中国医学を導入した。七世紀以降、遣隋使・遣唐使による中国との正式交流開始にともない、中国の医療技術と医薬書籍が直接大量に輸入され、人員が頻繁に往来するようになった。とりわけ、江戸幕府第八代将軍、徳川吉宗は実学を重視し、書物や動植物などの輸入を奨励しただけでなく、中国医学についても関心を示した。

当時、唐船に通じて、医書を舶来させると同時に、医師を招いてきた。中国医師たちが海を渡って日本に赴くのは、自主的に商船を利用して来日した場合、あるいは幕府の招聘に応じて日本に医学知識を伝授する場合に分けられる。

歴史的背景

江戸時代、日本の医官たちは高水準の漢学能力をもち、漢籍を読み、しかも、漢文で著書・論説まで執筆したにもかかわらず、会話をすることができなかった。そのため、漢文を書くことで質問や回答などを行うのは、重要の交流方法になるわけである。

日本各地の図書館や地方の郷土資料館には、各種の筆談と筆語・書簡などが現存し、そのなかには専門医薬に関わる記録が含まれている。これらの資料を通じて、歴史背景・文化・技術の発展と異同をさかのぼることができる。

ここでは、幕府の招聘により、最後に訪日した医師胡兆新《こちょうしん》が幕府医官と筆談した記録『清医《しんい》胡兆新《こちょうしん》問《もん》答《どう》』[*1]（『問答』と略す）と『胡氏筆語《こしひつご》——（外題）崎館箋《きかんせん》臆《おく》』（『筆語』と略す）を紹介する。

清医胡兆新の名は振、別号が星池、侶鴎で、江戸幕府の命に応じ、享和三年（一八〇三）一二月に日本長崎に渡った。ときに五九歳。住居は蘇州《そしゅう》呉県《ごけん》で、幼時より書を好み、二〇歳で学に志したが、病弱のため儒を棄て、医を何鉄山《かてつざん》に学んだという。医業に長じるだけでなく、詩文・書にも優れた。現存資料によれば、彼は長崎滞在の約一年半に、寺院で病人を診療しながら、日本人の医師・文化人との交流を厭わず行ったという。

筆談について——『問答』

当初、幕府は胡兆新の活動を唐館商人の治療に限定した。しかし、実際には、来日してまもない文化元年（一八〇四）二月から、聖福寺《しょうふくじ》と崇福寺《そうふくじ》で日本人の治療を始めている。同年五月には、江戸医官たちからの質問に応じ、胡兆新との応答が『問答』として編集された。『問答』の写本および和訳本の多くは、江戸時代に広く流布していたものである。淡々と書写され訳されたようで、当時の日本の医者が中国の医療情況や民間療法を知りたがっていたことを示している。

『問答』は一六問からなり、内容は中国の医事制度・伝授方法・考試科目・必読書・民間病名・診療法・煎服法・字義・医事風俗・地方の名医など広範囲にわたる。臨床では、内科・小児科・婦人科・外科、さらに腹診《ふくしん》法まで及んでいる。また、日本で俗に早打肩《はやうちかた》・早手《はやて》・百日咳《ひゃくにちせき》と呼ぶ症状について説明を求め、中国に「奇《き》方霊剤《ほうれいざい》」があるかと質問する。しかし、高遠な理論に関する問いはない。こうした傾向からすると、質問者らは漢籍記載の医学理論や臨床治療にはさほど関心がなく、どちらかというと中国での医療の現状や有効な伝統療法に興味を示していたといえる。

胡兆新は、一九条にわたり回答した。そのなかで注目に値するのは、三皇廟図《さんこうびょうず》と腹診に関する質問である。質問者は、江戸にいる多紀元簡《たきもとやす》だったことが明らかとなっている。当初、多紀元簡の提議により、胡兆新の招来と、長崎の医師で多紀の弟子である西原《にしはら》長允《ちょういん》たちが唐館で胡兆新と対話することが幕府から許可された。

『問答』の第一問は医学制度に関することで、そのなかに三皇廟のことに触れている。具体的には、「但医学の内には三皇廟・先医廟有之趣に候。彌左様に候哉。惣て医学一体造営の様子、廟堂学舎門垣の様子、各地にて異同可有之筈に候へ共、其大概を何様にも見はかり、追口絵図に致し候を見申度候。若胡兆新市医にて其場の義辨不申候哉も難斗候得共、傳聞にても存居候はは、荒増之所にても宜候」と、三皇廟の絵図を知りたいという。これに対して、胡兆新は「問三皇廟者寺院也、非学也。亦甚寛大、外為廟門、上有門額刻三皇廟。進門有外殿両傍所供侍従之像。再進大殿五間、中供三皇像、冕旒纊繪、五彩裳服。廟門大殿倶係南向、傍有張仲景先師殿、再有客座。書房内有道士承應供奉。後静室為道士居住、医家朔望進香。」と答えたうえ、四丁で水墨の三皇廟の図を描いた。しかし、多紀は胡兆新の返答に満足せず、三皇廟に関しての胡兆新の回答は「此蓋就蘇門一地而言之。如両直隷、恐不如此」[*2]と反論している。多紀氏は、医学校に三皇廟を設置することは元時代からはじまったと確信していた。

腹診について、胡兆新は「問唐山診治、但有按脈、而無按腹之説。況古来亦並無此法。然亦有之、或患腫脹腹満之症者、視其腹之形色、按其腹之堅軟耳。再或幼科童稚未免傷於食者、故亦按之。其他癥瘕痞塊病人自能詳述、亦毋庸按之也」と返答した。

多紀の『医賸《いしょう》』によると、腹診に関しては「臨病必診按其腹、詳見於四十九難楊玄操。丁徳用注。此医家四診之外、不可缺之事也。蓋此彼邦近代之弊習為然」[*3]と不満を示している。

ちなみに、腹診に関する楊玄操《ようげんそう》・丁徳用《ていとくよう》の注は四十九難ではなく、四十八難である。[*4]多紀元簡の記憶違いだが、多紀の質問の要点は、日本では脈診以外に必ず腹を診るが、中国では脈診しか行わないという点にあった。しかし、胡氏は「腹診が望・聞・問・切の四診に属していないから診ないのが一般的だが、病状によっては腹を按ずる場合もある」と答えた。この回答に対して、多紀は「胡兆新が古今の医書もよく検討せずに漫然と答えて、なんと見識の浅薄なことだろう」と強く非難している。

『胡氏筆語―（外題）崎館箋臆』

文化元年秋、幕府医官の吉田《よしだ》長達《ちょうたつ》・千賀《せんが》道栄《どうえい》・小《お》川文庵《がわぶんあん》、そして、のちに松平出羽守の侍医になった藍《あい》川玄慎《かわげんしん》が長崎に赴き、胡兆新に学んだ。医官たちは文化元年の七月下旬に江戸から出発し、九月上旬に長崎へ到着。一二月上旬までの期間に、毎月の四と九の日に唐館を訪ね、胡兆新と対話する。もちろん、この対話は筆談、あるいは唐通詞によって行われた。しかも、毎月の二と七の日、崇福寺・聖福寺に出かけて胡兆新と同席診療した。そのときの経験を、問答の形式で『筆語』と題して記録し、そして『胡氏方案』を編集した。

『筆語』の質問内容は、基礎理論・臨床各科・針灸・本草・方剤・薬量・薬具・字義・風俗など、医学問題にまで及んでいる。医官たちが日常、難解な問題、難病、あるいは興味がある医事などを胡兆新に聞いていた。これらに対する胡兆新の返答は、素朴かつ的確なものだった。胡兆新は蘇州呉県の民間医で、古典の解釈より、臨床の面に長じていた。なぜなら、臨床の質問に関しては納得のいく回答をしているが、医学文献と考証学などの問題には十分に答えておらず、みずからわからないと正直に答えているときもある。九月一九日の筆語によれば、医官からの初生小児《しょせいしょうに》断臍法《だんせいほう》、小児歯病に関する質問に対し、胡兆新はそれが穏婆と幼科医の分野であり、自分には詳しくわからないと回答している。

胡兆新は医官たちと筆談するだけでなく、寺院で病人を一緒に診ながら、脈学などの検討をしたこともある。胡兆新の脈学に関する回答に、医官たちは深く感心している。

九月二四日の筆語によると、小川文菴は「往日于崇福寺、示実輩脈象、多謝多謝。古人説脈各懐己見、紛紛無定。実不才、至洪大軟弱牢革弦緊之類、甚難知覚。雖指下之玄理心之所得、先生陳各脈象形、以示梗概、何幸加之。」といった。胡兆新はこの質問に対して、「按脈辨脈、全在心領心会、不可言語形容也。総在熟読脈訣、脈証相参、臨診千万、乃能心領神会也、一時何能詳述。」と返答している。

しかし、二四日の筆語中に、不愉快なことが起こったという記事がある。それは、千賀道栄の『黴瘡秘録《ばいそうひろく》』の陽城鑵《ようじょうかん》・『明史《みんし》』の縊死《いし》や『十便良方《じゅうべんりょうほう》』の傷風吹霎《しょうふうすいしょう》などの質問は、胡兆新を辟易させたので、やや不機嫌になった。千賀道栄は、みずからの陽城鑵などの質問が胡兆新を窮地に追い込んだために、さらに問いつめるのを遠慮した。

この日の筆語が終わったとき、胡兆新が医官たちに「凡読書看書、与食物相同。人之食物、則食其肉去其骨、去其渣滓」という文章を出し、諸医官が糟粕に拘って考証・質問するのは意義がなく、際限のないことだとたしなめた。諸医官はこの文章をみて、胡兆新が不機嫌になったことに気づき、興ざめして帰っていった。後日、聖福寺を出たところで、医官たちが一文を胡兆新に渡した。文中には、前日に見せた文章の教えに感謝の意を示し、われわれが山海を越える艱難の旅に耐えて長崎に来た目的は、医学の精微を追求するためであると誠意を表した。これに対し、胡兆新は「読書は『霊』『素』から初めて、『傷寒論』『金匱』の次に金元四家などを読んでいくが、諸家学説の中の無意義な内容を吸収していけない」などと訓諭している。

一一月二七日付けの、吉田菊潭《よしだきくたん》より胡兆新に宛てた手紙、および胡兆新の返事がある。この手紙は、一一月頃に吉田氏が瘡にかかり、しばらく休んでいて胡兆新と会えなかったので、中日医師の学問研究の方法について手紙を出し、胡兆新に尋ねたものである。

　この二人の手紙は、当時の中日両国における学者の学術観、および医学状況を現している。周知のごとく、多紀家の私財で造営された躋寿館は、寛政三年（一七九一）一〇月に官立に昇格して名を医学館と改め、江戸中後期の医育・校刻事業を主宰した。一代で優れた医者を養成し、江戸時代医学の発展に尽力したのだ。吉田が二五歳の若さで古籍を熟知し、勤勉に学問を志したのは、その時代の医学水準を裏付けるものである。それに対し、胡兆新は感銘を受け、みずから本国の医師たちが、日本学者の学問の広さ・深さに劣ることを恥じた。そして、日本の医薬医療制度、学校の設立、および医学教育制度に対して羨む心情を述べている。

　胡兆新が来日した時代はまさに江戸時代後期で、考証学派の活躍にともなって、古典籍の研究が頂点に達し、古典を基本とする漢方の基礎学問が打ち立てられた。とくに、幕府医官たちは医学館の恵まれた条件のもとで研修に精励し、主に中国古典の翻刻、考証学などの面ですばらしい成績をあげた。同時代の中国清代では、前代の学説を継承して、医学考据学《いがくこうきょがく》が全盛時期に入り、医学類書および個人的な医学叢書の編纂が盛りあがった。しかし、当時の中国医学の日本に対する影響は、唐宋医学にはるかに及ばなかった。日本の学者は清代の医学著作にあまり関心をもたず、その一方で、唐宋医籍を熱心に研究している。

　ところで、当時最高の医学教育を受け、中国医者が嘱目しえない古典籍の集まっている環境で育てられた幕府医官の吉田氏に対し、胡兆新は単なる地方の民間医にすぎず、学問上は近い時代の医籍・学説を重視し、臨床により傾注するのは不思議なことではない。

この志向の違いがあってこそ、日本人医師が来日清医に親炙して中国の現状を把握することに、特別な興味を抱いたのである。

おわりに

『筆語』は、『問答』の次に胡兆新が来日してから従事した医事の記録が続き、その内容は豊富かつ生き生きしている。『筆語』にある質問と同じものが『問答』にもみられる。たとえば、初生小児断臍法・妊娠腹帯・早手・早打肩・三皇廟などである。この点からみると、『問答』の答えに対して医官たちは納得せず、またこれらの問題は日本の医師たちに重視されたものだということがわかる。

『問答』と『筆語』を勘案すると、二者の異なるところは、『問答』があくまで紙面の問答で感情をあまり含んでいないのに対して、『筆語』は親しく対面して交流するなど、生き生きと中日両国学者の実態を反映している。また、年少の医官たちの態度は遠路、胡兆新に就いて学ぶことに、堅い決心と知識を強く求める情熱とを現していた。ややこしい質問も医師たちが意地悪だったわけではない。まさに、藍川玄慎の胡兆新への手紙のなかに、「みずから常に胡氏について習いたいけれど、官府の制限があるので、不可能でした。ゆえに、聞きたい問題をしつこいほど尋ねていた」と感嘆しているように、この得がたい機会を利用して、知りたいことを胡兆新に教わりたかっただけなのである。

胡兆新はわずか一年半余りの間に非常に多くの業績を残し、中日医学文化交流の歴史においては忘れてはならない人物といえる。

【註】

＊1　『宮内庁書陵部和漢図書分類目録』（二七六函三六五、宮内庁、一九五三年）一四七八頁。

＊2　多紀元簡『医賸』（『近世漢方医学書集成　一〇八　多紀

元簡　八』名著出版、一九八三年）一一七―一一九頁。
＊3　前掲＊2同書、一一九頁。
＊4　『難経集注』（人民衛生出版社、一九五六年）六八―六九頁。

【参考文献】

拙稿「清医胡兆新の来日記録と業績―長崎における一八〇三～〇五年の活動」（『日本医史学雑誌』四七―一・二、二〇〇一年）

第Ⅳ部　医学医療制度

第一章　宗伯と漢方存続運動

渡辺浩二

第一節　宗伯の幕末医学事情

現代医療の中の漢方医学

現代医療の中で、漢方薬は西洋薬と並び、欠くことのできない存在となっている。漢方薬は健康保険の下、薬として医療機関で当たり前のように処方される。日本における漢方は、一般に昔からなじみがあり、日本古来の伝統として、連綿と受け継がれていると思われている。しかし、この伝統が明治維新以降、明治中期から昭和の初めまで衰退していたという事実は、ほとんど知られていない。明治政府は西洋化、富国強兵を急ぐ中で漢方医学廃絶の方針を選択し、漢方は法的に正統な医学として認められず、医学教育の中で学ばれることが無くなったのである。

明治に衰退した漢方は、民間で細々と伝わり、時代の求めに応じて、大正から昭和初期にかけて、少しずつその存在感を増し、数多の先人の努力により、現在では医学教育にも採

＊1　平成一三年（二〇〇一）に医学教育モデル・コア・カリキュラムの統一目標に「和漢薬を概説できる」が追加。

＊2　のちの大正天皇。

＊3　浅田宗伯の生誕日は、矢数道明が『漢方の臨床』誌三十七巻九号百二六頁に報告。谷中天王寺墓碑は五月二二日だが、『橘窓書影』『栗園自序』五月二三日が正しい。

＊4　識此、勿誤薬室ともに漢方の古典『傷寒論』桂枝湯条文

*1用され、再興を遂げている。この漢方の伝統を細々と、そして力強くつなげてきた一派に浅田流漢方がある。浅田流漢方とは、幕末明治最後の巨頭といわれた漢方医浅田宗伯《あさだそうはく》（一八一五—一八九四）を祖とする漢方の流派のことである。

幕末の名医浅田宗伯

幕末明治に活躍した漢方の名医の一人に浅田宗伯がいる。宗伯は幕末に幕府の最高医官である法眼《ほうげん》として、維新後は明宮嘉仁《はるのみやよしひと》*2の尚薬《しょうやく》となり、将軍家からも皇室からも、その臨床的手腕を信頼されていた町医者である。

写真１　浅田宗伯写真　浅田宗伯の弟子、新妻荘五郎子孫に伝わるもの　和智明彦氏蔵

浅田宗伯は文化一二年（一八一五）五月二三日*3、信州筑摩《ちくま》郡栗林村、現在の長野県松本市に、祖父から続く医家の三代目として生まれた。名は直民《なおたみ》、のち惟《これ》常《つね》。字は識比《しきし》、通称を宗伯、栗園《りつえん》と号した。またその薬室を勿誤薬《ふつごやく》室《しつ》*4という。

宗伯自身の自伝*5によれば、幼年時代はいかにも愚鈍で、四書五経を教えた師匠も首を傾げたとの

中の「常須識此、勿令誤也。（つねにこれらの法則を識って、薬を誤って処方することのないようにしなさい。）」から取る。

*5　浅田宗伯著『橘窓書影』明治一九年（一八八六）刊。巻末「栗園自序」。

*6　江戸中期京都の古方派漢方医師で吉益東洞の弟子。

*7　高遠藩儒医。嘉永四年（一八五一）没。享年七四。

*8　我が国古方派の泰斗、吉益東洞（一七〇二—一七七三）を祖とする塾。川越は中西深斎の弟子、川越衡山（一七五八—一八二八）を祖とする塾。福井は福井楓亭（一七二五—一七九二）を祖とする塾。

*9　京都の儒者。弘化二年（一八四五）没。享年八五。

*10　京都の儒者。天保三年（一八三二）没。享年五三。

ことだが、一五才の頃より自ら志を立て、中西深斎《なかにししんさい》＊6の弟子で高遠藩の藩医だった中村仲倧《なかむらちゅうそう》＊7に入門。一八才で京都に遊学した。京都では、中村仲倧が学んだ中西深斎の塾を中心に、吉益《よします》、川越《かわごえ》、福井《ふくい》＊8家などを出入りして医学を学び、その子弟とも大いに議論を交わした。また経書を猪飼経所《いかいけいしょ》＊9に、史学を頼山陽《らいさんよう》＊10に学んだという。

京都での遊学を終えた宗伯は、天保七年（一八三六）二二歳で江戸に開業、しかし数年の間、名を挙げられなかった。あるとき、幕府医官の本康宗円《もとやすそうえん》＊11に出会い、当時江戸の医学界で三大巨匠といわれた多紀元堅《たきげんけん》（一七九五―一八五七）＊12・小島学古《こじまがくこ》＊13（一七九七―一八四八）・喜多村《きたむら》直寛《ちょくかん》＊14（一八〇四―七六）の三人を紹介された。これが転機となり、宗伯の実力が次第に認められる。医学では彼ら三大巨匠をはじめとした江戸医学館＊15関係者など、儒学の面では、安井息軒《やすいそくけん》＊16や芳野金陵《よしのきんりょう》＊17などと交わり視野を広げる。臨床面では土佐藩邸での診療を経て、着々と町医としての実力を蓄え、幕府においては安政二年（一八五五）四一才の時にお目見得医、四七才で一四代将軍家茂に謁見、慶応二年（一八六六）五二才で御典医となり、和宮《かずのみや》＊18および天璋院《てんしょういん》＊19の侍医《じい》として、大奥の信頼を集め法眼となる。このように、宗伯は時代が明治維新へと激動していくなか、その臨床手腕によって信頼を集め、町医者から法眼まで登りつめたのである。

明治に移り変わり、文明開化一色、人々は新しいものを求める時代になる。

＊11　法眼。嘉永五年（一八五二）没。宗伯の名の由来といわれる。
＊12　父は幕末考証学派の学風を確立した多紀元簡。父の学風を受継ぐ。江戸医学館督司多紀元胤実弟。
＊13　幕末考証学派。小島宝素。学古は字。
＊14　幕府医官喜多村槐園の長子。幕末考証学派。法眼。幕末に外国奉行、勘定奉行を歴任した郵便報知新聞主筆の栗本鋤雲は実弟。
＊15　明和二年（一七六五）に多紀元孝（一六九五―一七六六）によって開設され、寛政三年（一七九一）から四年に官立化され、慶応四年（一八六八）まで幕府の医学教育研究機関として存続した。
＊16　幕府儒官。明治九年（一八七六）没。享年七八。
＊17　幕府儒官。明治一一年（一八七八）没。享年七七。
＊18　江戸幕府第一四代将軍徳川家茂の正室。
＊19　江戸幕府第一三代将軍徳

日本における蘭方（西洋医学）の歴史

漢方が衰退していった一因として、西洋医学の台頭が第一に挙げられる。江戸時代、医学といえば漢方であった時代に、西洋医学、蘭方がどのように日本に流入し、明治以降発展していくのかを見ていこう。それには、当時の漢方医側からみた西洋医学への理解を確認することが重要であると思われる。浅田宗伯の友人、今村了庵《いまむらりょうあん》[*20]編纂『洋方医伝』[*21]に収載される西洋医学の沿革[*22]を少し長くはなるが、次に意訳する。

洋学が始まったのは享保年間（一七一六―三五）である。長崎通司の西善三郎と吉雄幸右衛門[*23]らが洋学を理解できないことを悔み、幕府に対して洋書を読むことを嘆願して認められた。その後オランダ語の辞書編纂などに着手できる状況が生まれ、西洋の書物が読まれる。正徳年間（一七一一―一六）、新井白石《あらいはくせき》[*24]が洋学を唱え、青木昆陽《あおきこんよう》[*25]がこれに続き、そして前野良沢《まえのりょうたく》[*26]に至って、ますます洋学は開け、遂に今日の旺盛に至る。

では、医学に関してはどうだろうか。

寛永十八年（一六四一）までにオランダ以外の舟は長崎に入港禁止となり、オランダ人が自国の医師を連れてくる。まず長崎通司西吉兵衛《にしきちべえ》がオランダ外科術を伝え、幕府医官として抜擢、のちに和蘭流・南蛮流・西流と言われる。同じ頃にカスパル[*27]が日本に来航、江戸と長崎で外科医術を教え、長崎では栗崎道有《くりさきどうう》が幕府医官として抜擢された。さらに、長崎通司の吉雄《よしお》、樽林《ならばやし》が外科と薬剤の西洋医学修行を受け、吉雄流、楢林流が生まれる。

川家定の正室。

＊20　今村亮（一八一四―一八九〇）。江戸の儒医。東京大学医学部講師（和漢医学史）。明治二三年（一八九〇）没。享年七七。祖父は明和事件で連座した山県大弐。

＊21　明治一七年（一八八四）刊になる西洋医の伝記。桂川甫周、前野良沢をはじめ、一七人の伝記が載る。

＊22　『洋方医伝』七頁「洋方医学沿革総論」。

＊23　幕府通詞、吉雄耕牛（一七二四―一八〇〇）の父か。『解体新書』の序文は吉雄耕牛。

＊24　幕府儒官。享保一年（一七二五）没。享年六九。

＊25　甘藷先生。幕臣（御書物奉行）。明和六年（一七六九）没。享年七二。

＊26　中津藩医、蘭学。享和三年（一八〇三）没。享年八一。

＊27　ドイツ人医師。

これら西、吉雄、楢林は我が国西洋外科医の嚆矢であり、オランダ人の施術を会得したが、洋書に就いて、内科外科の療治をしたのは、前野良沢から始まる。

このように、まず外科から蘭方の優位性が見いだされ、それに伴い、漢方の中にも蘭方と折衷するような動きが認められる。漢蘭折衷派というもので、筆頭に有名な華岡青洲《はなおかせいしゅう》*28（一七六〇―一八三五）がいる。青洲は生薬による麻酔剤を開発し、世界で初めて乳癌摘出術に成功している。蘭学は徐々に様々な方向から社会に浸透していったといえる。これには、多分に新しいものを求めるという日本人の気質が関係していると思われる。

西洋外科医術は寛永（一六二四―一六四四）に始まり、内科術もその中に起こり、弘化嘉永間（一八四四―一八五四）に流行の兆しをみせていた。嘉永二年（一八四九）蘭方禁《らんぽうきん》止令《しれい》（章末史料二）が出される。背景には尊皇攘夷の思想があり、従って幕府も朝廷も西洋医術をあまり用いていない。禁止令の内容は、最近、蘭方家が増加して世間でも信用されてきているが、風土が我々とは違い、従ってその効果も異なる。だから侍医の間では蘭方は使用しないこととする。ただし外科と眼科に関しては蘭方を使用してもよい。見よ、医道の隆替は時勢にあり。

ここまで順調に伸張してきた西洋医学が国内外の情勢により翻弄されることとなる。蘭方禁止令が出された背景には前年嘉永元年に西欧で起きた一八四八年革命の影響もあったと思われる。ここで注目に値するのは、蘭方禁止令では、幕府内で内科は用いないが、外科・

＊28　紀州藩医。天保六年（一八三五）没。享年七六。

眼科においては、禁止できる状況ではなかったことである。それだけ西洋外科学が漢方に対して優位であるということが、幕府上層部まで了解されていたのである。

安政五年（一八五八）七月三日、徳川幕府は洋方医である、戸塚静海《とつかせいかい》*29、伊東玄朴《いとうげんぼく》*30を幕府医官に抜擢し、七日同じく洋方医の伊東寛斎《かんさい》*31、竹内玄同《たけうちげんどう》*32を奥詰医師に挙げ、嘉永二年（一八四九）の禁止令は取り消される（章末史料二）。このときの洋方医起用の目的は外国の挙動を探るためであり、西洋医学の治療については兼務の扱いであった。これが幕府の西洋医を用いた最初である。しかし朝廷はまだ西洋医を用いることはなかった。

嘉永二年に突如禁止された西洋医学が、ここにまた表舞台に挙がるだけでなく、漢方医とも肩を並べることとなる。その背景には、諸外国との条約締結に際し、不足していた外国の知識と交渉手段の技術を得ることが挙げられる*33。まさに、医道の隆替は時勢にあり、といえる。

牛痘の方法が日本に伝わり、嘉永二年には長崎でオランダ人医師モーニッケが日本で初めて種痘を実施した。安政六年には、幕府が種痘館（のちに医学所と改称）を下谷におき、続いて、そこを洋学講習の場所として、東京府下に種痘が広まる。明治維新以降も種痘法は洗練され、国民に多大な恩恵を与える。しかし、まだ西洋医は医学の主流ではなかった。

このように、天然痘という不治の感染症の前で西洋医学は種痘という手段を得て、着々と

---

*29　静春院。幕府医官。明治九年（一八七六）没。享年七八。

*30　長春院。幕府医官。法印。明治四年（一八七一）没。享年七二。

*31　幕府医官。明治二六年（一八九三）没。享年六八。伊東玄朴娘婿。

*32　渭川院。幕府医官。明治一三年（一八八〇）没。享年七六。

*33　河内全節原纂、今村亮注『日本医道沿革考』敬業館、明治一八年（一八八五）刊。七〇頁。

国民の間で信頼を勝ち得る。しかし、いまだに漢方を押しのけてまで医学の主流となることはなかったようである。

明治維新の際に朝廷が特に洋方医を召し挙げ、ここにおいて国中の医風が一変した。西洋医学校が東京に建てられ、明治二年（一八六九）十二月には医学校を改めて、大学東校*[34]と称し、大学医学部と改称するに至った。明治九年一月十二日、内務卿*[35]がこれから新たに医業を開く者は、西洋六科目（のち七科）の試験を受けて免状を受けなければならないとの令を下す。古来日本に伝わる和方、韓国伝来の医学、中国伝来の漢方医学はこの時遂に廃止され、欧州の医術が専ら日本国内で行われるようになる。実に二千年来の医術の大変革である。

朝廷の洋医採用が西洋医学隆盛の最後の一押しとなった。ここに漢方の伝統が廃止されたと漢方医今村了庵は理解している。この内務達乙第五号（章末史料二）は、「医師開業試験をせしむ」と称されるもので、今でいう医師国家試験である。それまでの医師は、自由開業制ともいわれるもので、親あるいは師匠についてある程度の修行をし、家学を伝承することで、職業として成り立っていた。*[36]そこには基準の定められた試験というものもほとんどなかった。そこに医師開業試験という、ある一定の知識を問われることで資格を得ることが必要となったのである。

＊34　後の東京大学医学部。

＊35　明治九年（一八七六）内務卿、大久保利通。

＊36　長与専斎著『松香私志』明治三五年（一九〇二）刊。小川・酒井校注『松本順自伝・長与専斎自伝』平凡社、昭和五五年（一九八〇）発行。一四五頁。

＊37　松尾香草著『近世名医伝』宗伯序文によれば、宗伯による洋医伝は、嘉永二年（一八四九）には完成していたが、「蘭方禁止令」により出版には至らなかった。

＊38　三島中洲。備中松山藩儒（有終館会頭）、二松学舎主。大正八年（一九一九）没。享年九〇。

宗伯と蘭方

宗伯は蘭方をどのように捉えていたのだろうか、『洋方医伝』今村了庵序文に「さきに友人浅田識此、我邦《わがくに》西洋医家の事蹟を蒐集し、検覈《けんかく》多年、実事これを求めて洋医伝を著し、[*37]これを東洋新報に載す」とある。

ここで「東洋新報」は、明治九年（一八七六）七月創刊になる月二回発行の雑誌である。内容は、国内諸般官令・海外形勢事情・論説そのほかからなり、当時にあって、国内外の事情を要領よく知るのに簡便なものである。また、寄稿者には三島毅[*38]、中村正直[*39]、蒲生重章[*40]、村山淳[*41]などの漢学者も名を連ねていた。「東洋新報」十九号（明治十年七月発行）に、宗伯が洋医の伝記を「皇国名医伝続編」という題で初めて投稿している。その序文に漢方と洋方を並べて紹介しているので、次に抄訳する。

医学を門派で分けるのは、宋元より始まる。しかも彼（今の中国）はその源を一つにして、ただ古今の違いがあるだけである。日本においては、そうではない。一つは漢科といい、その始めは三韓[*42]および漢土[*43]より伝わり、和方と並んでその中にある。もう一つは洋科といい、その始まりは西洋イスパニア・ポルトガルなどより伝わり、その伝来の方角が南方より伝わったことから、南蛮流ともいう。今では日本中、南北の別なく、文明開化となり、人々はこれまで行われていた重訳[*44]もせずに、自ら西洋医学の勉学を推し進めることが出来ている。その様はとても盛んである。従って、また洋科伝というものを作成し

*39　中村敬宇。幕府儒官、東大教授等。文学博士。明治二四年（一八九一）没。享年六〇。
*40　蒲生褧亭。村松藩儒、江戸の儒医（有為塾）。明治三四年（一九〇一）没。享年三四。
*41　村山拙軒。幕府医官、史官。明治二六年（一八九三）没。享年六三。浅田宗伯著『先哲医話』に明治二年（一八六九）の跋文あり。
*42　古代朝鮮にあった、馬韓、辰韓、弁韓。
*43　昔の中国。
*44　原文を翻訳した外国語の文をさらに翻訳すること。例えば、ホブソン『西医略論』は英語から漢訳されたものを後に、訓点を付けて安政五年（一八五八）に発行。さらに明治八年（一八七五）には読み下し『西医略論訳解』として出版。

て漢科伝の後に続ける。

宗伯は「皇国名医伝続編」に前野良沢・杉田玄白・宇田川玄随・小石元俊ら一一人の洋医の伝記を挙げる。内容はとても穏健で、宗伯自身の評もあり、これら先人達の苦労と今の西洋医学を勉強する者の勉学に対する態度を賞賛し、西洋医学の隆盛は学ぶ者の不断の努力から来ていると評価している。*45 このように和方、漢方、そして西洋医学分け隔て無く、日本の医学の一つとしてその長所をつぶさに見ていたのである。そして漢方に足りないものは西洋医学から学ぶべきだとも述べている。実際、宗伯は漢訳洋書にもよく目を通しており、*46 世の中の変化に対して柔軟に対処し、また備えていたのである。

慶応元年（一八六五）八月、フランス公使レオン・ロッシュに腰と脊椎の痛みがあり、あらゆる西洋医の名家といわれる医者の治療を受けても、一向に効果が無かった。そこで、幕府は宗伯に治療を命じ、宗伯は見事その原因を自国フランスでの落馬による打撲の後遺症が原因と見抜き、桂枝加苓朮附湯《けいしかりょうじゅつぶとう》という漢方処方を出した。通訳を通じて桂枝加苓朮附湯に配合される、桂枝《けいし》・芍薬《しゃくやく》・蒼朮《そうじゅつ》・茯苓《ぶくりょう》・附子《ぶし》・甘草《かんぞう》・大棗《たいそう》・生姜《しょうきょう》、八つの生薬の薬能をそれぞれ仏語訳して示した。これは薬の情報開示に当たるもので、ロッシュは安心して漢方薬を服薬し、病は五日ほどで良くなる。その後、宗伯に対しフランス皇帝*47 より時計一個、絨毯三巻が贈られる。ここに宗伯の臨床手腕は海外にまで響く。

このように、少なくとも明治維新の三年前までは、西洋医学が外科や眼科の面で幕府に

＊45　前野良沢及び小石元俊伝の評。

＊46　英医ホブソン（合信）（一八一六—一八七三）の『西医略論』（安政五年（一八五八）刊）などは、著書『勿誤薬室方函口訣』に引用。

＊47　当時のフランス皇帝はナポレオン三世（在位一八五二—七〇）。フランス第二帝政の皇帝。

＊48　宗伯が江戸に出た天保七年（一八三六）から明治二年

認められたとはいえ、臨床的な評価では漢方に分があったといえよう。漢方医側も西洋医学を日本の医学の大事な一派として認めており、新しい知見を吸収して、諸外国との交流という新しい時代に対応していたことがうかがわれる。

第二節　明治維新と漢方存続運動

明治維新、そして医術開業試験

浅田宗伯は、明治維新後、幕臣として徳川慶喜にしたがい静岡へと移るが、明治四年（一八七一）廃藩置県後、東京で診療を再開する。宗伯自筆の『橘黄年譜《きっこうねんぷ》』*48などから年間の患者数を見ると、年間一〇〇〇名を超えたのが嘉永元年（一八四八）三四才、文久二年（一八六二）四八才で四五〇〇名余り。明治一一年六四才で年間三〇〇〇〇人を超える膨大な人数となり、同じく明治漢方界を牽引していた山田《やまだ》業広《なりひろ》*49も宗伯の流行振りを評して、その「流行海内無比なり」といい、その様子は宗伯の患者であった河鍋暁斎『暁斎絵日記』にも描かれる。都下の名声は尾台榕堂《おだいようどう》*50と二分*51したといわれ、宗伯著『続牛渚漫録《ぞくぎゅうしょまんろく》』*52中村正直序には「今天下に名医浅田宗伯有るを知らざる者なし」という。明治維新後には宗伯はその臨床手腕を持って、日本中に名をはせており、のちに彼の名は、漢方の代名詞*53ともなる。

明治維新後の医事について見ていこう。明治政府は、明治七年医制を敷き、明治八年に

（一八六九）に至る三〇余年間の見聞雑録。

*49　山田椿庭（一八八一―一八八一）。高崎藩医。伊沢蘭軒、多紀元堅らに考証医学を学んだ。

*50　江戸の儒医。明治三年（一八七〇）没。享年七二。著書に『方伎雑誌』『医余』など。

*51　浅田宗伯著『牛渚漫録』勿誤薬室蔵版、明治二五年（一八九二）刊。中村正直序などにあり。

*52　浅田宗伯著になる医論集。勿誤薬室蔵版、明治二五年（一八九二）刊。

*53　夏目漱石著『吾輩は猫である』明治三八年（一九〇五）発表。第九章に「浅田宗伯という漢方の名医云々」とあり、当時世間では旧態依然の頑固者という評価があった。

医制第三七条「医術開業試験」の施行を東京、京都、大坂三府に達した。そして明治九年全国に向けて、「医師開業試験をせしむ」（史料三）を各県に達し、矢継ぎ早に新しい日本の医学制度を整えるに至る。ここに医学教育は西洋医学に決し、試験も西洋医学に準ずるものが出題されることとなった。確かに医師になれば、その後の漢方による治療も問題ない*54とのことであるが、これにより医師はすべて西洋医学の医師でなければならなくなった。そのため、漢方医にも医術開業の道を開かせる請願運動が起きる。

漢方存続運動始まる――漢洋理論闘争*55

医制布告三ヶ月後、宗伯は治療において、漢方は西洋医学に劣らないという絶対の自信があった。それは、友人服部甫庵《はっとりほあん》*56への手紙でも明らかである。「洋医の教師、脚気《かっけ》*57の病必ず死相と断じ候を、高島祐啓《たかしまゆうけい》*58という漢方医治療し、全快の治験を相見て、追々《おいおい》俗人も洋医に懲《こ》り、当年は漢方療法のみ受け候もの、これ多くあり候*59」と。しかし、明治七年（一八七五）に医制が布告され、明治八年に医術開業試験が三府に達すると、「維新後漢医衰退し、わが道まさに地に墜ちんと欲す。浩嘆《こうたん》の余り（『医学典刑《いがくてんけい》』*60を）著《あらわ》し候*61」と、時代の流れを嘆いている。

明治九年、医術開業試験の内容が判明し、漢方医学の衰退が決定的となる。漢方側からは、西洋が六科目の制度を設けるのであれば、漢方も六科目を設け、漢方医学による医術開業試

---

*54　長与専斎著『松香私志』明治三五年（一九〇二）刊。小川・酒井校注『松本順自伝・長与専斎自伝』平凡社、昭和五五年（一九八〇）発行。一五五頁。

*55　深川晨堂著『漢洋医学闘争史』では、漢方存続運動の一連の流れを理論闘争、治療闘争、温知社時代及び帝国医会時代とする。ここでは、便宜上、理論闘争、治療闘争及び議会闘争とした。

*56　漢方医、奈須恒徳（一七七四―一八四一）弟子。浅田宗伯友人。明治二五年（一八九二）没。享年八九。

*57　ビタミンB1欠乏により起こる疾患。原因がわかるまでは、決定的な治療法が無く死亡者が多数出た。

*58　幕府医官、徳川家茂侍医。明治一四年（一八八一）没。享年五〇。

験を何とか施行できないかという請願運動が起きる。西洋医学の理論に対して、漢方医学の理論で対抗しようというものであった。はじめ、漢方六科[*62]として開物変理・臓腑経絡・窮理尽性・衆病源機・薬性体用・脈病証治を挙げ、明治一二年二月「医師試験規則」により、西洋七科となると、漢方側も浅田宗伯を中心として、窮理・化学・解剖・生理・病理・薬性・治療の七科[*63]を挙げるが、どれも中国古典に基づく解釈であり、現代的な理論という面では到底西洋医学に勝てる内容ではなかった。

医制を実質的に制度設計した長與専齋《ながよせんさい》[*64]は、自身の遺稿『松香私志』の中で、「漢方にも易を理学と見なし、煉炭を化学と見なして、牽強付会《けんきょうふかい》して七科は漢方にもあると主張しているようだが、元来七科の別は西洋医学で作成したもので、漢方で七科の試験を設けても古書の文字章句を引き出し無理に解答として当てはめるようなもので、学問上も臨床的にも無益である。別に漢方を潰そうと思って、医術開業試験の制度設計をしたものではなく、試験の目的は、世界の動勢を今後三十年、五十年と見たときに、西洋医学による知識が諸外国と渡り合うために必要であり、医師の足並みを揃えるためである。従って、試験に通り医師免許さえ取得すれば、その後の臨床に漢方を用いても差し支えなく、制度上、漢方医学を禁じているわけではない」（筆者抄訳）と述べている。

西洋医学を学んだ者にすれば、漢方側の主張というのは、観念論としてみられていたのである。このころの漢方医の主張が西洋医学側からみてどのようなものであったか、浅田宗

＊59　『浅田宗伯書簡集』明治七年（一八七四）一一月二七日条。

＊60　浅田宗伯著になる漢方医学の規範書。明治四年（一八七一）自序。写本。

＊61　『浅田宗伯書簡集』明治八年（一八七五）九月八日条。

＊62　六科の論に浅田宗伯編著『医学提要』。深川晨堂著『漢洋医学闘争史』七五―一九頁に翻刻。

＊63　七科の論に今村了庵著、浅田宗伯評『西医指要』明治一〇年（一八七七）発行がある。

＊64　大村藩医。文部省御用掛、内務省衛生局初代局長として、日本の衛生行政の基礎を築く。明治三五年（一九〇二）没。享年六五。

伯の弟子唐沢養民《からさわようみん》嗣子で、慶應大学小児科教授唐沢光徳《みつのり》＊65の言葉を借りよう。「私は若い頃若干漢方を研究したものであるが、漢方家のいう生理とか、病理とか、化学というものは、全々学としての形体をなしていない、一種の哲学であることを知った」＊66そして、この理論闘争は失敗に終わる。

そして治療闘争へ

分析的に見ようとする西洋医学的な考え方と伝統と経験のもとに積み上げてきた漢方医学の考え方とは、病者を治療するという面では、一致を見ていたが、その過程において、平行線を辿り、理論闘争は続けられなくなった。しかし、漢方医側は治療の面では西洋医学には負けないという自負がある。今後は徒《いたづ》らに紙上で論ずることを止め、直接治療に訴えることとなる。

明治一一年（一八七八）七月一〇日、内務省が当時不治の病であった、脚気に対し漢洋どちらが優れているかを問うために神田一ツ橋に脚気病院を設け、漢洋両医の治療成績を比較させた。漢方側からは遠田澄庵《とおだちょうあん》＊67、今村了庵、洋方側からは佐々木東洋《ささきとうよう》＊68、小林恒《こばやしひさし》＊69が代表として治療に当たった。世にいわゆる「漢洋脚気相撲」＊70である。明治一一年八月には、浅田宗伯の弟子を中心に、有志が浅田宗伯を院長として漢方脚気専門病院「博済病院」を設立、治療成績を世に示した。＊71この博済病院を中心に、漢方治療による病院が林立し、治療闘争が

＊65　慶應義塾大学初代小児科教授。明治一一年（一八七八）生、昭和二四年（一九四九）没。享年七〇。明治三五年（一九〇二）東京帝大医科大学卒。大正九年（一九二〇）慶應義塾大学教授。

＊66　『漢洋医学闘争史』七二頁。

＊67　漢方医。法眼。脚気治療に優れる。明治二二年（一八八九）没。享年七〇。

＊68　西洋医、大学東校病院長、神田駿河台に杏雲堂病院設立。大正七年（一九一八）没。享年八〇。

＊69　西洋医。明治二七年（一八九四）没。享年四七。『中外医事新報』第三五三号に伝記収載。

＊70　経緯結果評価については、『漢方の臨床』第十七巻七号に矢数道明「明治初期漢洋脚気病院設立の裏面史とその治療

始まる。

治療闘争の中心は宗伯の弟子であり、この時、宗伯門人は全国に三〇〇〇といわれ、その力を遺憾なく発揮する。手始めは博済病院設立から遡ること四年、医制発布の明治七年に如春病院を設立、漢方病院の最古という。その後浅田の弟子達を中心に、来蘇、好生、東京済生、銚子済生、金沢博済など各病院、また後に示す温知系統として、済衆、東京温知、横浜温知、徳島済生、回天医会、大阪広済など協力医院も含め、三六にのぼる病院が明治一六年までに設立された。

政治面では山田業広、*72 森立之《もりたつゆき》、*73 浅田宗伯などが中心となり明治一二年三月一一日漢方医の結社「温知社」を設立し、運動を牽引した。運動の中心は漢方病院経営による治療成果の発揮、雑誌『温知医談』*74 の発行、後進子弟教育であった。

時を同じくして漢方医を沸き立たせる事態が起きる。明治一二年八月三一日明宮嘉仁親王がご降誕。生後間もなく、全身痙攣を繰り返し、危篤の状態に陥ったとき、尚薬侍医を拝命していた宗伯は、走馬湯《そうまとう》という漢方薬を処方し危急を救い、ここに漢方医学維持の論議が盛んとなる。明治一三年三月には、川越温知分社が設立され、その後地方分社は全国に一八、主な都市を挙げれば、秋田、長野、大阪など全国にわたり、旧来の漢方医の派閥関係なく参集する。明治一四年五月に全国大会が催され、和漢共立医学院を創立し、医学院卒業により開業免許取得の許可を得ることを運動の中心と決定した。

成績について」などがある。

*71　浅田惟常刪訂、岡田昌春等編『博済堂脚気提要』博済堂蔵版、明治一二年（一八七九）八月出版。

*72　山田椿庭。高崎藩儒医。明治一四年（一八八一）没。享年七四。

*73　森枳園。幕府医官（医学館講師）。明治一八年（一八八五）没。享年七九。

*74　明治一二年（一八七九）三月発刊。明治二二年（一八八九）一二月百五号で廃刊。

しかし、明治一四年六月、一〇月と上願するも認められず、明治一五年二月には請願の内容を後退させることとなる。つまり、当時漢方医にしたがって修行する者が、卒業時に開業免許を受けられるようにして欲しいというもので、実質的に継続的な漢方医の存続を目指すという運動に反する内容での上願であった。これを機に、温知社を離れ、独自に漢方存続運動を起こすものが出てくる。

明治政府は、明治一五年三月、開業医の子弟で明治一五年六月に満二五歳以上の者に限り、医業で家名相続を欲する者は、試験を要せず開業許可を与えると、漢方医に対して譲歩の姿勢を見せる。しかし、同じく四月には、開業医の子弟が開業許可を認められる期限を同年八月限りとし、期限に遅れた者には一切認めないとした。ここに、漢方医学での修行が医師免許取得に無関係となる。

明治一六年には、温知社が中心となり、和漢医学講習所（温知医学校）を設立、後進の教育に努めるも、漢方衰退の流れは止まらず、明治一六年一〇月、医師免許規則および医師開業試験規則が発布され、明治一七年一月一日より医師開業試験を施行することとなり、漢方医存続の道が絶たれる。

治療闘争で林立した漢方病院はそれぞれの院長が亡くなると廃院となり、温知社を脱会する者も多く、温知社幹部も相継いで没し、経営も破綻、明治二〇年一月二〇日、温知社はついに解散する。明治二一年一一月には御養育方法改革の名の下に浅田宗伯を始め漢医すべての侍医の解任が決定する。ここに政治的にも、朝廷における地位という面からも漢方は地に墜ちたのである。

第三節　漢方衰退と漢方再興の萌芽

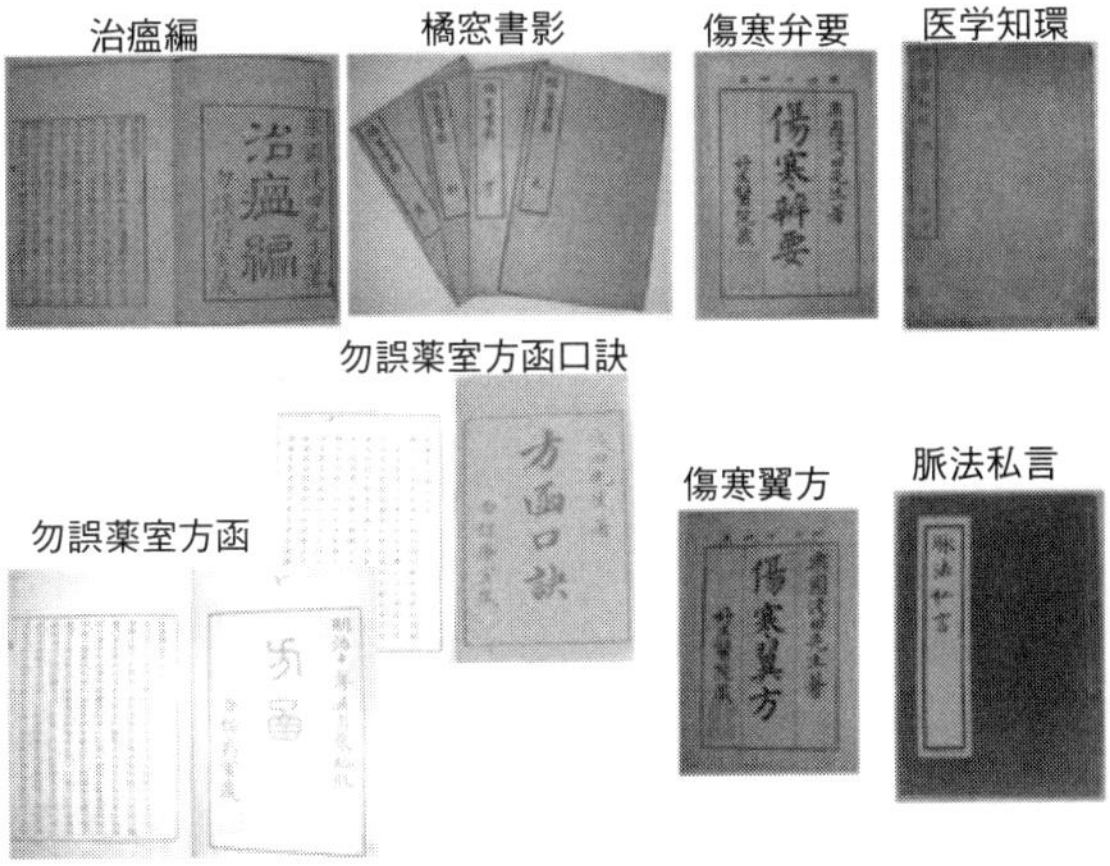

写真２　浅田流教科本の数々　著者蔵

浅田流の確立そして漢方存続運動のその後

浅田宗伯は現代漢方に最も影響を及ぼした先人の一人である。また明治に衰退した漢方を再興するために影響を与えたのも浅田宗伯の弟子達と宗伯の遺した書物である。宗伯が漢方再興を支えた理由は大きく二つあると考える。一つは明治二七年（一八九四）八〇歳まで長く生きながらえ、また晩年まで漢方名医としての名声を保ち続け、弟子を育て続けたことにある。もう一つは、その教育方針とテキスト（写真二）の作成である。

宗伯はその薬室、勿誤薬室において、浅田流の教科本を系統立て、またその指導法と日常のきまりを「学規」、「塾則」などで定め、幕末以降長い間子弟を育ててきた。教科本を設けた理由を、遺著『後芻言《こうすうげん》*75』「医学四科」に述べる。陳無択《ちんむたく》*76の「脈《みゃく》を以《もっ》て病《やまい》を識《し》り、病に因《よ》りて以て証《しょう》を弁《べん》じ、証に随《したが》い以て治《ち》を施《ほどこ》す」「古書詮《あき》らかにする所は脈病証治の四科に出でず」を実践して、脈病証治の四科を立てたという。この四科を立ててから弟子の教育が進んだという。

実際の教育現場では、初学者には『医学知環*77』から始め、脈は『脈法私言*78』、病は『傷寒弁要*79』『雑病弁要*80』、証は『傷寒雑病弁証*81』、治は『傷寒翼方*82』『雑病翼方*83』『古方薬議*84』と教科本を定め、これに『傷寒弁術*85』を講究し尽すことが浅田門では小成*86とされた。また四科会通の書として『医学典刑*87』をあて、その後攻究すべき書として、傷寒金匱の研究書として『傷寒論識*88』『雑病論識*89』、治験集として『橘窓書影*90』『治瘟編*91』などがあり、中国医書を読む指針として『医学読書記*92』をあてる。さらに先哲の治験伝記として『先哲医話*93』『皇国名医伝*94』などを準備して、過去の経験を学ばせていた。

これら多数の教科本の中で、もっとも注目を集めるのが、『勿誤薬室方函《ふつごやくしつほうかん》*95』と『勿誤薬室方函口訣*96』である。『方函』には宗伯の日常使用する処方が、そして『口訣《くけつ》』には宗伯の江戸に開業以降四十年以上に及ぶ経験が盛り込まれる。この二冊は、門外不出、入門の上、口授面命《くじゅめんめい》のもとに得られる知識であり、これらを白日の下に示したのには、理由があろう。教科本は浅田流の基礎と知識を学ぶものである。そして『方函』と『口訣』は、宗伯の臨床

＊75　医学論文集。宗伯最後の著書。明治二八年（一八九五）印刷。

＊76　一二世紀南宋の医家。著書の『三因極一病症方論』（一一七四）がある。

＊77　医学基礎理論の教科書。明治一一年（一八七八）鉛活字刊。

＊78　脈診学の本。嘉永六年（一八五三）年木活字出版。明治一四年（一八八一）鉛活字出版。

＊79　『傷寒論』の病論解説書。明治一四年（一八八一）活字本刊。

＊80　『金匱要略』の病論解説書。安政四年（一八五七）木活字出版。明治一四年（一八八一）鉛活字出版。

＊81　症候解説書。写本。嘉永六年（一八五三）自序。

＊82　『傷寒論』の薬方に補翼するものを病位別に配列。明治一四年（一八八一）活字刊。

＊83　『金匱要略』の薬方に補翼するものを病門別に配列。写

を肌で感じる場を与える装置の役目をしたであろう。こうして、全国に散らばる宗伯の弟子達は、さらに臨床を研き、また宗伯のもとで直接学べないものにも浅田流を浸透させることに成功した。

幕末明治初期の弟子達の多くは、これら教科本の稿本を日夜写して、自分のものとしていたが、明治一〇年以降にこれら教科本は続々と出版される。教科本を塾内だけに留めずに出版させた背景には、漢方衰亡の危機にあって、優秀な弟子を速成することが最大の目的であったことは想像に難くない。これら膨大な数の教科本は、漢方存続運動の治療闘争中に刊行された。従って、その筆致は漢方存続に対する熱を帯びている。このようにして浅田流漢方が漢方存続運動の大きな動きの中で醸成されるのである。

明治二三年に帝国議会が開かれると、温知社を運営していた浅井国幹[97]、岡正吉らは、国会での和漢医師開業免許規則成立に向けた請願を目的として、帝国和漢医総会（帝国医会）を結成した。ここに漢方存続運動はその場を帝国議会に移す。いわゆる議会闘争の始まりである。浅田宗伯嗣子浅田恭悦《きょうえつ》[98]や弟子の勝格彌《かつかくや》[99]らも議会闘争に協力した。

同年、宗伯は長い間の疲れがたまり、箱根へと温泉療養に出かけている。この頃には、漢方存続運動からやや距離を置き、日々の臨床と弟子の教育に努めていたことが、その後の著作や書簡から見て取れる。著作も人生の終盤を見据えたものであった。『通俗医法捷徑』（明治二三年印刷）では、「我国千有余年《わがくにせんゆうよねん》、経験《けいけん》の医術《いじゅつ》は土《つち》の如《ごと》し」と緒言に述べ、民間の間に

本。明治二年（一八六九）識語あり。

＊84　生薬の薬効及び配合の差異について解説した薬物書。写本。文久三年（一八六三）序。

＊85　『傷寒論』の治術に規則あることを述べた。天保九年（一八三八）序。木版本。

＊86　ここまで数えで三年が必要とされる。

＊87　漢方医学史、診察の要領、診療録の書き方、代表的な先哲の治験及び医師として守るべきこと書物から引用した。明治四年（一八七一）の序。写本。

＊88　『傷寒論』の注釈書。写本。

＊89　『金匱要略』の注釈書。写本。

＊90　治験例。明治一九年（一八八六）活字本刊。

＊91　コレラ治術書。安政六年（一八五九）序。木版。

＊92　写本。明治八年（一八七五）自記。

＊93　本邦先哲医家一三名の医説、治験集。明治一三年

だけでも漢方を伝えようとした。『牛渚漫録《ぎゅうしょまんろく》』（明治二五年刊）は、宗伯が友人に「是《こ》れにて一世一代の御暇乞《おいとまごい》と存《ぞん》じ候《そうろう》*100」と伝えた晩年の医論集である。

宗伯は医師免許改正の請願運動が頂点を迎えるさなか、明治二七年三月一六日満八〇才の人生を終える。翌二八年二月六日、第八議会において漢医提出の医師免許規則改正法案は、一八三票中、可とするもの七八、否とするもの一〇五票、二七票の差により否決され、ここに五年にわたる議会闘争は終結した。帝国医会は同年六月に解散し、漢方医存続運動は浅田宗伯没後一年で終焉する。

漢方の大家、その嗣子らが、世を去る中、大正になり、国威発揚と共に漢方医学も復興の兆しを見せる。その中心となるのが、宗伯晩年の弟子、東京の木村博昭《きむらはくしょう》*101、京都の新妻荘《にいづまそう》五郎《ごろう》*102、大阪の中野康章《なかのこうしょう》*103の三人である。彼らには、浅田宗伯の遺した浅田流の著書と、宗伯に接してはじめて得られる医風があった。これらを後代に伝え、それが現代医療のなかの漢方に引き継がれていくのである。

宗伯辞世の句　二首

「この花の　大和心を　失はず　咲き返りても　貫かんとぞ思ふ」

「春といへば　いづこの花も　時めくに　しほれてかへる　人のあはれさ」

【参考文献】

深川晨堂輯著『漢洋医学闘争史』旧藩と医学社（一九三四年）

（一八八〇）刊。木版。

*94　正編は木版。嘉永四年（一八五一）序。前編は木版、明治六年（一八七三）出版。

*95　宗伯が日常使用した薬方をイロハ順に並べた処方集。明治一〇年（一八七七）五月活字本刊。

*96　『方函』運用の口訣をまとめたもの。明治一一年（一八七八）四月活字本刊。

*97　名古屋藩医。明治三六年（一九〇三）没。享年五六。

*98　東京医師。浅田宗伯養嗣子。明治四二年（一九〇九）没。享年五四。

*99　山梨医師（一八五一―一九〇七）。著書に浅田宗伯修業時代から漢方存続運動中の日誌である『硯北日誌』がある。

*100　『浅田宗伯書簡集』明治二五年（一八九二）四月二一日条。

*101　浅田宗伯弟子。東京医師。昭和六年（一九三一）没。享年六六。著書に『医世異論』。

五十嵐金三郎編著『浅田宗伯書簡集』汲古書院（一九八六年）
小曽戸洋著『漢方の歴史』大修館書店、（一九九九年）
矢数道明著『明治百十年漢方医学の変遷と将来・漢方略史年表』春陽堂書店（一九七九）
長澤規矩也監修長澤孝三編『改訂増補漢文学者総覧』汲古書院（二〇一一年）
厚生省医務局編『医政百年史』ぎょうせい（一九七六年）
ジョサイア・コンドル著、山口静一訳『河鍋暁斎』岩波文庫（二〇〇六年）

史料一　蘭方禁止令

近来《きんらい》蘭学《らんがく》医師《いし》追々《おいおい》相増《あいまし》世上《せじょう》にても信用《しんよう》いたし候《そうろう》もの多有之哉《おおくこれありや》に相聞《あいきこえ》候《そうろう》。右《みぎ》は風土《ふうど》も違《ちがい》候《そうろう》事《こと》に付《つき》、御医師《おんいし》中《ちゅう》は蘭方《らんぽう》相用《あいもちい》候《そうろう》儀《ぎ》御制禁《ごせいきんに》被仰出《おおせいでられ》候《そうろう》旨《むねを》得《え》御意《ぎょい》堅《かた》く可被相守《あいまもられべく》候《そうろう》。

但《ただ》し外科《げか》眼科《がんか》等外治《とうがいち》相用《あいもちい》候《そうろう》分《ぶん》は蘭方《らんぽう》参用《さんよう》致《いたし》候《そうろうえ》ても不苦《くるしからず》候《そうろう》。

嘉永二年（一八四九）酉三月十五日　阿部《あべ》伊勢守《いせのかみ》*104

史料二　蘭方医解禁令《らんぽういかいきんれい》

和蘭《おらんだ》医術《いじゅつ》の儀《ぎ》、先年《せんねん》被仰出《おおせいでられ》候《そうろう》趣《おもむき》も有之《これあり》候《そうろ》得共《えども》、当時《とうじ》万国《ばんこく》の長《ちょう》たる所《ところ》を御採用《ごさいよう》被遊《あそばれる》折柄《おりがら》に付《つき》、奥医師《おくいし》中《ちゅう》も和蘭《おらんだ》医術《いじゅつ》兼学《かねてまなび》致《いたし》候《そうろうえ》て不苦《くるしからざる》候《そうろう》事《こと》。

安政五年（一八五八）七月三日　久世《くぜ》大和守《やまとのかみ》*105

---

*102　浅田宗伯弟子。京都医師。昭和五年（一九三〇）没。享年七一。著書に『杏林清風』。
*103　浅田宗伯弟子。大阪医師。昭和二一年（一九四六）没。享年七三。
*104　備後福山藩第七代藩主阿《あ》部《べ》正弘《まさひろ》（一八一九—五七）
*105　下総関宿藩第七代藩主久《く》世《ぜ》広周《ひろちか》（一八一九—六四）

史料三「医師開業試験をせしむ」（明治九年〈一八七六〉一月一二日　内務省達乙第五号各県）

医師開業之儀《いしかいぎょうのぎ》、別紙之通《べっしのとおり》試験法相定《しけんほうあいさだむ》。各管内医師学術之現状《おのおのかんないのいしがくじゅつのげんじょう》に拠《よ》りて緩急《かんきゅう》を度《はか》り、試《し》行可致候條《こういたすべきそうろうじょう》。此旨相達候事《このむねあいたっしそうろうこと》。

追《おっ》て施行之見込相立候向《しこうのみこみあいたちそうろうむき》は、時月取極預《じげつとりきめあらかじ》め可申出事《もうしでるべきこと》。

（別紙）

一自今新《いまよりあらた》に医術開業《いじゅつかいぎょう》せんと欲《ほっ》するものは、左《ひだり》の試験《しけん》を逐《とげ》て免状《めんじょう》を授《さず》くべし。

但し、従来開業の医師は試験を要せず。故に県庁に於《おい》ては新に免状を受け開業するものと混雑せざる様、処分すべし。最も従来開業の医師たりとも志願のものは試験を逐《とげ》て免状を授くべし。

試験科目

第一　物理学化学大意
第二　解剖学大意
第三　生理学大意
第四　病理学大意
第五　薬剤学大意
第六　内外科大意

一産科眼科口中科等、専《もっぱ》ら一科を修むるものは、各其局部の解剖生理病理の大意及手術を検して免状を授くべし。

一試験は当分管庁の便宜に従い県庁或は病院に於《おい》てし、其《その》成績を内務省に具状し免状を受け本人に交付すべし。

【付記】章末史料は全て、厚生省医務局編『医政百年史』（ぎょうせい、昭和五一年〈一九七六〉）発行による。著者の判断でカタカナをひらがなにし、適宜ルビを附した。

第二章　医学校の近代化――岡山藩医学館

松村紀明

第一節　岡山藩医学館の歴史的文脈

本章は、岡山大学医学部の起源とされる岡山藩医学館創設の経緯を検討し、どのような歴史的文脈から位置づけられるかを明らかにする。加えて、明治維新という転換期の岡山における医学・医療の諸相を解明することへの一助となることを目指すものである。

幕末の慶応三年（一八六七）に建議され、明治三年（一八七〇）に創設された岡山藩医学館は、後述するように、当初は漢学寮と蘭学寮の併設が提言されるなど、漢蘭折衷を目指したものであった。しかし、戊辰戦争・明治維新を挟んで実際に創設された後は、オランダ医師ロイトルを雇うなど「蘭学」側に軸足を移してゆく。そして、岡山県病院・岡山県公立病院・医学教場など名称や組織を変貌させながら、最終的には岡山県医学校へと繋がっていく。医学館と後継組織は、組織としての継続性・連続性をある程度維持しつつも、その性格は次第に変化していった。

医学館を取り巻く要因がどのように作用し、あるいは、どのように変容、連続性をもたらしたのか。本章では、岡山藩医学館設立前後の藩側史料の検討と、在村医側の関連史料の発掘調査という二つの観点から、上記の解明を試みる。

第二節　「並立」か「共生」か？——漢蘭「折衷」に揺れる岡山藩医学館

まず、岡山藩医学館設立前後について、藩側の史料から検討をしてみよう。そもそも、維新期の日本各地の医学・医療はどのような状況だったのだろうか。

明治初頭の各地の行政や教育の主役は、「藩」であった。各藩での「明治」という新しい時代に対する基本的な理解は、朝廷＝新政府が徳川幕府に取って代わったというものであった。そして、王政復古の大号令や五箇条の御誓文など次々と発せられる新時代に対する新政府の指針に沿って、藩政（藩制）改革を行い、多くの藩で藩校が新設されたり、教育内容に洋学が取り入れられたり、庶民の入学が認められたりといった変革がなされた。[*1]

医学教育・医療行政でも、もちろんそれは同じであり、岡山藩医学館のように各藩の設置した地方の医学校が数十校あったが、前述のような状況が明治四年（一八七一）の廃藩置県まで続く。つまり、この年までは、各地の医学教育・医療行政は各藩が担っていたのである。[*2]

＊1　吉良枝郎『幕末から廃藩置県までの西洋医学』（築地書館、二〇〇五年）一三五頁—一三八頁。

＊2　坂井建雄ほか「我が国の医学教育・医師資格付与制度の歴史的変遷と医学校の発展過程」（『医学教育』四一（五）、二〇一〇年）三三七頁—三三八頁。吉良、前掲書、一三五頁—一八三頁。

そのことの裏返しとして、廃藩置県により「藩」という主体を失った各地の医学教育・医療行政は大きな試練を迎えることになるが、*3 廃藩置県後の展開は稿を改めることにしよう。では、岡山藩医学館はどのような設立経緯を辿ったのだろうか。

岡山藩は、慶長八年（一六〇三）に池田忠継《ただつぐ》が入封したことからはじまる。寛永九年（一六三二）に鳥取より移封された池田光政は名君と謳われ、全国初の藩校・花畠教場《はなばたけきょうじょう》（のちの岡山学校）、そして日本最古の庶民の学校ともいわれる閑谷《しずたに》学校を開くなど、教育に力を入れた。以降、岡山藩は教育が充実した大藩として二百年以上存続するが、医学を専門的に教える藩校は幕末まで存在していなかった。

それが具体的な動きとして現れるのは慶応三年である。同年、藩は藩医らに医学教育機関の設立についての意見を求め、それは戊辰戦争終結後の明治三年に医学館として結実する。

医学館の創設時の主要メンバーは、次の通りである。*4

督事《とくじ》：〈空席〉
副督事：田中玄順・榎養雲《えのきよううん》
医学監督：明石（赤石）退蔵《たいぞう》・中村謙次郎
教授方：山川正朔・生田安宅《いくたあたか》・石坂堅壮《いしざかけんそう》
教授方試補：津下精斎《つげせいさい》・平松鐲吉《けんきち》
生徒取締方：田淵静夫・藤井宗徳・富田謙吾・赤井元節・河村一貫・田尻三修・岩田元

*3 吉良、前掲書、一八四頁—一九七頁。

*4 岡山大学医学部創立百周年記念会『岡山大学医学部百年史』（一九七二年）五六—五七頁。中山沃「岡山県病院略史」（『日本病院協会雑誌』第一五九号、一九六八年）一〇二頁。中山沃『岡山の医学』（日本文教出版（岡山文庫四二）、一九七一年）七四頁。

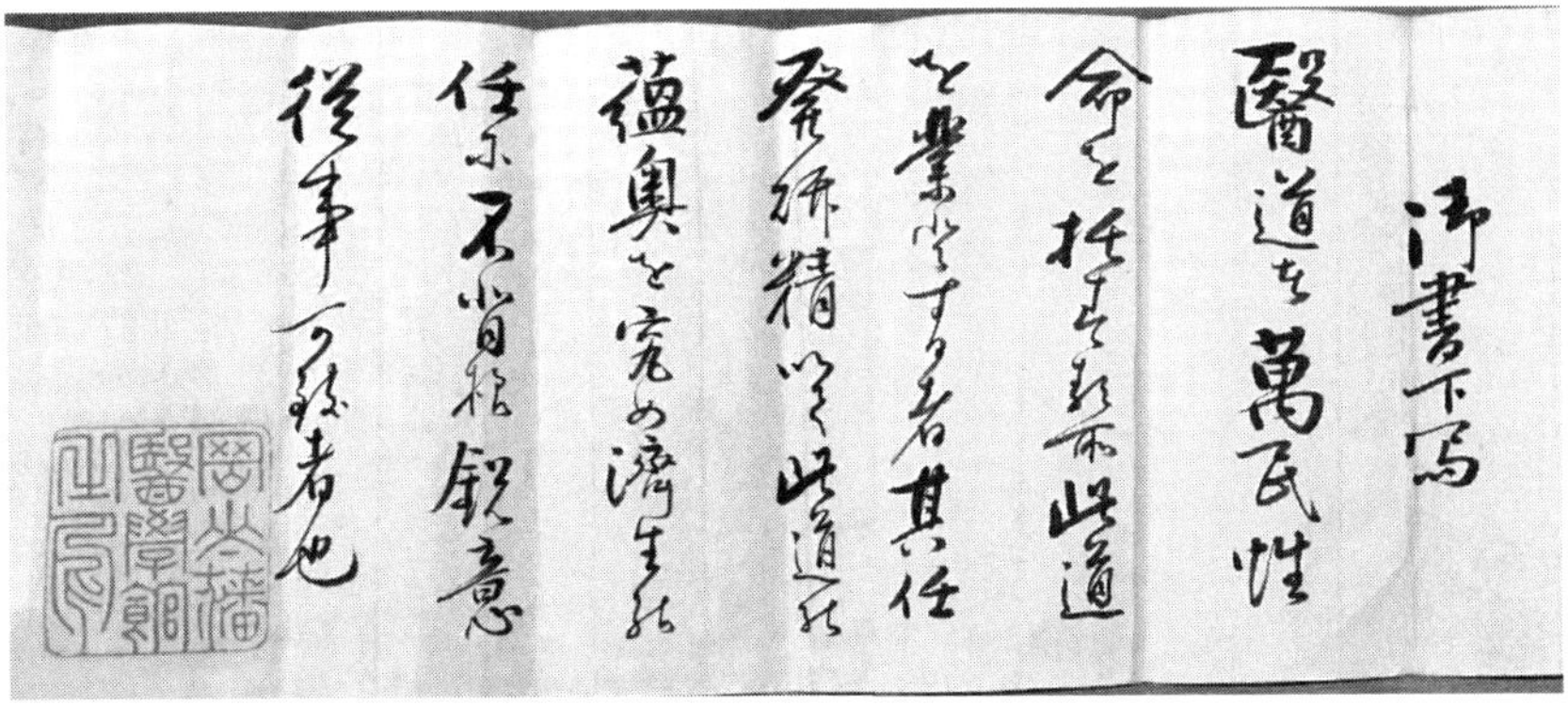

図１　『御書下写』　中島医家資料館蔵

昌・海野健碩《けんせき》

御用係：野崎用節・笠原郁二・山田拙夫・坪田俊蔵・好本純蔵

ほか：岡野松三郎（兵学館二等教頭との兼務）、事務系職員数名、語学教師

榎養雲[*5]は代々岡山藩に仕える医師の家系だが、適塾（蘭学塾）出身の田中・明石・中村・津下・岡野らがいるなど、同塾出身者が医学館の大きな柱であった。そのため、漢方医と田中ら蘭方医の入り交じった構成ではあるが、蘭学に傾斜した人的構成となっている。また、オランダ軍医のロイトルが外国人教師として招かれており、そのことは医学館創設に関する藩内への布達《ふたつ》（図１）にも書かれ、藩内の医師の子弟には入学することが求められている。[*6]

しかし、岡山藩医学館は当初から蘭学・西洋医学受容を目的として計画されていたわけではなかった。慶応三年に藩医らへ医学教育機関の設立についての意見

＊５　榎養雲：榎家は代々岡山藩に仕える医師の家系。文政八年生まれ、嘉永二年に父の急逝で一三〇石を相続し、惣御医師（惣医師）、嘉永五年には御番医師になった。医学館設立前から、岡山藩の医療関係の要職を歴任（岡山県医師会『備作医人伝』一九五九年）五六―五七頁。また、医学館の継承組織である小病院の総括もつとめている（岡山大学医学部創立百周年記念会、前掲書、七七―七八頁）。

＊６　岡山大学医学部創立百周年記念会、前掲書（一九七二年）五六頁。中山「岡山県病院略史」（一九六八年）一〇二頁。

を求めたと前述したが、その際の答申書が残されている。それは『医学館設立存意書《ぞんいしょ》』と呼ばれ、複数の医師・医師のグループによる答申書群である。以下、そのなかの特に医学館の位置づけやあるべき性格や漢方、蘭方について言及している部分を見てみよう。[*7]

・「医学所存意書　沢本誠意」

（前略）皇国中古以来漢出之医流専ら流布仕居申候処、尚又近来洋学盛ニ流行、先両端ニ相分候趣ニ相成候故、何卒当時寺院町家近在等ニ而手広之場所御建（中略）其上ニ而外科鍼灸其外解体所薬園等御開かせ被成、医業一切之修行御整候者御医者中ハ勿論国益ニ茂相成医者御仁政之一事与奉存候

・「上　御番方仲間」

（前略）所詮此度学館御取立之上者惣裁之人教導之師、自他偏執之私心ヲ不挟、恵民之仁慈ヲ主トシ規準ヲ確立仕、迂遠無用之義ハ不相用仲景之書を主トシ、後世洋学共相兼用其他初産解剖針灸之義も段々と仕度奉存候（後略）

・「口上之覚　赤石退蔵」

医学館御建築ニ相成候ハヽ、先漢蘭両派之学共ニ通暁仕候様被仰付候義専一与奉存候

（中略）館中ニて漢学寮蘭学寮等御派別無之様仕度奉存候、若右両派を御分被成候へ者、医者も俗人も互ニ其優劣を評論仕、遂ニ者相争之勢ニ至可申（後略）

・「医学館永久愚考　平井立斎　横井三立　田中玄順」

＊7　岡山大学附属図書館蔵（池田家文庫）『医学館設立存意書』は、「口上　駒田延珀　榎養雲」、「医学所存意書　沢本誠意」、「上　御番方仲間」、「口上之覚　赤石退蔵」、「医学館永久愚考　平井立斎　横井三立　田中玄順」、「医学寮御造営概略書　木畑貞因」、「医学寮存意書上　木畑貞因」、「惣御医者局　医学寮御創立見込」、「医学館略則　賤名内具」から成る。これらの翻刻・内容紹介にあたっては岡山大学大学院生本郷葉槻氏の協力を得たので、ここに謝意を表したい。

また、本史料については、岡山大学医学部創立百周年記念会、前掲書、七一五―七二八頁でも紹介されている。

(前略)然レトモ医学ニ漢洋二流アリ、学館ハ必ス棟ヲ二ツニス可シ、生徒ノ寮モ亦然リ、学ハ純ナラサレバ成カタシ、混雑セシム可ラス(後略)

・「医学寮御造営概略書　木畑貞因」

凡館ノ設、漢学洋学ニ舎ニ分チ、講習ノ局ヲ二ヶ所ニ構ヘ助教訓導授読等諸生ヲ教育スルノ場トスヘシ、最諸生参館ノ着坐ハ別ニ広間ヲ設ケテ漢洋相混シテ随意ニ学習スルノ場トスヘシ、次ニ治療局ヲ二ヶ所ニ設ケ漢学洋学両局ニ分ケテ、方脈科更番出席病客ニ応接シ、薬物ヲ調製スルノ舎トス(後略)

・「医学寮存意書上　木畑貞因」

(前略)漢洋分局之義ニ付、今一応存意申上度奉存候、右分局之義者漢洋対立互ニ異見を張而相牴牾致候勢も有之、遂ニ者両局不和之基共相成候故(中略)尤当今漢洋兼学盛ニ被相行申候得者、入局之諸生者双方兼学ニ而も一方専学ニ而も勝手次第為致可然奉存候(後略)

・「惣御医者局　医学寮御創立見込」

(前略)今更一体混合与申訳ニも難立到奉存候間、仰キ望而ハ一寮内ニ而漢蘭両局之区別法御立被為下(後略)

・「医学館略則　賤名内具」(図2)

(前略)一館中漢蘭之二寮如図分界致シ、互ニ学脉相立候

蘭			漢	
製薬寮	教授寮	督学	教授寮	本草寮
調合寮	助教寮	講堂	助教寮	調合寮
生徒寮	種痘寮	有司寮	鍼灸寮	生徒寮
機械寮	病客寮		病客寮	厨下
	蘭学寮入口	露庭	漢学寮入口	

図2　「医学館略則　賤名内具」『医学館設立存意書』を基に作成　岡山大学附属図書館中央図書館蔵

様致度候、固より二寮一和互ニ従学シ度、生徒者其意ニ任可事、但シ異論分争者堅ク禁之（後略）

ここで注目すべきは、どの答申書も「漢」と「蘭」のそれぞれの存在自体は否定せず、また「漢」と「蘭」のいずれかにするのか、どちらが優れているのかという二者択一的な議論にもなっておらず、医学館内部でどのように両者を共生、もしくは並立させるのかという議論になっている点であろう。

すなわち、医学館の組織構成として両者を混在させるのか、それとも分けるのかという点に、いずれの答申書でも文面の多くが割かれているのである。藩および藩医たちの関心の中心は、「漢」・「蘭」の間でどのようにバランスを取るのか、どのように棲み分けるのか、という部分にあったのである。

上記の答申書が提出されたのは慶応三年だが、それでは明治三年の医学館創設時に「蘭」へと一気に舵が切られたのであろうか。

ここで注目すべきは、人的構成である。慶応三年の答申書に散見される人物名と、明治三年の医学館創設時の主要メンバーとでは大きく入れ替わっているとは言いがたい。それどころか、明治二年の時点で医学館のトップである「督事」は空席で、かつ、事実上トップの「副督事」として名前が挙がっているのは、田中玄順と榎養雲で、両名とも慶応三年の段階で大きな役割を担っている人物である。

田中玄順はもちろん蘭学系だが、対する漢方系とされる榎養雲は代々岡山藩に仕える医師の家系である。しかしながら、榎が医学館設立前から岡山藩の医事の要職を歴任したという政治的な理由で「副督事」の座についた、単なる「お飾り」というわけではないことは、彼が医学館の後継組織である小病院の総括もつとめていることからも明らかである。[*8]

また、明治三年一〇月二五日にはこれまで空席であった医学館のトップである「督事」に、岡山藩第一兵団総管の浅野学（貞幹）が任命された。この人は医師ではなく武家であり、第一兵団総管になる前も、会計副主事・小姓頭・陸軍副主事・歩兵三等隊長上席士隊総管といった要職を歴任している。また、浅野に続く二代目の督事の田坂辰三郎も武家であり医師ではなかった。[*9] この点について、中山沃《なかやまそそぐ》は「この時代はまだ医師の地位は一般の武士より低くみられていたことがわかる」としている。[*10] だが、全国レベルでの漢蘭闘争が後々まで尾を引いていることとともあわせて考えてみると、これは「蘭学」側に軸足を移しつつも、「漢」・「蘭」いずれかの医師をトップに据えることによって生じる軋轢の可能性を回避し、両者間でバランスをとることに腐心していた慶応三年の藩の姿勢の延長線上で捉えるほうが自然であろう。

以上は藩側史料に基づく医学館の人的構成からの分析だが、教育内容についてはロイトルの講義以外はほとんど判明していない。[*11] 今後の史料発掘・分析など、研究調査の進展が求められる。加えて、この後の医学館の後継組織における「漢」と「蘭」の関係性がどのように

＊8　＊5を参照。

＊9　岡山大学医学部創立百周年記念会、前掲書、七二—七三頁。中山「岡山県病院略史」一〇三頁。

＊10　中山「岡山県病院略史」一〇三頁。

＊11　岡山大学医学部創立百周年記念会、前掲書、六四—六七頁。

変わっていくのかの議論は、稿を改めることにしたい。

第三節　維新期岡山の地域医療――医療行政機関としての岡山藩医学館

先行研究を含むここまでの議論は、現存する岡山藩医学館側の資料からの視点である。それでは、藩内の医師たち（在村医）の側から医学館はどのように位置づけられるだろうか。

医学館は当初から除痘館を併設し（明治三年五月）、そこで種痘活動を行うだけでなく、それまで藩内で広く行われてきた種痘[*12]を一般開業医が行うことを禁止し、代わりの種痘所を藩内各郡の要所に設ける計画であった。また、明治四年（一八七一）には岡山城下の中之町に「小病院」も開設している。[*13]

また、明治初期の岡山藩財政支出における「医学館」の位置は米換算にして五〇〇〇俵で、「学校」の三〇〇〇俵と「兵学館」の二〇〇〇俵の合計に匹敵し、「監察・刑法」の六〇〇〇俵に迫るものであった。[*14]ここからも、岡山藩が医学館に対して医学教育機関以上の役割を求めていたことは明らかであろう。

このように、医学館を通して藩内の医学教育だけでなく医療行政体制の刷新・拡充に力を入れていたことが知られているが、在村医側から検証する必要があるだろう。本節では、筆者ほかが長年研究を進めている邑久《おく》郡の在村医・中島《なかしま》家[*15]の視点からこれを試みる。

＊12　岡山大学医学部創立百周年記念会、前掲書、三三―四四頁。

＊13　中山『岡山の医学』七八頁。岡山大学医学部創立百周年記念会、前掲書、七三―七六頁。

＊14　岡山県史編纂委員会編纂『岡山県史』第一〇巻（岡山県・山陽新聞社、一九八五年）三三頁。

＊15　中島医家資料館・中島文書研究会編著『備前岡山の在村医　中島家の歴史』（思文閣、二〇一五年）。なお、在村医・中島家の歴史史料は現在「中島医家資料館」（瀬戸内市・http://nakashima-ika.jpn.org）に所蔵されている。

中島家は、岡山藩邑久郡（現、岡山県瀬戸内市）にて宝暦年間以降、長期に渡って医療活動を行ってきた在村医家である。活動範囲は幅広く、現在でいうところの内科・外科・皮膚科・産科を中心とした患者の診察や薬の処方だけでなく、売薬活動や種痘といった公衆衛生活動なども行った。また、鍼灸を中心とした伝統的漢方医学のみならず、京都や長崎にも遊学し、江戸時代に一世を風靡した吉益流《よしますりゅう》古医方医学《こいほういがく》や蘭方医学など、時代の最先端の医学も学んだ[*16]。

すなわち、漢方あるいは蘭方の特定の流派をもっぱらとする医家でもなく、また、藩内の御目見得医《おめみえい》ではあったが、特定の政治的な立場を持った藩医でもなかった。邑久郡という地域で、住民の医療的要請に対応してきた典型的な「在村医」といえる。特定の学統や政治的背景を持たない中島家の立場から医学館を位置づけることは、維新期の岡山藩における医学館の歴史的文脈を検討するうえで大きな意義があるだろう。

　それでは、中島家の医師たちと岡山藩医学館はどのような関係にあったのか。

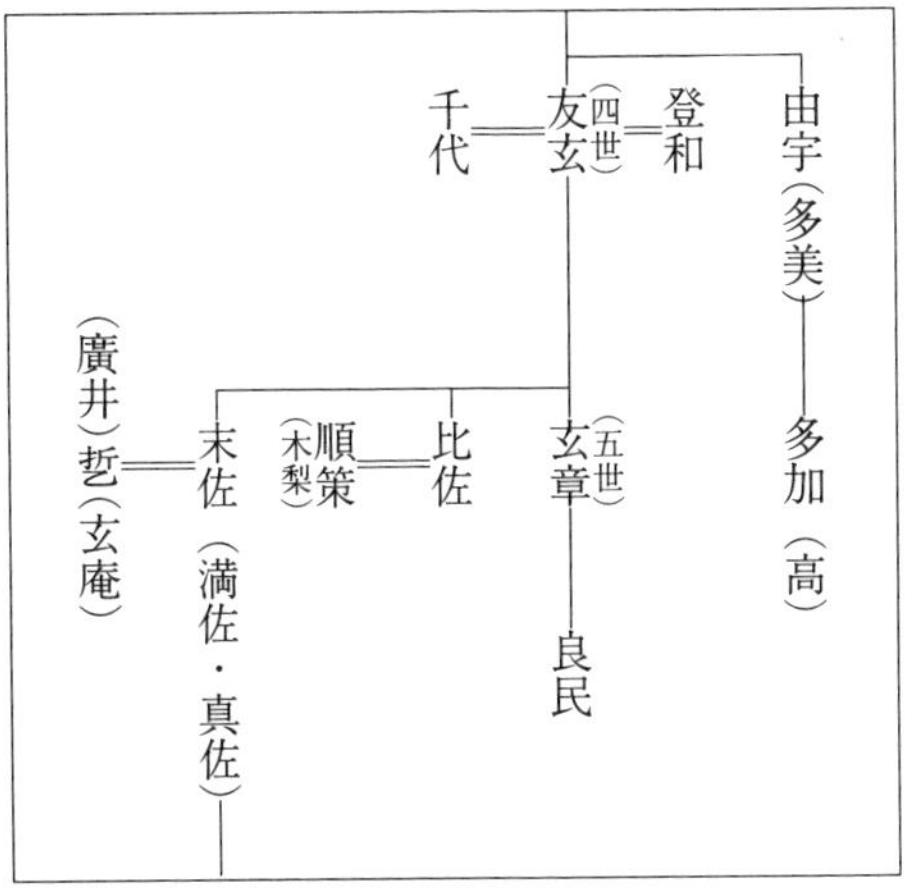

図3　中島家の家系図（一部）

＊16　＊15を参照。

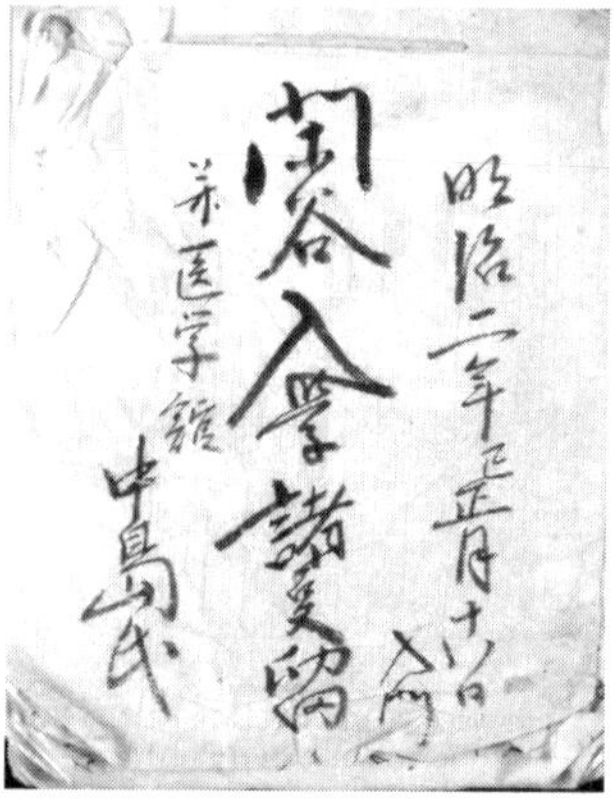

図４　「閑谷学校并医学館入学諸事留」　中島医家資料館蔵

幕末・維新期に関わる中島家の医師らは、中島友玄《ゆうげん》（一八〇八年〈文化五〉—一八七六年〈明治九〉）、友玄の長男・玄章《げんしょう》（一八三五年〈天保六〉—一八六〇年〈万延元〉）、玄章の長男・良民《りょうみん》（一八五四年〈安政元〉—）、友玄の娘婿養子の哲《たもつ》（一八四三年〈天保一四〉—一八九八年〈明治三一〉）の四人である。

幕末・明治維新の時点ですでに長年医師として活動していた中島友玄は、明治二年、哲と長男・玄章の子良民を閑谷学校に入学させている。その本来の目的は将来、岡山藩医学館へ良民を入学させ、中島家を継がせるためだった。実際、翌年一二月には哲と良民の二人は医学館への入学を果たしているが、最終的に友玄の跡を継ぐことになるのは良民ではなく、友玄の娘婿養子の哲となる。この辺りの経緯は「閑谷《しずたに》学校《がっこう》并《ならびに》医《い》学館《がっかん》入学《にゅうがく》諸事《しょじ》留《どめ》」（図４）からうかがい知ることができる。[*17]ここから、医学館が岡山藩内の医師の子弟の教育機関として実際に機能していたことだけでなく、藩内で長い歴史のある庶民向けの学校（郷学）・閑谷学校から進学するコースが存在し、藩医だけでなく藩内の町医者や在村医らの教育機関としても医学館が位置づけられていたことがわかる。

さて、医学館とともに除痘館が設立されたことは先に述べたが、中島友玄（と哲）は除痘館が設立される前から邑久周辺で種痘活動を行っている。詳細は「中島友玄と岡山県邑久郡

＊17　中島医家資料館・中島文書研究会編、前掲書、二七―二八頁。加原耕作「閑谷学校并医学館入学諸事留」（『閑谷学校研究』第七号、二〇〇三年）。

における江戸末期から明治初期の種痘」に譲ることとし、[*18] ここでは種痘について医学館と中島家の関わりを示す文書を一つだけ示しておく（図５）。この文書は「種痘御用被仰付候ニ付申達」というもので、医学館から友玄へ種痘御用を申しつける内容となっている。

この文書からも、医学館・除痘館による藩内の種痘活動の統制が、実際に機能していたことがわかる。

それでは、種痘以外の医療活動はどうだったのか。明治三年の医学館設立にともなう藩内の医療行政体制の刷新について、種痘以外はこれまで明確にわかるものがほとんど存在していなかった。しかしながら今回、中島家の文書調査により、医学館が藩内の医師そのものを統制の対象としていたことを示す文書が発見された（図６）。

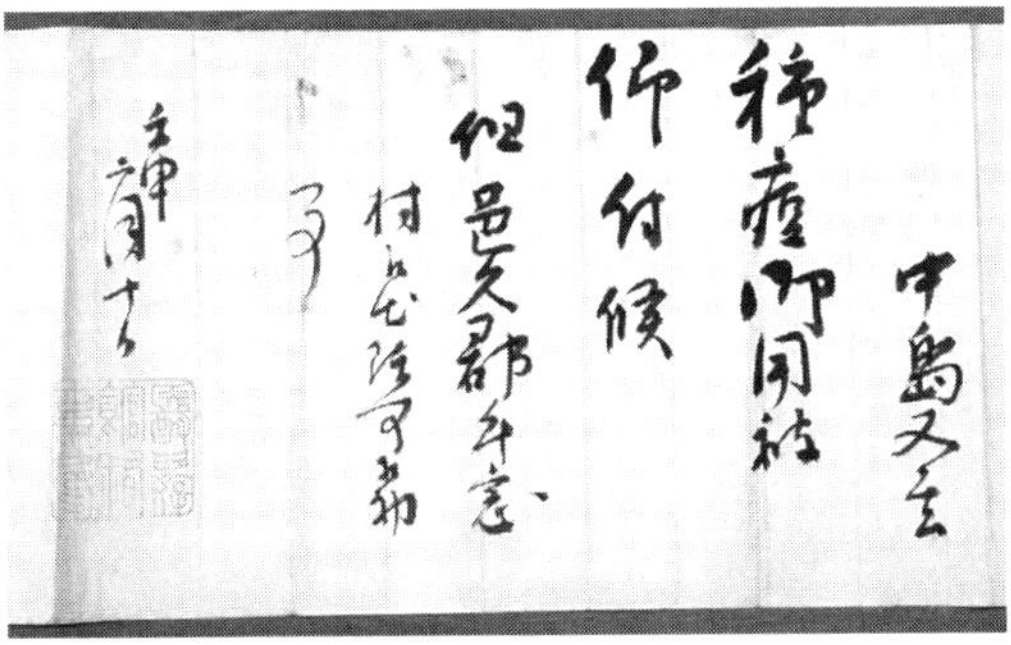

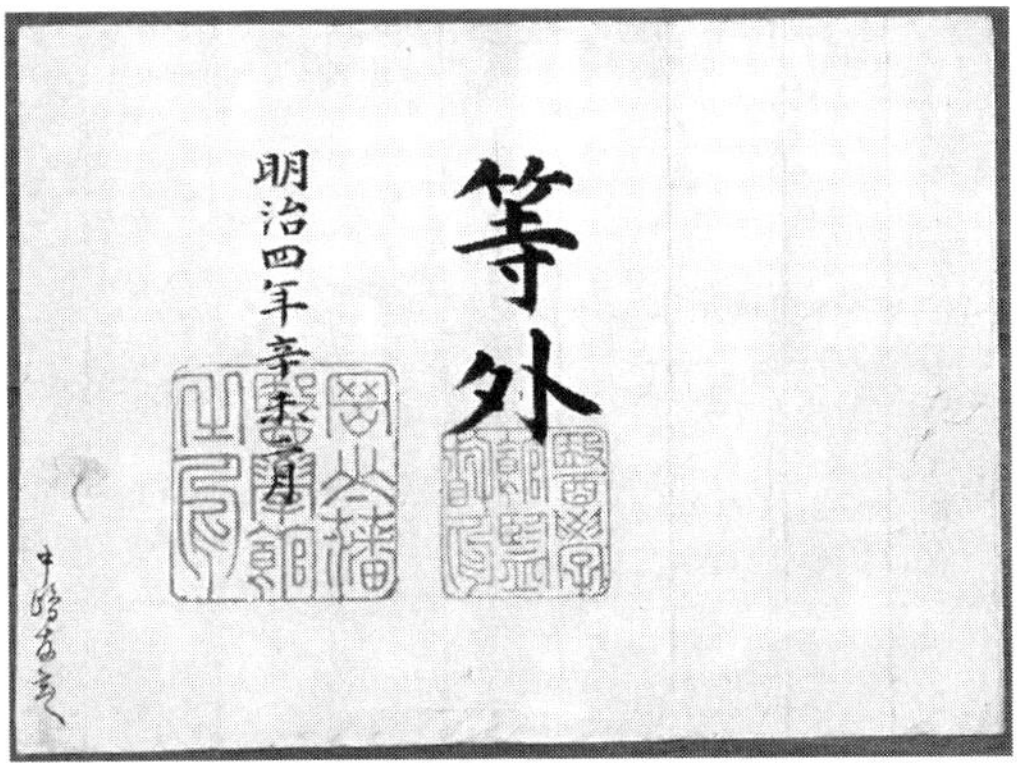

上：図５　「種痘御用被仰付候ニ付申達」　中島医家資料館蔵
下：図６　「等外」　中島医家資料館蔵

＊18　中島医家資料館・中島文書研究会編著、前掲書、九六―一一〇頁。

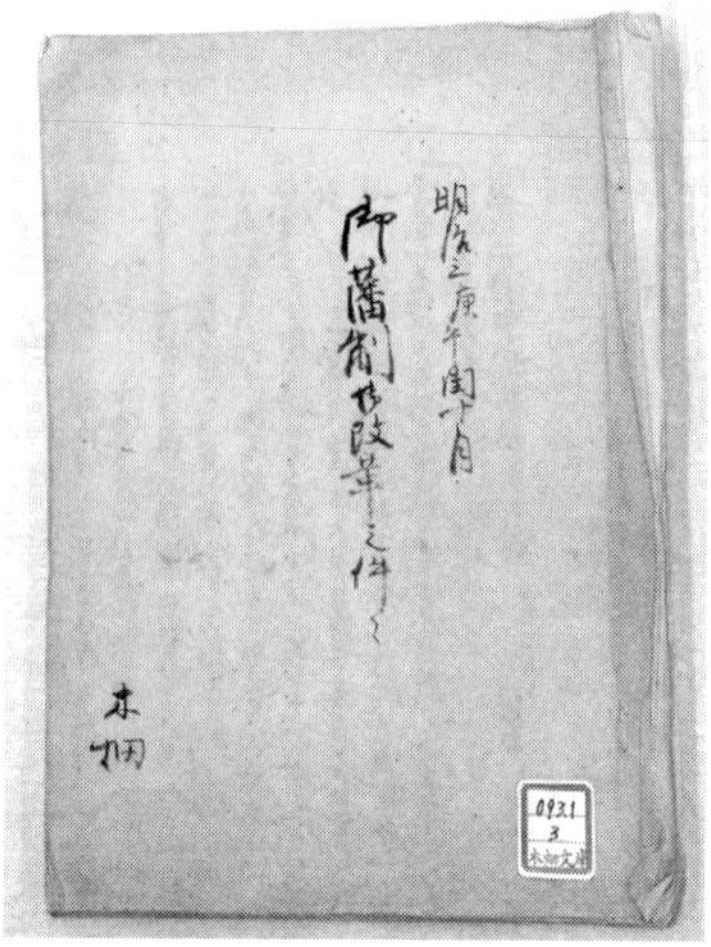

図7　『御藩制御改革之件々』　岡山市立中央図書館蔵

この文書は、医学館監督局の印のある「等外」と書かれたものである。

先に述べたように、王政復古の大号令や五箇条の御誓文といった次々と発せられる新時代に対する新政府の指針に沿って、全国の各藩は藩政（藩制）改革を断行していった。岡山藩も、明治三年半ばに藩制改革を断行し、藩の組織構成を一新している。それを示す文書として「御藩制御改革之件々」などが残っているが[*19]（図7）、この文書のなかに「岡山藩職員令」という項目があり、ここから知事（旧藩主）以下の藩の職名が確認できる。これによると、新たな岡山藩職員として「等外」という職名があり、さらにそのなかのさまざまな属吏と並んで「医学属吏」という役職が確認できる。[*20]

中島家代々の医師たちは、御目見得医という身分はあるが、名誉職のようなもので、基本的には在村医として邑久郡に在住して地域医療を担ってきた。しかし、中島家に残されている明治四年の「等外」の文書、そして藩側の職名一覧によって、医学館（岡山藩）は中島友玄を「等外」の「医学属吏」として藩職員化していたことが明らかになった。すなわち、岡山藩は明治三年の藩制（藩政）改革後、種痘という特定の医療行為や藩医などの特定身分の

＊19　『御藩制御改革之件々』明治三年（一八七〇）閏一〇月（木畑文庫・岡山市立中央図書館所蔵）。

＊20　＊19の文書以外にも『岡山藩職員令　全』、『岡山藩職員令　新』（いずれも、池田家文庫・岡山大学附属図書館所蔵）など、「等外」「医学属吏」という職名が記載された文書は多数存在する。

医師だけでなく、藩内の在村医までもより明確に藩職員として登用（利用）し囲い込みつつ医療統制を行おうとしていたことを、これらの文書は示しているといえよう。

結び

岡山藩医学館について、設立前後の藩側史料の再検討と、在村医側の関連史料の調査という二つの観点から、その性格について検討してきた。そこで明らかになったのは、次の二つである。

（1）少なくとも明治三年の時点では、医学教育機関の性格として「蘭学」側に軸足を移しつつも、慶応三年当初と同じく「漢」と「蘭」の間でどうバランスをとるのかが大きな課題だったと思われること。

（2）明治三年の藩制改革後の岡山藩は、医学館を通じて、種痘という特定の医療行為や藩医などの特定身分の医師だけでなく、藩内の在村医も藩職員として登用（利用）し囲い込みながら、医療統制を行おうとしていたこと。

岡山藩医学館は、従前から「蘭学」と、その直線的延長線上に位置する近代西洋医療システムの移入という文脈から語られることが多かった。しかし、日本全体でみても、江戸期の蘭学の単純な延長線上に明治期の西洋医学教育・医療行政システムが存在したわけではない。本章の議論により、岡山でも数多くの在村医を巻き込みながら紆余曲折があったと推測できる。ここで明らかになったのはそれらの一部に過ぎず、かつ、直後には廃藩置県に伴う各地の医学教育の大変動がある。本章の議論が、明治初期の医療教育システムの大変動を〝生き残り〟岡山大学医学部へと繋がる岡山藩医学館、ひいては維新期の岡山における医療教育・行政の諸相を明らかにする端緒となれば幸いである。

【参考文献】

石田純郎「ロイトルに関する新資料　岡山藩医学館オランダ人教師」（『日本医史学雑誌』一八〈四〉、一九七二年）
石田純郎「岡山藩医学館から岡山大学医学部へ」（『倉敷医師会便り』二〇九号・二一一号・二一二号、一九八三〈昭和五八〉年）
海原亮『江戸時代の医師修業』（吉川弘文館、二〇一四年）
岡長平「おかやま明治百年史」『夕刊新聞』一九六七（昭和四二）年（「おかやま明治百年史」は連載記事であり、同年一月一八日に「岡山医学館」、二月二日に「ボードウィン」がある）
岡山県医師会『備作医人伝』（一九五九年）
岡山県史編纂委員会編纂『岡山県史』第一〇巻（岡山県・山陽新聞社、一九八五年）
岡山県立記録資料館『岡山県史料　二』（二〇〇六年）
岡山大学『いちょう並木』（岡山大学広報誌）五〇号（二〇〇九年）
岡山大学医学部創立百周年記念会『岡山大学医学部百年史』（一九七二年）
加原耕作「閑谷学校并医学館入学諸事留」（『閑谷学校研究』第七号、二〇〇三年）
吉良枝郎『幕末から廃藩置県までの西洋医学』（築地書館、二〇〇五年）
坂井建雄ほか「我が国の医学教育・医師資格付与制度の歴史的変遷と医学校の発展過程」（『医学教育』四一〈五〉、二〇一〇年）
坂井建雄編『日本医学教育史』（東北大学出版会、二〇一二年）

田中文男「岡山医学校の回顧」（『岡山医学会雑誌』第六五巻第三号、一九五三年）
中島医家資料館・中島文書研究会編著『備前岡山の在村医　中島家の歴史』（思文閣出版、二〇一五年）
中山沃『岡山の医学』（日本文教出版〈岡山文庫四二〉、一九七一年）
中山沃「岡山藩医学館教師ロイトルについて」（『医譚』通号四一、一九七〇年）
中山沃「岡山県病院略史」（『日本病院協会雑誌』第一五九―一六二号、一九六八年）
森紀久男「岡山藩医学館」（『岡山医学同窓会報』第一〇巻第四号、一九四二年）
和気郡史編纂委員会『和気郡史　通史編　下巻二』（二〇〇二年）

第三章　近代日本薬学の形成

小曽戸　洋

第一節　医と薬

ここにいう本草とは、日本における中国由来の伝統薬物学、薬学とは、欧州由来の近代薬学pharmacyを意味する。

医は薬による

古くから、「医は方により、方は薬による」（医可拠者方也、方可恃者薬也）「本草に非らざれば、以て立方する無し」（非本草無以立方）といわれるように[*1]、薬がなければ医療は成り立たない。医学書があっても、薬がなければ使いものにならない。北宋時代に中国で医書が刊行されたとき、処方集である『太平聖恵方《たいへいせいけいほう》』（九九二年刊）より、本草書である『開宝本草《かいほうほんぞう》』（九七三年刊）が先行し、同様に『傷寒論《しょうかんろん》』（一〇六五年刊）より『嘉祐《かゆう》本草』（一〇六二年刊）が先行した所以である。

＊1　小曽戸洋「小野蘭山とその書跡」『漢方の臨床』六五巻一〇号（二〇一八年）

日本では古来、医師を「くすし」と称したが、それは薬を操るからにほかならない。古代律令制下では、医事官庁に中務《なかつかさ》省の内薬司《ないやくし》と、宮内省の典薬《てんやく》寮があり、内薬司には侍医と薬生《やくしょう》、典薬寮には医師と薬園師が併存した。『延喜式』（延長五年〈九二七〉撰進、康保四年〈九六七〉施行）には典薬寮の制度がある。公立の病院が施薬院と称されたのも、「くすし」と同様、薬が医療の主体であったからである。

本草学は医師が学習

しかし、日本ではいわゆる医薬分業は成らず、本草学は医師が担った。『本草和名《ほんぞうわみょう》』（延喜一八年〈九一八〉頃成）の深根氏、『医心方《いしんほう》』（永観二年〈九八四〉撰進）の丹波氏、『本草色葉抄《ほんぞういろはしょう》』（弘安七年〈一二八四〉成）・『医家千字文註《いかせんじもんちゅう》』（永仁元年〈一二九三〉成）・『続添要穴集《ぞくてんようけつしゅう》』（正安元年〈一二九九〉成）の惟宗《これむね》氏など、みなしかりである。『新修本草《しんしゅうほんぞう》』（六五九年成）以来の中国本草書の学習も、医師に課せられ、近世に至っても、医学館では医師に本草を教えた。[*2] むろん、薬学館というものはなかった。薬屋（くすりや）としては、薬を店頭販売する薬舗《やくほ》があり、薬を売り歩く薬売りもいた。たいていは万能薬的な効能を謳ったもので、エビデンスに乏しく（たとえば動物の干物や黒焼など）、薬舗主や売薬人のなかに医薬典籍に通じた学者は皆無だったといってよい。薬品鑑定の手法がない当時、とくに丸薬などは鑑別が困難なため、偽薬も少なくなかった。

＊2　以上、中国・日本の漢方・本草の歴史については、小曽戸洋『新版漢方の歴史』（大修館書店、二〇一四年）に詳述してある。

後述するように、日本の近代薬学が東大医学校製薬学科としてスタートしたのは、薬学が医学に包含されるという当時の常識の結果にすぎない。

本草学者

江戸時代までは医師の免許制度はなく、誰でもその気になれば医師になれた。なかでも、本草を得意とする医師は本草家ともいわれた。稲生若水《いのうじゃくすい》（一六五五―一七一五）、松岡玄達《げんたつ》（一六六八―一七四六）、丹羽正伯《にわしょうはく》（一七〇〇―一七五二）、田村藍水《たむららんすい》（一七一八―一七七六）、小野蘭山《らんざん》（一七二九―一八一〇）、山本亡羊《ぼうよう》（一七七八―一八五九）などの人々である。これらの延長線上にある飯沼慾斎《いいぬまよくさい》（一七八二―一八六五）、宇田川榕庵《ようあん》（一七九八―一八四六）、伊藤圭介《けいすけ》（一八〇三―一九〇一）らの学問は、薬効を説くpharmacologyから外れ、博物学natural history（植物学・動物学・鉱物学）へと向かい、さらに小野職愨《もとよし》（一八三八―一八九〇）、田中芳男《よしお》（一八三八―一九一六）、白井光太郎《みつたろう》（一八六三―一九三二）、牧野富太郎《とみたろう》（一八六二―一九五七）、南方熊楠《みなかたくまくす》（一八六七―一九四一）などの学問に繋がっていった。

第二節　近代薬学の萌芽

物質の形状には、固体・液体・気体がある。伝統医学・本草学では、薬物は固体・液体に限られ、気体は気として一括され、十分な分類はできなかった。気体を物質として認識・分類する近代薬物観の端緒は、一八世紀後半に西洋で始まったこの化学観にあるという。さらに一九世紀初頭には、アヘンから有効成分としてモルヒネが単離され、近代薬学が誕生した。日本に直接、近代薬学を伝えたのは、安政四年（一八五七）に来日したオランダ海軍軍医のポンペ（一八二九―一九〇八）であった。

長井長義

近代薬学の父とされる長井《ながい》長義《ながよし》（一八四五―一九二九）は、弘化二年（一八四五）に阿波国徳島藩医・長井琳章《りんしょう》の長子として生まれた。[*3] 名は直安《なおやす》、号は朴堂《ぼくどう》（樸堂）。はじめに漢方を学んだが、宇田川榕庵の『舎密《せいみ》開宗《かいそう》』に魅せられ、二一歳で長崎に行き、上野彦《ひこ》馬《ま》に就いて写真技術を学び、化学に傾倒する。帰

図１　大学東校に入学した頃（明治３年春）の長井長義

＊3　金尾清造『長井長義伝』（日本薬学会、一九六〇年）

郷とともに明治維新を迎え、明治二年（一八六九）に藩命により大学東校に入学した。同四年（一八七一）、新政府選抜の第一回海外留学生に抜擢され、ドイツのベルリン大学に留学し、アウグスト・ホフマン（一八二四―一八九三）に師事した。明治一七年（一八八四）に政府の要請で帰国して半官半民の大日本製薬の技術長に就任し、翌一八年には漢薬の麻黄《まおう》から有効成分エフェドリン ephedrin を抽出するなど数々の業績を挙げた。エフェドリンから覚醒剤メタンフェタミン（ヒロポン）を合成したのも長井である。明治二一年（一八八八）には日本薬学会の初代会頭となり、昭和四年（一九二九）に没するまで四二年間会頭を務め、日本の薬学界を牽引した。ドイツから連れ帰ったテレーゼ夫人の助力もあって日本の女子教育にも貢献し、日本女子大学創設時より、同大学で化学を教えるなどした。同大学の成瀬記念館には、長井関連の資料がある。

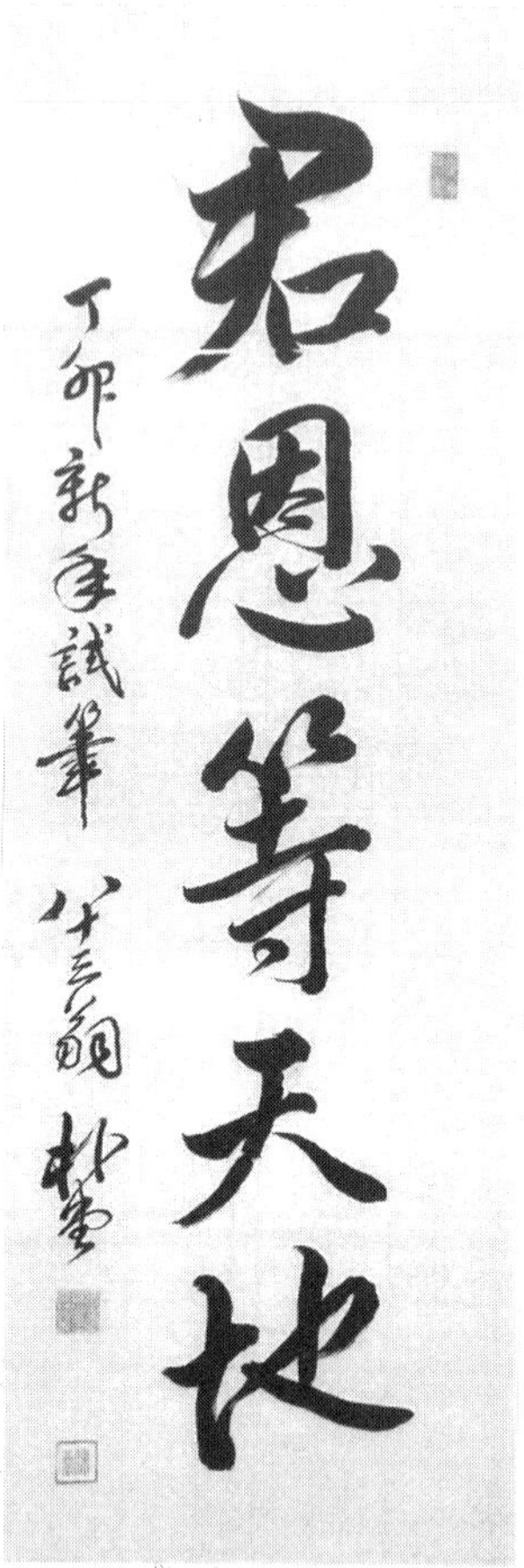

図２　長井長義の書（昭和２年）。関防印は「家在青山」。長井の邸宅は東京青山にあった（現、長井記念館）。落款印は「理学博士薬学博士長井長義」「樸堂」

第三節　薬学教育の端緒

日本の本格的薬学組織は、明治六年（一八七三）、長与専斎《ながよせんさい》（一八三八―一九〇二）の提言による東大医学校製薬学科の創設に始まる。教師はお雇い外人のミュルレル（一八二四―一八九三）、テオドール・ホフマン（一八三七―一八九四）、ニーウェルトらで、日本人は柴田承桂《しょうけい》ただ一人であった。

柴田承桂

柴田承桂（一八五〇―一九一〇）は尾張藩医である永坂周二《ながさかしゅうじ》の次男で、同じく尾張藩医の柴田承慶《しょうけい》の養嗣子となった。明治三年（一八七〇）に藩から大学南校に派遣・入学し、翌四年に政府の第一海外留学生に選ばれてドイツ・ベルリン大学のホフマンのもとに留学した。次いで、ミュンヘン大学のペッテンコファーに衛生学を学ぶ。同七年に帰国し、二四歳で東京大学医学校製薬学科教授に就任する。明治一一年（一八七八）に製薬学科第一回卒業生を出して彼らに後任を委ね、自身は内務省御用係として『日本薬局方』の制定に尽力した。明治一三年（一八八〇）、長与専斎の建議により内務卿松方正義《まつかたまさよし》が太政官に提出した伺書《うかがいしょ》から五年をかけて、同一九年（一八八六）に第一版『日本薬局方《にほんやっきょくほう》』が完成し、交付された。次に、柴田は「薬律《やくりつ》」の制定に取りかかった。この「薬律」には、医薬分業を実行するため薬剤師が調剤を専有することを明記したが、後述のように明治二二年（一八八九）に公布された「薬律」は柴田の意に反する結果となった。長与専斎は激怒し、落胆した柴田は四〇歳にして一切の公職から身を引いてしまった。

下山順一郎

下山順一郎《しもやまじゅんいちろう》（一八五三—一九一二）は嘉永六年（一八五三）、尾張の犬山に生まれた[*4]。明治三年に犬山藩の貢進生《こうしんせい》として大学南校に入り、明治六年に新設された東京大学医学校製薬学科に転入し、同一一年に第一回生の首席として卒業した。卒後は大学に残り、製薬学科助教授を務め、同一六年（一八八三）に国費で当時ドイツ領のストラスブルグ大学に留学し、フルッキガー教授に就いて生薬学を修めた。明治二〇年（一八八七）に帰国し、漢方薬の有用性を重視して生薬有効成分の化学的研究を推し進め、明治二六年（一八九三）には帝国大学官制の薬学科教授となった。下山は薬剤師養成にも心血を注ぎ、従来の東京薬学校と薬学講習所を併合して、私立東京薬学校とし、明治二一年に校長に就任した。同年、東京薬剤師会初代会長に選ばれ、明治二六年に創設された日本薬剤師会の正親町実正《おおぎまちさねまさ》会長のあとを受け、同三二年（一八九九）に第二代日本薬剤師会会長となった。明治四二年（一九〇九）には、第四代日本薬剤師会会長に再就任している。

*4　根本曽代子『下山順一郎先生伝』（廣川書店、一九九四年）

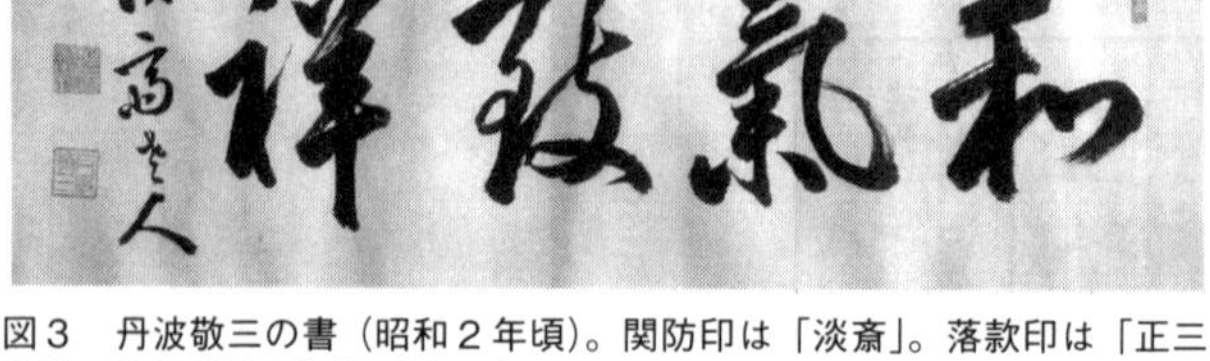

図3　丹波敬三の書（昭和２年頃）。関防印は「淡斎」。落款印は「正三位勲一等薬学博士」「丹波敬三」

図4　明治22年春、私立薬学校第1回卒業式写真より。右から下山順一郎、丹波敬三、大井玄洞。大井はドイツ語の「Pharmakognosie」を訳して「生薬学」という語を初めて作った

丹波敬三

丹波《たんば》敬三《けいぞう》（一八五四―一九二七）は平安時代の名医・丹波康頼《たんばのやすより》の三〇代子孫といい、蘭方医・丹波元礼《げんれい》の三男として安政元年（一八五四）、神戸に生まれた。[*5] 名は光徳《みつのり》、号は淡斎《たんさい》。明治五年（一八七二）に第一大学（東大）医学校に入学し、翌年に医学校に新設された製薬学科に転入し、同一一年に第一回生として卒業した。明治一七年にはドイツのエルランゲン大学に私費留学し、ヒルゲル教授に就いて衛生学・裁判化学を修得する。明治二〇年に帰国して東大医学校薬学科教授に就任した。第一次世界大戦ではドイツからの医薬品輸入が途絶えたた

＊5　根本曽代子「艸楽太平記・丹波敬三先生の巻」『日薬新聞』（一九五九・一～九月）

め、丹波は駆梅薬サルバルサンの国産化を試みて成功し、タンバルサンと命名した。大正元年（一九一二）に第五代日本薬剤師会会長、同六年（一九一七）には東京薬学校から昇格した東京薬学専門学校の初代校長兼理事長に就任した。翌年には東大教授を退官し、薬学界としては、前例のない正三位勲一等を授けられた。後年は、巣鴨駒込の妙義坂《みょうぎざか》に三〇〇〇余坪の豪邸を構えて、しばしば園遊会を催していた。趣味人でもあり、謡曲・長唄を好み、宗教・哲学に通じ、東薬では修身の授業も行った。書道は渋谷越山《しぶやえつざん》に師事し、同仁会《どうじんかい》の要職（副会長）で中国に出張するたびに唐墨《からすみ》の買い物を楽しんだ。丹波は温厚な性格で人情に篤く、気が強く怒りっぽい下山と厳格な長井との間をいつも気遣い、取り持ったという。一族は名士揃いで、名優で知られた丹波哲郎は孫の一人である。

丹羽藤吉郎

丹羽藤吉郎《にわとうきちろう》（一八五六—一九三〇）は、佐賀藩海軍に属した丹羽与左衛門《よざえもん》の次男として安政三年（一八五六）に生まれた。佐賀藩校に学び、明治四年に藩の貢進生として大学南校に入学し、ドイツ語科から同六年に東大医学校製薬学科に転入。明治一一年に第一回生として卒業した。卒後は大学に残り、助手、助教授から教授となった。東大医学校付属病院の薬局長を兼任し、医薬分業を力説する。医科大学長兼付属病院長の青山胤通《あおやまたねみち》（一八五九—一九一七）に談判し、諸施設を完備し独立した薬局の建設に尽力した。日清戦争のため海外留学は遅れたが、明治三三年（一九〇〇）にドイツのベルリン大学に留学して製造化学を修め、同三六年（一九〇三）に帰国。明治四〇年（一九〇七）には東大教授として薬品製造学を講じ、

図5　大正7年秋、東京薬学専門学校卒業式（通算第59回）卒業式写真より。左から長井長義、丹波敬三、丹羽藤吉郎、池口慶三

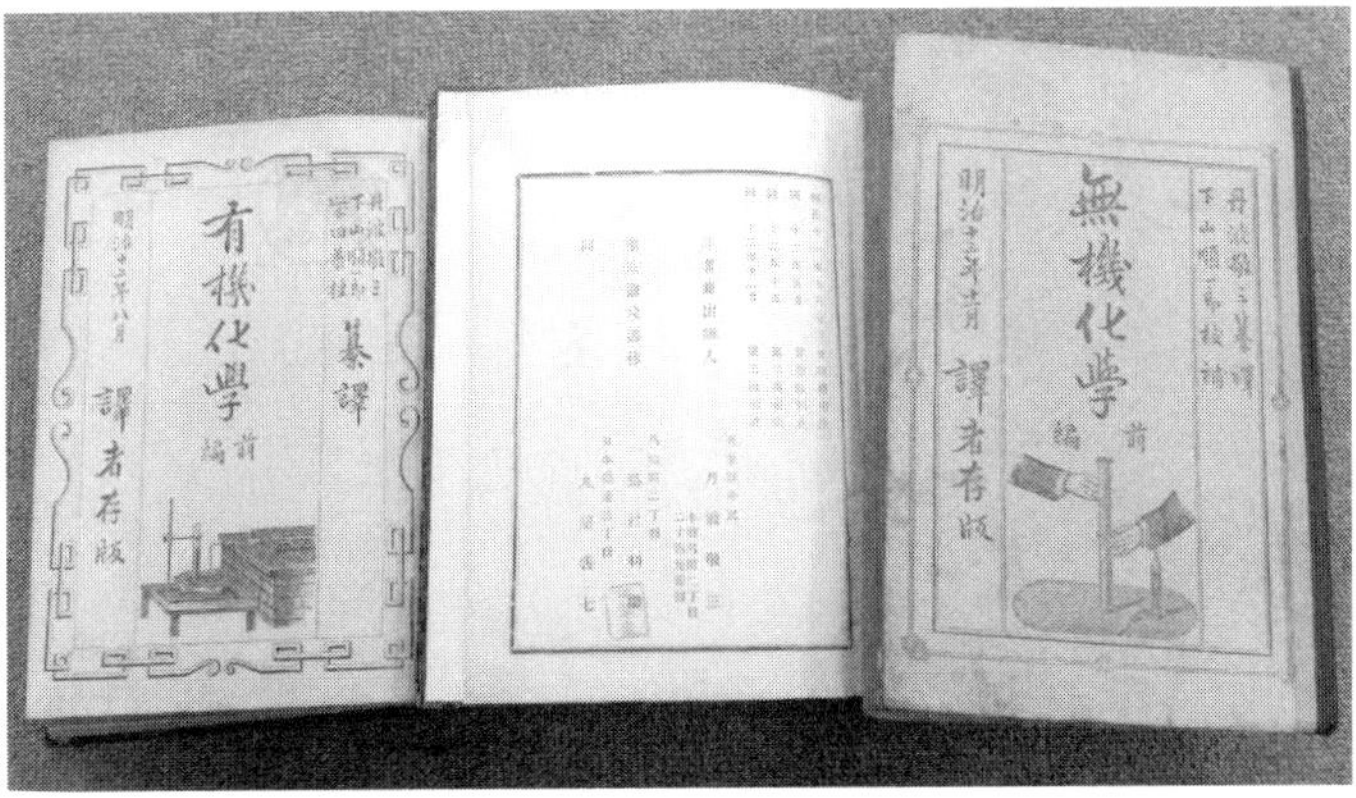

図6　明治12年に丹波、下山、柴田がラングルドの講義などを参考に編纂した『無機化学』と『有機化学』。蔵版印に「丹波下山柴田版権所有之記」とある。発売元は日本橋の丸屋善七と馬喰町の島田利助

インジゴやカフェインの製造に貢献した。丹羽は薬剤師の地位向上と医薬分業に生涯を捧げ、何度も日本薬剤師会会長を務めた。昭和四年には亡き長井のあとを受けて第二代日本薬学会会頭に就任したが、まもなく没した。

第四節　薬学者の連携

下山順一郎・丹波敬三・丹羽藤吉郎の三人はすでに述べたとおり、明治一一年に製薬学科の第一回生として卒業した同級生だった。製薬学科では、第一講座で下山が生薬学を、第二講座で丹波が衛生・裁判化学を、第三講座で長井が薬化学を担当した。下山は、当時の状況を次のように述べている。

余等頻りに製薬学本科を設けられんことを医務総裁に請へども、官、医学の基礎を定むるに汲々して、未だ製薬学を顧みるの暇なし。足下等宜しく志を変じて医学を修むべしとの下命あり。

明治二二年に長井は理学博士を授与されたが、下山らは医学博士号の享受を拒否。明治三二年に長井・下山・丹波らは日本初の薬学博士の称号を得、薬学の専門性を貫いた。同時に薬学博士を取得した田原良純《たはらよしずみ》（一八五五—一九三五）も東大製薬学科の卒業生（一八八一年卒）で、内務省東京衛生試験所の所長となり、長井と共同して、牡丹皮成分ペオノールについて研究し、独自にフグ毒を研究して、テトロドトキシンの薬理作用を解明した。先述のように、丹羽は薬剤師・薬局の独自性を主唱し、医薬分業運動に精力を傾けた。丹羽は下山・丹波のあとを受け、大正三年に日本薬剤師会会長に就任した。後輩の池口慶三・慶松勝左衛門らもこれに続いた。

池口慶三《けいぞう》（一八〇七―一九三三）は東大薬学科を卒業（一八九〇年卒）後、警察庁ほか政府の数々の公職に就いて、薬事行政に力を尽くし、昭和二年に丹波のあとを受けて、東京薬学専門学校第二代校長となった。その後、日本薬剤師会会長、日本薬学会会頭を歴任した。*6

慶松《けいまつ》勝《しょう》左《ざ》衛門《えもん》（一八七六―一九五四）は東大薬学科を卒業して同校同科の教授となり、再度日本薬剤師会会長を務め、日本薬学会会頭を歴任。政治家としても名を残し、本草学者の中《なか》尾《お》万三《まんぞう》とも親交があった。

第五節　医・薬の確執

内務省は、明治八年（一八七五）に薬舗開業試験の実施を公布した。これを受けて、薬舗主の養成が必要となり、教育機関が作られるようになった。明治一九年には『日本薬局方』の初版が刊行された。同二二年には、内務省衛生局長の長与専斎や柴田承桂らによる「薬律」の制定（翌年施行）によって、薬舗→薬局、薬舗主→薬剤師へと名称が変更された。薬剤師

---

*6　水嶋元『薬の王様―薬学博士池口慶三伝』（兵庫県美方郡村岡町、一九九八年）

の名称に関しては、ドイツ語の Apotheker の訳として、はじめ薬師、製薬師などの案もあったが、仏教用語と紛らわしいとして、柴田の意見により、最終的に薬剤師の名称が採用された。「薬律」では西洋の医薬分業制度にならい、薬剤師のみが調剤権をもつことが謳われたが、実際に公布されてみると、柴田らの知らぬ間に医師側の画策によって、医師にも調剤権を認めるという付則が明記されており、事実上の医薬分業は達成されず、薬学側は地団駄を踏んだ。

明治二三年（一八九〇）には、全国の医師数二〇二一五人、薬剤師は二六八九人。明治三五年（一九〇二）には医師数三四一八五人に対し、薬剤師は二七五四人に過ぎなかった。一方、売薬を認められた薬種商は四万人おり、薬剤師と薬種商間（現登録販売業）の対立もあった。

下山・丹波・丹羽ほか東大製薬学科の出身者らは、当時、欧州で定着していた医薬分業制度を日本に導入しようと東大以外に薬学校を作り、薬剤師の育成に尽力し、数多くの薬剤師を世に出した。そして、前述の「薬律」制定以来、薬剤師のみが調剤権を独占できる分業運動を何度も展開した。明治二六年に設立された日本薬剤師会の終局目的も、医薬分業にある。しかし、内務省衛生局長の長谷川泰（一八四二―一九一二）や日本医師会初代会長の北里柴三《きたざとしばさぶ》郎《ろう》（一八五三―一九三一）らに阻まれ、ついに医師側から調剤権を奪取することはできなかった。

薬学の専門独自性を認めない官の政策（東大医学校）に対し、明治二〇年には、すでに長井・下山・丹波らによって、私立薬学大学の開校計画が立てられていた。同二〇年一一月二三日の『愛知絵入新聞《あいちえいりしんぶん》』に、次のような記事が載っている。＊7

＊7　『明治ニュース事典』第三巻（毎日コミュニケーションズ出版部、一九八四年）

私立薬学大学校　我が邦には未だ薬学の独立大学校の創設なく、昨年医科大学に於いて、別に薬学科を設けられしのみなるが、欧米諸国には官立、私立に論なく、少なくも二、三の大学あり。殊に独、米の両国に於いては最もその数多く、今米国学校表を見るに、医学連邦大学六十七、製薬大学十九、歯科七、本草学校十二もあるが、今度長井長義、下山順一郎、丹波敬三その他有志者が発起にて、この学校を設置せんと、先ごろより計画中の処、もはやその準備も整いしに付き、不日その筋へ伺い出ずると云えり。

この私立大学創設は成らなかったが、翌明治二一年一月に東京薬学校が開校し、さらに薬学講習所と合併して同年一一月に私立薬学校が誕生した（下山校長）。東京薬科大学の前身である。当初、薬学校教育には、漢文・国文の必須課目があった。

医薬分業の不成立は、薬剤師を商人か職人の域にとどめ、薬剤開発者としての道を閉ざす結果をもたらした。医学と薬学、医師と薬剤師の対立は、そもそも東大医学校の医学科と製薬学科の内部対立に起因するといえよう。また、長井・下山・丹波・丹羽の結束も必ずしも良好ではなかったといわれる。特に、長井と下山の不仲は人の知るところで、両者の仲は常に丹波が取り持ったという。一方、皮肉なことに医学界でものちに官と対立して、私学を志向する動きもあった。伝染病研究所に対する北里研究所の設立などである。北里は、福沢諭吉の要請により慶應義塾大学に医学部を創設し、初代医学部長に就任。のちに自らの考えで、北里研究所に薬学部を創設した。この大正三年（一九一四）の伝染病研究所の内紛は、旧内務省側の北里と文部省側の東京帝国医科大学長・青山胤通の確執となった。

そもそも、薬学会や薬剤師会はなぜ作られたのか。従来、薬は医に属していた。しかし、医師が薬を独占すると、医療が腐敗する恐れがある。そのため、医薬分業の制度が考えられた。それを実現するには、調剤の専門家が必要である。すなわち薬剤師であり、薬剤師の目的は医薬分業にほかならない。本来、薬剤師は薬店主でも、医師の従属的職人でもないが、日本ではその目的を果たしえていないのが現状である。

薬は薬局が出すのではなく、「お医者さんにお薬をもらう」という日本人の固定概念は今も変わることはない。すなわち、「薬は医者からもらう（医療用保険製剤）」もので、「薬は薬局で買う（ＯＴＣ・売薬）」ものという意識である。これでは、江戸時代の医者と薬舗の関係と何ら変わることはない。日本の医師は「くすし」と呼ばれたように、本来、医薬同源であり、日本には医薬分業の素地はなく、馴染まなかったといってよいだろう。

薬学における漢洋折衷

洋の東西を問わず、薬の起源は植物をはじめとする天然物にある。その進化過程で、東洋ではそれら単味の天然物を組み合わせることでより有効な複合処方を作るという方向に進んだ。一方の西洋では、単味の生薬から単一化学物質の有効成分を抽出するという手法をとった。日本の薬学における漢洋折衷は、東洋の本草で用いられた生薬から、西洋流の方式で有効成分を抽出し、合成して新薬を開発するという様式だった。明治二〇年代から四〇年代、武田・田辺・塩野義など、大阪道修町を中心とする従来の薬舗（薬種問屋）は、近代的な製薬会社へと変身していった。明治四三年のサルバルサン創製以降は、いわゆる新薬の開発へと薬学の方向は変化していくことになる。

一方、伝統医学である漢方は明治新政府の方針によって、いったんは亡びかけたが、大正時代から昭和戦前にかけて復興の兆しをみせ、昭和後期には医療用漢方製剤が保険に適用され、現代医療の中で公に認められるようになった。しかし、その占める割合はごく一部でしかない。

【参考文献】
東京薬科大学『東薬史抄』（一九五八年）
東京薬科大学『東京薬科大学九十年』（一九七〇年）
日本薬史学会『薬学史事典』（薬事日報社、二〇一六年）
天野宏『明治期における医薬分業の研究』（ブレーン出版株式会社、一九九八年）
『日本薬剤師会史』（日本薬剤師会、二〇一四年）
『日本薬学会百年史』（日本薬学会、一九八二年）
『増補新版　医学生とその時代―東京大学医学部卒業アルバムにみる日本近代医学の歩み』（中央公論社、二〇一五年）
秋葉保次・中村健・西川隆・渡辺徹『医薬分業の歴史』（薬事日報社、二〇一二年）

写真・図版はいずれも東京薬科大学史料館提供。

研究の窓

満洲医科大学について

川邉雄大

満洲医科大学は明治四四年（一九一一）、奉天の満鉄大連医院奉天分院《ほうてんぶんいん》内に設立された南満医学堂を起源とする。

南満医学堂は専門学校令（勅令）による学校で、日本人二〇名、予科に中国人八名が入学した。大正四年（一九一五）には、日中共学の学堂附属看護婦養成所が開設された。

大正一一年（一九二二）、学堂は大学令によって満洲医科大学に昇格した。同年、専門部が開設され中国人三〇名が入学した。これは男女共学で中国人のみを対象としたもので、授業は日本語で行われた。なお、昭和一二年（一九三七）には、附属薬学専門部が開設された。

大正一五年（一九二六）には後述するように、中国医学研究所（昭和一〇年、東亜医学研究所に改編）が開設され、漢薬の研究や古医書の蒐集などが行われた。

昭和八年（一九三三）、日本軍の熱河《ねっか》作戦に便乗し、熱河地方病性甲状腺腫を軍の援助により調査したほか、昭和一五年（一九四〇）には開拓医学研究所が設立され、満洲農業移民事業に関与するなど、当時の国策と関わりの深い一面があった。

満洲医科大学が行った活動の一つに、東蒙巡廻診療班（団）の派遣がある。これは、大正一二年（一九二三）から昭和一一年（一九三六）にかけて、ほぼ毎年夏期休暇中に数名から数十名の人数で二週間から一ヶ月以内にわたり同地区において巡廻医療を実施したものである。

昭和二〇年（一九四五）八月、ソ連軍が満洲に侵攻するが、医療活動は続けられた。同年、満洲医科大学は接収され中長鉄路《ちゅうちょうてつろ》医科大学となり、翌昭和二一年

（一九四六）には国立鉄路医学院、さらに、国立瀋陽医学院と改称された。その後、同医学院は中国医科大学となり、今日に至っている。

戦後も日本人教職員は全員、「留用」として満洲に留め置かれたが、多くは昭和二三年（一九四八）までには帰国し、その後長らく教職員や学生たちによって輔仁同窓会（輔仁会）が続けられた。

岡西為人と古医書の蒐集について

満洲医科大学の教授をつとめた人物に岡西為人《おかにしためと》がいる。

岡西は明治三一年（一八九八）広島県に生まれた。家が安芸門徒で、母親が熱心な門徒であったこともあり、母親の意見を入れて大正二年（一九一三）、当時西本願寺（浄土真宗本願寺派）法主であった大谷光瑞《こうずい》が設立した武庫中学の二年次に編入学した。しかし、翌大正三年（一九一四）に本願寺派横領背任被告事件（通称、西本願寺疑獄事件）が発生し、光瑞はその責任をとって法主を辞任し、その影響により武庫中学は閉鎖されたため平安中学へ転校した。

大正四年（一九一五）、岡西は光瑞に命により、大連の関東別院で中国語を学んだのち、南満医学堂へ進学した。同級生は三七名で、日本人は二三名、中国人は十四名であった。その中には、のちに満洲国文教部大臣や駐日大使などをつとめた阮振鐸《げんしんたく》がいた。

当時、光瑞は熱帯植物や農業などに関心をもっており、ジャワ島などでは実際にプランテーション栽培が行われていた。そのため、岡西を医学（本草学など）方面に進学させた可能性がある。

岡西は大正八年（一九一九）に同学堂を卒業し、その後大連医院に勤務した。大正九年（一九二〇）、当時上海に光瑞が拠点として「無憂園《むゆうえん》」を建設中であり、岡西は上海へ渡った。翌年、「無憂園」が完成し、同園内に設立された大乗社から雑誌『大乗』が創刊されたが、岡西はその編輯を担当した。

大正一四年（一九二五）、満鉄調査課によって派遣された蒙古学術班第二班に参加し、外蒙で調査中に逮捕され、半年間拘留された。

昭和五年（一九三〇）には、光瑞の命を受け南支・仏領インドシナ・雲南で調査にあたった。

昭和六年（一九三一）からは中国医学研究所の所属となり、昭和九年（一九三四）には医学博士の学位を取得した。

同研究所は大正一五年（一九二六）、感覚生理学として着任した黒田源次によって開設され、昭和一〇年（一九三五）に東亜医学研究所と改編された。改編当時の陣容は、所長は黒田源次、所員は岡西為人・山下泰蔵・日名静一《ひなしずいち》、助手は佐土丁であった。研究所では、主に漢薬など研究が行われ、論集『東亜医学研究』が刊行された。同誌第一号に岡西は「満洲に於ける漢方医の実情」を投稿している。このほか岡西は満洲医大時代、『和漢薬標本目録』（久保田晴光共編、一九三一）『満洲の漢薬』（昭和一二年）・『日本和漢薬文献』（一九三八）などを著している。

また、満洲医科大学は多数の漢籍（古医書）を所蔵していた。これは、昭和四年（一九二九）当時、満鉄副総裁だった松岡洋右が、漢籍散佚を憂い大連図書館に購入費二〇万円の支出を決裁し、館長柿沼介《かきぬまかたし》が嘱託松崎鶴雄と北京において対支文化事業委員会の杉村勇造の仲介によって、北京の書肆から約三〇〇〇〇冊を購入したものである。古地図や宋本のほか相当数の古医書があり、古医書一四一四種・約六〇〇〇冊を医大に寄託するという形で移管され、岡西為人らが整理を行い、『中国医学書目』正・続（一九三一・二）が刊行された。

戦後、これらの図書は接収され、多くは中央衛生研究員図書館に、のちに中医研究院（北京）に移管され現在に至っている。

このほか、岡西は同大に設置された陳列館主任や図書館長をつとめたが、特筆すべき業績に『宋以前医籍考』の編纂がある。これは、古医書一六三五種・附録二三八種を収録したもので、昭和六年（一九三一）に岡西と黒田源次・日名静一によって編纂が始まったが、両人が帰国したため、以後、岡西が一人で作業を続けた。戦後、岡西は留用され、満洲医大にとどまったが、その間も編纂作業が続けられ、昭和二三年（一九四八）五月に魏如恕に本書を托して帰国した。これをもとに、昭和三三年（一九五八）に北京人民衛生出版社から出版され、昭和四四年（一九六九）に台湾進学書局から再版され、のちに校訂本が刊行された。現在、岡西の自筆稿本は中国中医科学院図書館に所蔵されている。

帰国後は塩野義製薬の顧問をつとめたほか、『大谷光瑞著作総覧』（一九六四）を編纂した。死後、『中国医書本草考』（南大阪印刷センター、一九七四）が刊行された。

【参考文献】
満洲医科大学中国医学研究室編『中国医学書目』正・続（満洲医科大学、一九三一・一九三一年）→台湾文海出版社から影印本あり
熊田正春編『柳絮地に舞ふ―満洲医科大学史―』（輔仁会・満洲医科大学史編集委員会、一九七八年）
岡西為人著・郭秀梅整理『宋以前医籍考』（学苑出版社、二〇一〇年）

【執筆者一覧】（掲載順）

町泉寿郎　別掲。

梶谷光弘（かじたに・みつひろ）

兵庫教育大学大学院修了、教育学修士。現在、公益財団法人いづも財団事務局次長。

主な著書に、『華岡流医術の世界―華岡青洲とその門人たちの軌跡―』（共編著、ワン・ライン、二〇〇八年）、『松江藩校の変遷と役割―財政再建と人材育成は藩校から始まった―』（松江市教育委員会、二〇一〇年）などがある。

加畑聡子（かはた・さとこ）

二松学舎大学大学院文学研究科博士前期課程修了。現在、同大学博士後期課程に在籍し、北里大学東洋医学総合研究所医史学研究部研究員、二松学舎大学文部科学省私立大学戦略的研究基盤形成支援事業研究助手。

主な論文に「江戸医学館官立化時期における小坂元祐の経穴学教育」（『伝統鍼灸』第四三巻第一号、二〇一六年）、「山崎宗運の経穴学について―『釈骨』と「骨度折量法尺式」を中心に―」（『日本医史学雑誌』第六四巻第四号、二〇一八年）などがある。

ヤング，W・エヴァン

セイント・オラフ大学アジア研究学部卒。プリンストン大学東アジア研究科博士。現在、ディキンソン大学アシスタントプロフェッサー。

主な著作に、"Domesticating Medicine: The Production of Familial Knowledge in Nineteenth-Century Japan," *Historia Scientiarum* 27, no. 2 (2018): 127-149. などがある。

坂井建雄（さかい・たつお）
東京大学医学部卒、東京大学医学博士。現在、順天堂大学保健医療学部特任教授、日本医史学会理事長。
主な著作に『人体観の歴史』（岩波書店、二〇〇八年）、『日本医学教育史』（編著、東北大学出版会、二〇一二年）、『医学教育の歴史：古今と東西』（編著、法政大学出版局、二〇一九年）、『図説 医学の歴史』（医学書院、二〇一九年）などがある。

吉田忠（よしだ・ただし）
東京大学教養学部教養学科科学史・科学哲学分科卒。プリンストン大学 Ph.D.　現在、東北大学名誉教授。
主な著作に、『東と西の医療文化』（深瀬泰旦と共編）（思文閣出版、二〇〇一年）、「在村蘭学再考」（『洋学』第二一号、二〇一四年）、「宮本周安『采真謾筆』」（『一滴』第二三号、二〇一五年）などがある。

中村聡（なかむら・さとし）
東洋大学、同大学院修士課程修了、二松学舎大学大学院博士課程単位習得退学。現在、玉川大学リベラルアーツ学部教授。
主な著作に、『甫水井上円了漢詩集』（編訳、三文舎、二〇〇八年）、『管子の説く覇道』（明治書院、一九九九年）、『宣教師たちの東アジア―日本と中国の近代化とプロテスタント伝道書―』（勉誠出版、二〇一五年）などがある。

武田時昌（たけだ・ときまさ）
京都大学文学研究科博士後期課程中途退学。現在、京都大学人文科学研究所教授。
主な著作に、『術数学の思考―中国古代の科学と占術』（臨川書店、二〇一八年）、『天と地の科学』（編著、京都大学人文科学研究所、二〇一九年）、『年号と東アジア―改元の思想と文化―』（共著、八木書店、二〇一九年）などがある。

佐藤賢一（さとう・けんいち）
東京大学大学院総合文化研究科博士課程修了。博士（学術）。現在、電気通信大学大学院教授。
主な著作に『仙台藩の数学』（南北社、二〇一四年）、共編『関流和算書大成　関算四伝書』全二一巻（共編、勉誠出版、二〇〇八―一一年）、『近世日本数学史　関孝和の実像を求めて』（東京大学出版会、二〇〇五年）などがある。

合山林太郎（ごうやま・りんたろう）
東京大学大学院人文社会系研究科博士課程単位取得満期退学。文学（博士）。現在、慶應義塾大学文学部准教授。
主な著作に、『幕末・明治期における日本漢詩文の研究』（和泉書院、二〇一四年）、『文化装置としての日本漢文学（アジア遊学二二九号）』（滝川幸司氏、中本大氏、福島理子氏との共編著、勉誠出版、二〇一九年一月）、「加藤王香編『文政十七家絶句』の成立過程とその後世への影響」（『藝文研究』一一七号、二〇一九年一二月）などがある。

清水信子（しみず・のぶこ）
二松学舎大学大学院文学部研究科博士後期課程中国学専攻単位取得満期退学。現在、二松学舎大学文学部非常勤講師。
主な著作に、『本邦における支那学の発達』（共著、汲古書院、二〇〇六年）、『備前岡山の在村医・中島家の歴史』（共著、思文閣出版、二〇一五年）、『レオン・ド・ロニーと19世紀欧州東洋学』（共著、二松学舎大学ＳＲＦ、二〇一九年）などがある。

郭秀梅（かく・しゅうばい）
長春中医薬大学医学系卒業、長春中医薬大学院碩士学位。現在、日本順天堂大学医学部医史学研究室協力研究員、北里研究所東洋医学総合研究所医史学研究部客員研究員。
主な著作に、『日本醫家傷寒論注解輯要』（北京人民衛生出版社、一九九六年）、『日本醫家金匱要略注解輯要』（北京学苑出版社、一九九九年）、『日本漢方典籍辭典』（翻訳、北京学苑出版社、二〇〇八年）、『宋以前醫籍考　上・下』（編著、北京学苑出版社、二〇一〇年）などがある。

渡辺浩二（わたなべ・こうじ）

北里大学大学院医療系研究科博士課程東洋医学修了。現在、渡辺産婦人科院長。

主な著作に、『翻字校注　医学典刑』（株式会社医聖社、二〇一五年）、『漢方医人伝』（共著、株式会社協和企画、二〇一五年）などがある。

松村紀明（まつむら・のりあき）

東京大学大学院博士課程（総合文化研究科　広域科学専攻）二〇〇二年（単位取得満期退学）。現在、帝京平成大学ヒューマンケア学部看護学科・講師。ほか、千葉大学・非常勤講師、青山学院女子短期大学・非常勤講師、中島医家資料館・理事など。

主な著作に、『備前岡山の在村医　中島家の歴史』（中島医家資料館・中島文書研究会編著、思文閣出版、二〇一五年）などがある。

小曽戸洋（こそと・ひろし）

東京薬科大学卒。日本大学医学部にて医学博士。また同大学文理学部にて文学博士。現在、東京薬科大学特命教授、北里大学客員教授、日本医史学会副理事長、武田科学振興財団杏雨書屋副館長、上海中医薬大学客座教授、成都中医薬大学客座教授・東亜医学協会監事。

主な著作に、『中国医学古典と日本――書誌と伝承』（塙書房、一九九六年）、『新版　漢方の歴史――中国・日本の伝統医学』（大修館書店、二〇一四年）、『針灸の歴史――悠久の東洋医術』（共著、大修館書店、二〇一五年）、『日本漢方典籍辞典』（大修館書店、一九九九年）、『NHK知るを楽しむ　歴史に好奇心　漢方なるほど物語』（NHK出版、二〇〇七年）、『馬王堆出土文献訳注叢書　五十二病方』（共著、東方書店、二〇〇七年）などがある。

川邉雄大（かわべ・ゆうたい）

二松学舎大学大学院文学研究科博士後期課程中国学専攻修了。博士（文学）。現在、二松学舎大学文学部・国士舘大学体育学部非常勤講師。

主な著作に、『東本願寺中国布教の研究』（単著、研文出版、二〇一三年）、『近代日中関係史人名辞典』（共編、東京堂出版、二〇一〇）、『浄土真宗と近代日本――東アジア・布教・漢学』（主編、勉誠出版、二〇一六年）などがある。

あとがき

「漢学と医学」の関わりに焦点を当てた本書のひとつ起源は、平成二五—二八年度に実施した科研費共同研究「近世後期の医学塾からみる漢蘭折衷医学の総合的研究」（研究代表者町泉寿郎、基盤研究（B）、課題番号：25282066）である。当該科研では、いわゆる近世後期〜幕末の多種多様な医学塾の「学び」に着目し、その時期の医学を特徴付ける漢蘭折衷医学の実態解明を研究目的に掲げた。公立医学校のできる以前より、近世日本に連綿と存在した医学教育の場は医学塾であり、近世医学教育全般の俯瞰には医学塾への配慮が不可欠である。公立医学校が漸増する当該時期において医学塾と公立医学校を対比し、前近代日本の医学教育を総合的に把握することを志向した。また、「教育」の視点ではなく、学習する側の「学び」の視点に立ち、漢方医学から西洋医学への転換期における日本の医学の多様な諸相とその歴史的推移を解明しようとした。

科研費共同研究によって、次のような資料発掘が進捗した。服部宗賢文書、大阪華岡家合水堂資料、海上随鷗資料、難波抱節家資料、讃岐尾池家資料、備中赤木家資料、秋田七山順道資料、津山中村景美資料、福井藩済世館文書、水戸藩医木内政章資料、八尾田中家彌性園資料、井原内田家資料、備前中島家資料、高田藩医合田家資料、林子平関係資料、村上忠順資料、蘆東山関係資料。しかしながら本格的な研究は今後に俟つものが多い。

共同研究では、漢蘭折衷医学の「学び」の実態解明や蘭学・洋学と政治・社会の関係といった問題についてさまざまな検討を行い、二〇一七年三月にその総括のシンポジウムを二松学舎大学において開催した。本書に収載した原稿は、そのシンポジウムの時にご報告いただいた内容を基に、各位にご寄稿を依頼したものを多く含む。科研費共同研究が本書の起源と記した所以である。

目次に示したように、第一部では「近世近代の「学び」」をテーマとして、前史と総論を兼ねた拙稿、梶谷光弘氏による華岡流外科に関する論考、加畑聡子氏による医学館の鍼灸医にみる経穴学に関する論考、及びコラム「研究の窓」としてヤング氏による女訓書のなかの医学知識に関する論考を置いた。

第二部では「西洋医学知識の普及」をテーマとして、坂井建雄氏による一八・一九世紀のヨーロッパ医学の変革に関する論考、吉田忠氏による蘭医学書の舶載に関する論考、中村聡氏によるホブソン著『全體新論』に関する論考、及びコラム「研究の窓」として武田時昌氏の福沢諭吉に関する論考を置いた。なお、坂井建雄編『医学教育の歴史―古今と東西』（法政大学出版局、二〇一九年）もぜひ併読されたい。

第三部では「医学医療文化史」をテーマとして、佐藤賢一氏による和算塾に関する論考、合山林太郎氏による医者の漢詩文に関する論考、清水信子氏による在村医家の修学に関する論考、及びコラム「研究の窓」として郭秀梅氏による医学筆談に関する論考を置いた。

第四部では「医学医療制度」をテーマとして、渡辺浩二氏による明治期の漢方存続運動に関する論考、松村紀明氏による岡山医学校を例とした医学教育近代化に関する論考、小曽戸洋氏による近代的薬学の形成に関する論考、及びコラム「研究の窓」として川邉雄大氏による満洲医科大学に関する論考を置いた。

近代化過程における漢学と洋学の関係を、対立的なものとして捉えるのではなく、補完的なもの相即的なもの等と捉える研究は、もっともっと必要であると感じており、本書もその試みの一つである。

最後に、貴重な論考をお寄せいただいた各位に深甚なる感謝の意を表する。

二〇一九年一一月

第三巻 責任編集　町 泉寿郎

【編者略歴】

町 泉寿郎（まち・せんじゅろう）

二松学舎大学大学院文学研究科博士後期課程国文学専攻修了。博士（文学）。

現在、二松学舎大学文学部教授。SRF 研究代表者。

主な著書に『日本漢文学の射程―その方法、達成と可能性』（編著、汲古書院、2019 年）、『渋沢栄一は漢学とどう関わったか』（編著、ミネルヴァ書房、2017 年）、『曲直瀬道三と近世日本医療社会』（編著、武田科学振興財団杏雨書屋、2015 年）、『近代日中関係史人名辞典』（編著、東京堂出版、2010 年）などがある。

装丁：堀 立明

講座《こうざ》 近代《きんだい》日本《にほん》と漢学《かんがく》 第《だい》3巻《かん》
漢学《かんがく》と医学《いがく》

二〇二〇年二月一〇日 初版初刷発行

編 者 町 泉寿郎
発行者 伊藤光祥
発行所 戎光祥出版株式会社
東京都千代田区麹町一－七
相互半蔵門ビル八階
電 話 〇三－五二七五－三三六一（代）
FAX 〇三－五二七五－三三六五
編集協力 株式会社イズシエ・コーポレーション
印刷・製本 モリモト印刷株式会社

https://www.ebisukosyo.co.jp
info@ebisukosyo.co.jp

ISBN978-4-86403-343-5